动作学习与控制

张英波　赵洪波　编著

北京体育大学出版社

策划编辑：钱春华
责任编辑：钱春华
责任校对：张　洋
版式设计：曹　净　李沙沙

图书在版编目（CIP）数据

动作学习与控制 / 张英波著. -- 北京：北京体育大学出版社, 2003.08（2023.1重印）
ISBN 978-7-81051-989-2

Ⅰ. ①动… Ⅱ. ①张… Ⅲ. ①动作（体育）- 研究 Ⅳ. ①G819

中国版本图书馆CIP数据核字(2003)第058178号

动作学习与控制　　张英波　赵洪波　编著

出版发行：北京体育大学出版社
地　　址：北京海淀区农大南路1号院2号楼2层办公B-212
邮　　编：100084
网　　址：http://cbs.bsu.edu.cn
发 行 部：010-62989320
邮 购 部：北京体育大学出版社读者服务部 010-62989432
印　　刷：北京昌联印刷有限公司
开　　本：787mm × 1092mm　1/16
成品尺寸：185mm × 260mm
印　　张：15
字　　数：365千字
版　　次：2003年8月第1版
印　　次：2023年1月第14次印刷
定　　价：40.00元

作 者 简 介

张英波，男，1963 年 1 月出生，教育学博士。现任北京体育大学教授，“体育教育训练学”专业方向博士、硕士研究生导师，国际田联高级讲师，国际田联地区发展中心·北京教务主管。2001 年由国家公派赴美国春田学院留学，主修“动作行为学”和“体能训练”。2009 年赴加拿大阿尔伯塔大学学习“动作控制与学习的现实进展”。近年来发表十余部运动员体能训练和技能训练领域学术专著、承担国家科技部课题部分运动项目的科研工作，获教育部资助课题 2 项。研究成果获国家体育总局“体育科学技术进步一等奖”和中国体育科学学会“科学技术奖二等奖”。

编者的话

早在两千四百多年前，古希腊名医希波克拉底（公元前 460 ~377 年）的一句名言为“动作即生命”，而当今在我国“生命在于运动”也已经成为大家的共识。美国动作科学家、著名整形外科、力量和身体训练持证专家格雷·库克说，“首先要动作好，然后再经常运动”（2010），非常贴切地指出了动作对于提高和决定人们生命质量的重要地位。在竞技体育领域，一位在我国部分水上项目实现奥运参赛成绩重大突破的成功实践者刘爱杰的话，则更加形象地提出了动作质量对于运动成绩的决定作用：“竞技就是动作。”

人体从婴儿呱呱坠地、早期的生长发育，直至人生的全过程，动作总是我们关注的一个核心主题。目前世界上最优秀的健康和运动训练专家，以及体育教师、教练员和运动员们，已经注意密切关注各种完整动作模式。他们在工作中也是先考虑基本动作，再考虑专门动作，他们都共同抱有一个朴实和实用的理念：动作是人类行为的基本要素，而基本要素总是第一要素，优化动作应该也必须成为体育教育、运动训练和运动损伤康复的首要切入点！

在您手中这本《动作学习与控制》的内容，主要研究人体动作学习与控制问题，它也反映出人体动作科学的重要组成部分。其中“动作学习”的主要研究对象是人类动作的学习过程和影响这些学习过程的各种变量，而“动作控制”的主要研究对象则是动作产生、执行和控制的过程，以及影响这些过程的各种变量。所以，我们说《动作学习与控制》研究的客体是人的动作行为，在“动作学习”和“动作控制”某些理论内容上是共同交织在一起的，只是在研究方向上各有侧重。它们二者之间的关系是既相互独立、各有侧重，又相互依存、相辅相成。“动作学习”和“动作控制”是 20 世纪 70 年代以来在美国等西方发达国家发展起来的新兴学科。在我国，2003 年首先在北京体育大学的本科和研究生教学中开设了《动作学习与控制》课程，近年来在我国已经有越来越多的体育高等院校逐步开展本学科的教学、研究和活动，并且受到了广大师生的欢迎。我们将“动作学习”和“动作控制”这两部分知识有机地结合在一起，结合近年来本学科的最新发展，以及多年来的教学、研究、实践的经验和编者多次赴美国、加拿大等国体育高等院校学习和交流所得，向大家提供这本针对我国高等体育教育和运动队教练员培训需要而编写的《动作学习与控制》适用教材。

《动作学习与控制》在体育教育、教练员培训、运动训练和运动康复诸多领域有着广泛的应用价值。首先，运动动作和技能的学习与控制历来是体育教育的重要内容。《动作学习与控制》不但丰富了体育教育中的教学、训练和科研知识体系，对于提高学生的学习运动动作的效率和掌握正确的学习方法具有积极的指导作用，它无疑是现代体育教育内容中不可分割的重要部分。第二，任何运动项目，教练员的重要任务之一就是向学生传授正确的运动技术和技能，特别是对于技能主导类的项目就更加重要。《动作学习与控制》可以从原理和方法应用等多方面为各个运动项目的教练员提供科学的借鉴和参考。特别是目前在我国这门学科还不普及的情况下，在教练员培训课程中引入《动作学习与控制》，具有更加迫切和现实的意义。第三，运动员攀登运动技术水平的高峰，更需要正确的方法性指导。系统地了解必要的《动作学习与控制》学科知识，会帮助他们更加有效地组织练习，控制动作和提高动作表现的质量。第四，运动康复的主要任务包括尽快协助受伤的运动员重返运动场和比赛，或者协助有运动障碍的患者逐步形成正确的动作模式，并且进入正常人的活动方式，正确运用《动作学习与控制》原理和练习方法组织康复练习，可以在很大程度上帮助他们尽快实现恢复动作技能和运动能力的目标。

目前，在美国等发达国家的许多高等院校中，《动作学习与控制》是体育系研究生和本科高年级学生的必修课，已经成为服务于体育教学和运动训练的运动技术学习领域，以及工业人工操作系统设计的相对成熟的应用性学科。在我国，《动作学习与控制》知识体系的教学、科研，及其相关原理和方法的实际应用虽然近年来有所发展和进步，但总体上在动作技能学习和控制方面的科研投入、教学和教材体系开发，以及实际应用水平，与世界发达国家同类学科的发展现状相比，还存在一定的距离。在我国提倡“以人为本”、“科学发展观”，以及体育运动加大反兴奋剂力度，人们更加注重全面培养和实现人的价值、运动技术训练方法科学性，教学内容更加强调与国际先进水平接轨的今天，尽快在我国体育高等院校中普及《动作学习与控制》知识和结合我国实际进行深入研究的紧迫性更加突出。

《动作学习与控制》自 2003 年 8 月由北京体育大学出版社首次出版以来，受到我国广大师生的普遍欢迎，在您手中的《动作学习与控制》第二版内容的编写过程中，进一步综合分析并结合了近年来我国体育高校教学改革的实际需要、知识结构特点和实际教学经验，力求突出知识体系的先进性和专业性，内容陈述的可读性和能力培养的操作性，以及与体育教育和运动训练实际需要相结合的实用性等现代优秀教材的特点。

在教材内容的确定方面，参照了欧美发达国家大量的动作科学研究前沿信息和最新成果，紧密结合了我国各个运动项目动作技能训练和体育院校动作技能教学实践的特点。教材结构和层次清晰、难度循序渐进、图文并茂，所引用资料的来源力求准确翔实。教材循序渐进地分为“动作科学基础知识”、“动作控制原理与实践”和“动作学习原理与实践”三篇，共十二章，内容组织注重适宜性和系统性，包括篇章引言、教学目的、正文、主要学习内容等。为了便于我国广大高等院校体育专业学生独立学习和掌握动作科学知识体系的重要概念、关键术语和阅读外文文献，本教材在每一章的最后一节，专门为读者设计了精致的“自学进阶与突破”的学习经历，结合各个层次的教学过程，适宜匹配和分别设计了“认识基本概念”、“掌握关键术语”、“巩固学习要点”、“强化知识练习”和“推荐阅读文献”的内容。在教材的结束部分，备有主要缩略语、汉英词汇对照和英汉词汇对照，便于读者阅读国外文献时参考。本教材力图把国际上本领域先进和新颖的知识体系与我国体育教育的实际情况有机结合，相对完整地奉献给我国体育高等院校的广大师生，以及运动队的教练员和运动员，服务于我国高等体育教育的教学、科研和各级运动队的训练实践。

目录
CONTENTS

第一篇　动作科学基础知识

第二篇　动作控制原理与实践

第三篇　动作学习原理与实践

第一篇

动作科学基础知识

无论是我们这个星球上多彩多姿的动物物种，还是作为万物之灵的人类，他们的生命活动都是以各种动作为基础的。自从我们来到这个多变的大千世界的第一天，就从来没有停止过对各种动作行为的学习和控制过程。现代人通过学习和执行各种动作技能，增强体质、愉悦身心，使参与运动成为高品质生活的重要组成部分。动作是我们生命活动的起始点和载体，正如美国动作科学家格雷·库克所说："我们的身体本身就是奇迹，能够具有令人难以置信的耐用性和坚韧性，创造惊人的运动成绩和身体能力。我们生来就被创造成能够生长而变得强壮，并且优雅地变老；而'开垦'真正的动作却是起始点。我们不能简单地获取更好的体适能、身体素质和运动成绩；我们必须培养它。"（《动作》，2010）

在我国各级学校的体育教育课程中，动作技能学习和掌握是教学过程中最为重要的内容之一。在体育科技迅猛发展的今天，动作学习与控制的专门知识和方法，更是对高水平运动员攀登运动技术水平高峰提供了有力地支持。本篇的目的是初步引导大家熟悉动作学习与控制的基本知识，为系统内容的进一步学习打下良好的基础。

本篇共三章，第一章主要介绍动作科学研究的发展概况、具有里程碑性质的各个代表人物和事件、常用的研究方法及其应用领域、动作技能的定义、分类与高水平动作技能的特征，以及动作学习与表现过程中所涉及的具体问题和这些针对实际问题的解决方案。第二章主要介绍人的个体差异、先天能力与后天能力等基本概念，帮助大家认识遗传因素与动作学习和表现关系，并且向教师和教练员进行必要的实际运用提示。第三章帮助大家初步认识同动作学习与控制最为相关的信息处理过程，动作认知模型的建立。然后与大家讨论动作信息的处理过程，如反应时和它的影响因素、在激活和焦虑状态下动作决定、与动作表现有关的注意力概念、环境赋予因素对于行为方式和动作决定的影响。最后，讨论在实际动作技能表现中运用记忆的各种形式等专门问题。

在本篇每一章的最后一节为"自学进阶与突破"，结合各个层次的教学过程，适宜匹配和分别设计了灵活多样的自学指导内容，包括"认识基本概念""掌握关键术语""巩固学习要点""强化知识练习"和"推荐阅读文献"的内容，以便同学们独立学习和掌握动作学习与控制的重要概念和关键术语，培养和提高大家在动作教学和训练中分析问题和解决问题的实际能力。

第一章　动作科学知识体系概述

本章的主要内容包括初步认识动作科学的背景知识和发展概况，与大家讨论许多新的概念，它们是我们理解动作表现、学习和控制的基础。然后，我们需要考察动作技能的概念，并且讨论几种动作技能的划分体系和动作表现的特征。之后，讨论动作表现和学习之间的关系，以及在人执行动作时动作表现和学习过程是如何同时发生的。最后，我们把学习的焦点放在针对动作表现、学习和控制过程中出现实际问题的解决方法上。

本章的学习目的是使同学们了解动作科学知识体系的发展概况和应用领域，理解“技能”定义的多重涵义，解释动作技能表现与学习的关系，讨论动作技能表现与学习中的常见问题与解决方法，基本了解本课程的组织与设计结构，以及实际应用领域和方法特征。

第一节　动作科学发展概况及其应用

一、动作科学发展进程及其代表人物

（一）人们对动作表现规律的认识自古有之

自古以来，我们中国人就知道“欲速则不达”、“慢工出细活”和“萝卜快了不洗泥”等道理。在西方也有“More haste, less speed”（越匆忙速度越慢）和“Haste makes waste”（匆忙出废品）等说法，西方早期的人类动作技能研究中，人们也发现了动作速度与动作有效性和准确性之间相互牵制的关系。根据资料记载，早在1899年，美国心理学家、机能心理学的代表人物之一罗伯特·塞钦斯·武德沃斯（Robert Sessions Woodworth, 1869～1962）就研究了动作速度和准确性的“互犯”现象，发现受试者同时增加在划线动作的速度和线的长度，他们动作的准确性就逐渐丧失。武德沃斯认为心理学应该研究人的全部活动，包括意识和行为。针对行为主义的S（刺激）－R（反应），他提出S（刺激）－O（有机体）－R（刺激），即在刺激和反应之间增加有机体的作用。1914年他当选为美国心理学会主席，1921年当选为美国国家科学院院士。

(二)“菲兹定律”——人类动作科学研究的重要里程碑

到了1954年，美国心理学家保罗·M·菲兹（Paul M. Fitts，1912 – 1965）为我们认识这种动作速度和准确性的相互制约关系（speed – accuracy trade – offs）做出了一项重要的贡献。

他在实验中要求受试者按照耳机中的声音节奏，用铁笔在两个宽度为W，间距为A的目标钢板上尽量快地点击，手从目标钢板中间的原点按钮出发，不断快速重复地点击两个钢板。通过变化钢板宽度W和间距A的大小控制实验难度。

他根据实验的结果，首次提出了关于动作速度和准确性的数学原理，并且发现了动作时间与动作难度之间具有线性关系，用数学公式表示为：

$$MT = a + b\ [\log_2 (2A/W)]$$

其中MT为动作时间，a和b为常数，A为动作幅度，W为目标钢板的宽度。这个原理后来被人们称为“菲兹定律”（Fitts’ Law）。

(三) 动作科学研究之父——弗兰克林·M·亨利

从第二次世界大战前，直至20世纪50～60年代，在科技先进的工业国家，如美国就引导科学家投入了很大力量研究人类执行军事任务时的动作表现，如驾驶飞机。绝大部分针对人执行相对精细动作技能（fine motor skills）的研究，都是由实验心理学家执行的。在那时还很少有人花精力研究人在体育运动和舞蹈中表现出身体大环节的粗略动作技能（gross motor skills）。而在这种背景下，不轻易追随潮流的“有心人”，却使人类对自身动作技能的研究领域有了突破性的进展。最典型的代表人物当属在伯克利加利福尼亚大学接受实验心理训练的博士生弗兰克林·M·亨利（Franklin M. Henry，1904 – 1993）。他当时在体育教育系工作，在对动作技能的实验研究领域开创出一套新方法。他主要研究了身体大环节动作技能，其中还包括许多全身动作技能，如在大型球类和体操比赛中表现的技能。出于他对所接受的实验心理学训练的忠诚，亨利采用实验室来研究人执行动作任务的表现，并亲自参加测试，这使他能够更加客观和清晰地观察动作技能的表现。在他对运动技能的研究生涯中，对大量重要的问题进行了探索，如人体动作技能表现差异的潜在基础、快速动作控制中的动作程序等。在20世纪70～80年代，亨利的研究成果在西方体育界产生了广泛的影响，被人们誉为“动作技能研究之父”。

(四)“闭环控制系统”的提出

进入20世纪70年代，在动作技能研究领域提出了“闭环控制系统”（Closed – Loop Control System）学说，其代表人物是杰克·亚当斯（Jack Adams）。

“闭环控制系统”的理论基础是，人可以利用各种感觉信息反馈功能控制长时间、持续性和慢速的动作技能，如在日常生活中维持平衡的直立姿势。其原理可以用房间冷暖空调的自动控制系统做比喻，需要比较器（实际温度与目标温度的比较）、执行器（制冷或加热装置）和受动器（冷风或热风口）的协同工作，以达到并维持在一定的目标（温度值）上。宇航员在太空操纵和控制宇宙飞船行为的信息控制模式，也在很大程度上属于“闭环控制系统”。“闭环控制系统”学说在此基础上不断发展和丰富，移植于人体在体育运动技能学习与控制的实践领域，已成为今天动作技能研究的重要基础性内容。

（五）“开环控制系统”的提出

在20世纪80年代，随着运动科学的深入发展，在动作技能研究的内容上又得到了很大地丰富，使其更加接近体育教学和运动训练的实际需要。“开环控制系统”（Open - Loop Control System）的提出，便是这种发展趋势中的一个重要标志，其代表人物是美国加里福尼亚大学的里查德 A·施密特（Richard A. Schmidt）教授。

“开环控制系统”是针对体育运动中的大量快速动作，如投掷、踢球等，在动作过程中无法进行很多的反馈调节，而需要预先选择“动作程序”（motor program）而提出的。它的动作控制模式是动作输入信息先直接进入执行器，接着进入受动器，直到动作信息输出。以上谈到的动作技能“闭环控制系统”和“开环控制系统”理论目前仍然是本学科理论体系的重要内容。

二、动作学习、动作控制和动作发展的联系与区别

“动作行为”（motor behavior）是研究人体遗传性和目标导向性动作表现的一门科学。它包括三个重要的分支学科，它们分别是“动作学习”（motor learning）、“动作控制”（motor control）和“动作发展”（motor development）。

“动作学习”指人通过练习对技能性动作的掌握，它是决定人完成动作能力的内在过程发生的变化。人的动作学习水平随着练习而提高，常常是根据观察人相对稳定的动作表现水平而推断出来的。它的主要研究对象是人类动作技能的学习过程和影响这些学习过程的各种变量。

“动作控制”指与人执行技能性动作有关的一系列神经学、生理学和行为学机制，它的主要研究对象则是动作产生、执行和控制的过程，以及影响这些过程的各种变量。“动作技能学习”和“动作技能控制”的研究内容又得到动作发展学的补充。

“动作发展”指人的技能性动作表现随时间的变化和发展过程，它的主要研究对象是人的机体生长发育和环境的交互作用所反映出的动作行为的变化。所以，我们说“动作学习与动作控制”和“动作发展”研究的客体都是人的动作行为，甚至在某些理论内容上是共同交织在一起的，只是在研究方向上各有侧重。它们之间的关系是既相互独立、各有侧重，又相互依存、相辅相成。它们都是人类行为科学的重要组成部分。

三、动作科学的主要研究方法和应用领域

我们了解了“动作学习与控制”在现代人类动作行为科学中所占的重要地位，现在向大家介绍它的一些常用研究方法。

（一）常用研究方法

1. 行为科学方法

采用实验心理学手段和人体生物信息处理技术来研究人体运动动作和技能的外部动作表现变化，如观察、访问、刺激 - 反应测试和调查问卷等方法。

2. 神经生理方法

采用先进的医学技术来研究人体内部的生理活动与外部动作行为的联系，如中枢神经系统的机能状态。

3. 生物力学方法

采用先进的生物力学测试手段来确定身体动作的力学基础，以及由于外部动作行为而产生的变化。

4. 生态学方法

采用生态学的理论和观点，来观察和分析人在产生和做出动作过程中存在于个体与个体之间、个体与人群之间，以及个体与环境之间的相互影响、行为互动方式和规律。

5. 信息技术方法

本学科的产生时代和发展环境与信息时代的大背景密不可分，受到系统论、信息论和控制论等现代科学方法论的深刻影响。在研究和分析人类神经和运动系统的动作信息处理机制和动作控制过程中，借鉴了现代信息技术研究中产生的许多思维方式和研究方法，为本学科的科研提供了更广阔的发展空间。

（二）主要应用领域

1. 体育教育

运动动作和技能的学习历来是体育教育的重要组成部分。“动作学习与控制”不但丰富了体育教育中的教学、训练和科研的内容，对于提高学生的学习运动动作的效率和掌握正确的学习方法具有积极的指导作用，它无疑是现代体育教育内容中不可分割的重要部分。

2. 体育师资培养

各类学校中体育教师的一项主要教学任务是带领学生学习和体验各种运动技术，促进学生德、智、体、美的全面发展。系统掌握“动作学习与控制”知识和方法，可以有效地提高体育课的学习效率和质量，以利于学生更快地进步和发展运动技能。

3. 教练员培训

任何运动项目，教练员的重要任务之一就是向学生传授正确的运动技术和技能，特别是对于技能主导类的项目就更加重要。“动作学习与控制”可以从原理和方法应用等多方面为教练员提供科学的指导和参考。特别是在我国这门学科还不普及的情况下，在教练员培训课程中引入“动作学习与控制”，具有更加迫切和现实的意义。

4. 运动训练

运动员攀登运动技术水平的高峰，更需要正确的方法性指导。系统地了解必要的动作技能学知识，会帮助他们更加有效地组织练习，提高动作技能学习和表现的质量，直接服务于技术训练。

5. 运动康复

运动康复的主要任务包括尽快协助受伤的运动员重返运动场和比赛，或者协助有运动障碍的患者逐步进入正常人的活动方式，正确运用“动作学习与控制”原理和练习方法组织康复练习，可以在很大程度上帮助他们尽快实现恢复动作技能和运动能力的目标。

四、当代动作科学实践的典型案例

（一）格雷·库克提出的“功能动作系统”

进入2010年，由美国动作科学家，著名整形外科、力量和身体训练持证专家格雷·库克（Gray Cook）在他的代表作之一《动作》一书中，以具有革命性的思维方式和观点，阐述了“功能动作系统”（Functional Movement Systems）的原理和方法，以人体各种基本动作模式的筛查、诊断、纠正和完善为切入点，创造性地提出了“功能动作筛察”（FMS）、“选择性功能动作评价”（SFMA），以及“选择性功能动作评价（SFMA）的突破行动”等动作科学原理和评价动作质量和效能的各种具体方法和途径。

“功能动作筛察”（FMS）是一个用于理解健康人群动作质量的工具，通过对于正常人七种典型基本动作模式的观察，观察和评价人体动作的稳定性、灵活性、对称性，以及是否存在某种补偿动作、动作限制和动作功能不良。“功能动作筛察”（FMS）还可以与用于动作疼痛患者的“选择性功能动作评价”（SFMA）及其“突破行动”深入结合，在社会服务、运动训练和运动康复领域发挥出更大的综合应用效能。体现着现代动作科学前沿理念和方法的《动作》一书，已经在国家体育总局主持下，组织专家团队翻译成中文，于2011年由北京体育大学出版社出版。

（二）动作科学在高水平运动训练前沿领域的实践

1. 常规采用“功能动作筛察”（FMS）确定运动员训练和比赛的“动作资格”

采用由人体七个基本动作方式组成的“功能动作观察”（FMS）为最低动作要求底线，严格要求所做出的每一个练习动作必须是高效、无痛、对称、平衡的，它们是各个动作进行进一步大负荷训练的“资格证”。首先强调在脊柱核心力量的稳定性控制能力，然后再强化在此基础上的动作灵活性，这样才能把它们和谐地整合起来，构筑各个运动项目需要的专门动作。“功能动作筛察”（FMS）在国内外许多高水平运动队中，已经成为一种实用和有效地监测动作质量和效率的常规方法。

2. 根据专项竞技需要确定训练干预的关键动作模式、练习顺序，及其相应的身体能力配比和供能系统

我们以美国AP训练中心对于网球运动员制定的专门训练计划步骤为例，来说明这个实践特征。（马克·沃斯蒂根来华讲座，2010）

（1）围绕强化运动员的专门稳定性和灵活性制定动作纠正策略。

（2）动作准备程序：臀肌激活→髋部灵活性和稳定性→胸部脊柱灵活性→专门柔韧性→神经激活。

（3）优化动作模式练习：加速度（直线速度）、拖步移动（多方向速度）、交叉步（多方向速度）、方向变化（过渡动作）、快速伸缩复合练习（发展爆发力）。

（4）力量训练：全身爆发力、下体力量、上体力量、转动稳定性爆发力、握力、肘和肩的健康性练习。

（5）能量系统的发展：80%磷酸原系统练习（最多20秒）、15%乳酸通路练习（最多120秒）、5%有氧代谢练习（120秒以上），训练过程中记录运动员的专门心率。

3. 通过优化动作模式最大限度地提高运动员的“耐用性”和延长运动寿命

目前，现代动作科学理论与方法在高水平运动训练前沿实践领域，也正在实现着日益广泛和深入的渗透和介入，为运动员创造超乎寻常的运动成绩、有效预防运动伤害、最大限度地提高运动员的“耐用性”和延长运动寿命“保驾护航”。

由于当今的高水平运动训练过程，特别是职业运动队和运动员需要迎战日益高频的比赛，传统的“周期训练理论”和方法，由于存在相对较长的准备期和过渡期，已经在很大程度上难以满足那些依靠比赛而生存和发展的职业运动队和运动员的要求。如美国职业棒球大联盟（MLB）全年进行 162 场比赛、美国职业篮球（NBA）全年进行 82～118 场比赛，而国际足球每年的赛季为 11 个月的现实需要，催生了一些“训练服务中心”的形成，其典型代表之一当属美国 AP 训练中心。

美国 AP 训练中心的使命是通过优化动作模式“提供最好的运动成绩系统、专家和设施，并将它们‘无缝整合’，有效和合乎伦理地提高我们运动员们的运动成绩”。请参见以下国家帆板队 2010 年出访美国强化训练阶段（20 天）的周训练计划和训练课内容，其中动作训练课、动作力量训练课和再生恢复课构成了强化训练的核心内容（表 1－1）。

表 1－1 美国 AP 体能训练中心周训练计划

时间	周一	周二	周三	周四	周五	周六	周日
上午 9:00～11:30	动作训练课	动作训练课	再生恢复课	动作训练课	动作训练课	再生恢复课	休息
下午 14:00～16:30	动作力量训练课	动作力量训练课	休息	动作力量训练课	动作力量训练课	休息	休息
16:30～17:30	心肺功能	心肺功能	休息	心肺功能	心肺功能	休息	休息

国家帆板队在美集训期间是全天训练，训练课分为两种类型：动作训练课和动作力量训练课。动作训练课以徒手的或轻负重的动作训练为主，动作训练课主要目的是要为运动员建立牢固的身体基础，训练重点是身体的稳定性和灵活性。力量训练课将优秀的传统力量和新的动作训练相结合，以跨关节的、多维度的动作力量训练为主，目的是增强运动员肌肉力量的同时锻炼身体多块肌肉多角度协同工作的能力。

4. 优质和高效的动作模式是运动成绩生产流程中的“标准件”产品

AP 训练中心总裁马克·沃斯蒂根（Mark Verstegen）将“训练服务中心”的一项重要工作定位在优化动作模式服务，他的基本理念是：竞技运动的成功基于优质动作、心理状态、营养和恢复，高水平运动成绩的培养和保持犹如现代大工业的生产流程。在这个运动成绩的生产流程中，人体与生俱来的每一个基本动作模式是运动成绩的“标准件”（图 1－1）。高效和安全的训练系统必须保证所有能够完成的基本动作模式都具有能够接受的质量，在此前提下才能涉及到人体能量代谢等其他问题。基本和专门动作模式的学习和强化，必须与适宜心理状态培养和控制，营养和恢复措施有机地整合起来。训练课的执行按照鲜明的流程进行，例如：动作训练课流程为：预防训练、动作准备＋动作强化、神经激活、快速伸缩负荷练习、动作技能、技能应用、再生和恢复；而动作力量训练课流程：预防训练、动作准备＋动作强化、动作力量训练、辅助力量和损伤康复训练、再生和恢复。

图1－1　人体与生俱来的基本动作模式是运动成绩的“标准件”

2010年12月，由国家体育总局竞技体育司组织，专门邀请马克·沃斯蒂根，在“第十六届亚运会总结暨备战2012年伦敦奥运会冬训动员大会”上，进行了《21世纪训练的创新与创造力》的专题讲座，得到了大家的强烈反响和热烈欢迎（图1－2）。国家体育总局许多部门的领导和国家队各个项目主教练们出席和欣赏了这次讲座。讲座结束时蔡振华副局长对马克表示感谢时说：“我们得到了教练员们对你的讲座非常积极的反馈，讲座具有震撼力，给我们的教练员们带来很多启发，希望我们能够进一步合作。”

图1－2　马克·沃斯蒂根（中）、国家体育总局竞体司副司长刘爱杰（右）和本教材编者张英波（左），2010年12月摄于北京饭店。

5. 高度个性化的优化动作模式和提高动作质量训练设计和即时训练控制

为了满足运动员在相当长的赛季中，无伤病和状态良好地参加高频次比赛的要求，AP训练中心的训练控制特点是短时间间隔内，对高度个性化的优化动作模式和提高动作质量训练设计和即时训练控制和精确管理。他们将多达34000条各个运动科学的原理，设计成软件，开发出动作和运动能力分析评价和训练计划系统。它能够快速地针对每一个运动员的标准输入数据，输出即时的训练计划和提出改进动作和训练方法和负荷建议，以此保证快速和高度精确的训练控制。由此解决了多参照信息、多人、快速的个性化训练计划和控制问题。被完全整合的方法和“预康复”哲学编织成的各种训练计划，已经帮助那些经常受伤的运动员恢复健康，并保持在更加健康的状态，同时还使那些接近崩溃的大龄运动员们，延长了他们的运动生涯。完全整合训练方法在协同学方面的益处（物理治疗师、教练员、营养师、运动成绩专家），促进了各个康复和减少损伤策略的作用，最大程度地加强了运动员的可用性。

6. 在保证真实和无痛动作的前提下实现每一天的完美训练计划

根据世界大赛的特点，现代周期训练理论更加强调训练过程控制的精确性和灵活性，提出“每一天的完美训练计划”的概念。通过非常积极的再生训练和营养措施，保证运动员能够完成真实和无痛的动作，在每一天都处于良好参赛准备状态。赋予运动员各种可承受的训练和再生策略，并教育他们在整个赛季都保持精力充沛状态。非常积极地促进恢复的再生策略，在赛季过程中保证适宜的比赛准备状态，保证运动员在95%精力的状态下比赛与在80%精力的状态下比赛。在一次又一次的比赛中保持运动成绩潜力，提高赛场中的注意力集中程度和运动成绩的发挥水平。

就像传统的邮递方式采用邮寄包裹和信件一样，传统的训练周期划分理论也是一种粗犷和缓慢的控制方式。如同宽带网和电子邮件的迅速、高保真度和多元控制模式的出现一样，现代技术的应用使高水平训练控制的精度、速度和内容范围大大提高了。例如，再生训练内容及其软组织触点控制手段，已经成为每次训练课中必不可少的内容（图1－3）。

图1－3　再生训练内容已经成为每次训练课中必不可少的内容

7. 训练负荷的增加必须以保证动作质量为基准点

2010年12月，在国家跳水队领队周继红与马克讨论训练负荷运动量安排的控制问题时，马克建议不要预先确定次数和组数，而是应该先做出一组多次重复的高质量动作，如果这个练习的动作质量不下降，再增加每组重复次数和组数。做任何练习都要遵循动作质量第一的原则。身体如电脑的硬件，而支配动作的神经指令却是软件。身体“硬件”与“软件”应该和谐互补，而不应该相互损害。身体如果重复不正确的动作方式就会使软件留下错误动作的痕迹，造成动作的神经指令“失真”或“不兼容”，反过来更加难以学习和做出精确的动作。动作质量还体现在训练力量功率时，为了保证动作质量，应追求动作加速度能力，而非一味增加负荷重量。

（三）优化动作模式系统与“流程、标准、团队”现代训练理念的产生

以优化各种动作模式作为首要的高质量和标准化产品，现代训练系统和过程在一定程度上如同现代大工业生产线控制流程，它早已摒弃了“师傅带徒弟”式的由农业社会遗留下来的封闭落后的训练方式。动作的学习、控制和训练过程不应该是由个人的局部视野和狭隘经验而操控的，而是强化团队合作、系统中信息共享和多因素整合的作用，各个部分和谐互补，促进运动成绩系统、专家和设施的“无缝整合”。从首次运动员状态评价到实现运动成绩最终目标，整个过程如同运动成绩工厂的生产线控制流程。近年来我国一些高水平竞技运动项目，尤其是部分水上运动项目实现奥运金牌突破的成功实践，与领导者、教练员、运动员、科研人员和保障团队的积极探索交流、借鉴和积极创新的直接结果。现代高水平运动训练系统的三要素“流程、标准、团队”（刘爱杰，2011），也已经成为我国竞技体育界一些精英人士的共识。

第二节　动作及动作技能的定义、层次与影响因素

一、动作、动作技能与人类行为

从高耸的珠穆朗玛峰到深渊的马里亚纳海沟，从载人宇宙飞船、国际太空站到月球甚至火星，人类借助现代科技，并且通过特定的动作行为，可以使自己的足迹延伸到我们居住的这个星球的各个角落，甚至宇宙空间。您可能认为上述极端情况的人类活动与我们的日常生活太远，可是在我们平时衣、食、住、行的各个方面，时刻也离不开动作技能。例如，穿衣戴帽、使用餐具、料理家务、驾车和走路都需要特定的动作技能来完成。更不用说技艺精湛的高水平运动员、杂技演员和特技飞行表演员，他们更需要特殊的动作和专门技能。由此可见，动作、动作技能是与我们生活和工作息息相关的重要部分。

现在，我们再来看一看人执行动作能力的重要性。执行动作技能是人类生存的显著特点，如果丧失了这个能力，您就不能像现在一样读这本书和辨认文字。可是，动作技能的种类繁多、数量庞大，对于我们来说了解各种动作表现、学习和控制方式的内在机制就显得极其重要了。深入认识动作技能、动作学习和控制的机制，能够为学习体育教育、运动训练、体育教练员、健康指导员、运动生理、运动医学、体疗康复，以及表演艺术的学生提供很多切实的帮助。

当然，人类动作和动作技能以多种形式出现，有需要对人体大环节和大肌肉群进行协调和控制的运动技能，如足球和田径运动，也有需要对人体小肌肉群进行精细调节和把握的动作技能，如写字、穿针引线和进行外科手术。在本教材中，我们把重点放在研究动作学习和控制方面，因为不管它们在外在表现上有多大的差别，许多动作技能都具有共同的特点，无论这些技能是应用于体育教育、运动训练或比赛、身体康复，还是应用于军事训练和工业设计中的人工操作系统。

我们所有的人与生俱来就带有的自身的“软件系统”，即一些基础性的支配人体动作的程序，使我们只需要一点儿成熟经验就可以以近乎完美的形式表现出来一些基本动作模

式和基础技能，吸食母乳、咀嚼食物、维持平衡、避免疼痛刺激、走和跑等都可以被看作是人类的先天动作行为。可是为了熟练地掌握其他专门动作模式和高级动作技能就需要相当多的练习，只有这样我们才能更好地适应和利用生活、学习和工作环境，满足我们的多种需要。从这个意义上说，我们的人生质量的一个重要标志，也是以能否对各种基本动作模式和多种动作技能的顺利执行、表现、学习和控制为特征的。

二、运动、动作、行动与动作技能

（一）如何理解运动、动作、行动和技能

运动（motion）指在一个或一组身体环节之内，可达到的柔韧性范围或自由度。例如，髋关节屈曲90°，与方向性自由度的一个专门量度有关。正常运动是正常动作所必需的。然而，正常运动却不能保证正常动作。

动作（movement）指出了一个专门肢体或多肢体组合的行为特征，动作是技能的组成部分，它也是一个在自身动力作用下发挥着功能的身体在改变姿势时所产生的某种行为方式。例如，在混凝土人行道和结冰人行道上走，肢体采用不同的运动方式，虽然动作不同但技能相同（走）。动作也与基本和高级的全身活动有关，如爬、跑，或打篮球的投篮。运动是动作的一个组成部分，但动作还需要我们所强调的学习与控制，它包括稳定性、灵活性、对称性、平衡、姿势控制、协调、感知和感觉整合等核心因素。

行动（action）是包括若干身体和/或肢体动作的目标导向反应，它是一个动作的“家庭式”组合。这里提出的重要观点是多样的动作可以产生相同的行动，因此达到同一目标。例如，走上一系列台阶是一个行动，目标是要达到台阶的顶端。为了达到这个目标，一个人可以采用多种多样的不同动作。

技能（skill）则需要达到专门目的的一项任务。动作、行动和技能的共同点基于它们都是（一个）目标、身体和/或肢体动作的随意表现。

（二）什么是动作技能

中外许多学者对动作技能都曾经进行了定义。在2000年中国体育科学学会和香港体育学院联合出版的《体育科学词典》中，把动作技能定义为“按照一定的技术要求，完成某种动作的能力”。马启伟、张力为（1996）把技能定义为“技能是人们在活动中运用知识经验经过练习而获得的完成某种任务的动作方式或心智活动方式”。希亚等（Shea, et al., 1996）对于动作技能提出的定义是：“作为练习功能和经验而发展出的动作能力”（Movement competency developed as a function of practice and experience）。库克尔（Coker, 2004）提出的动作技能定义是“一个具有目标导向、需要随意的身体和/或肢体的动作，而且必须通过学习而掌握的行为或任务”（A goal-oriented act or task that requires voluntary body and/or limb movement and must be learned）。马吉儿（Magill, 2001）的定义是“达到专门目的动作或任务，动作表现质量的指示”（An action or tusk that has a specific goal to achieve; an indicator of quality of performance）。施密特和莱斯伯格（Schmidt & Wrisberg, 2000）对技能的定义则是“由执行者做出的，把动作质量作为成功主要决定因素的技能”（A skill for which the primary determinant of success is the quality of the movement that the performer produces)。也有学者赖勤提出了动作技能概念的三个要素：需要达到的目标、执行的随意动作和由身体动作完成。

三、动作技能的发展和层次分析

在人体各种反射活动的基础上，动作技能具有不同的层次，依次包括基础动作技能（Fundamental Motor Skills）、动作熟练性屏障（Proficiency Barrier）、成熟动作技能（Mature Motor Skills）和高级动作技能（Advanced Motor Skills）。

（一）基础动作技能

基础动作技能一般指身体大环节动作活动，它们是执行成熟技能所需要的，应在人体生长发育的早期获得（2～12岁）。基础动作技能的动作信息控制基础和人体结构支持保障，表现为人体在不同生长发育阶段形成和发展出的各种基本动作模式。基础动作技能分为三类动作。

- 位移动作技能：包括跑、跳、踮步跳、急速跑、单腿跳、跳跃和滑行等。
- 非位移动作技能：包括转体、伸展身体、延伸肢体和屈体等。
- 控制物体技能：包括投、接、踢、击、滚、反弹物体、带球和运球等。

（二）动作熟练性屏障

人体获得的基础动作技能需要突破动作熟练性屏障。如果人们没有获得基础动作技能，就不能进一步在需要成熟或高级技能的活动中获得成功。

（三）成熟动作技能

成熟动作技能在游戏和体育项目中广泛使用，包括各种复合动作、在多个几何面中完成的动作，以及需要很高协调水平的动作。

（四）高级动作技能

高级动作技能需要很强的精细动作控制能力，如射箭、掷飞镖、投棒球、体操、推出冰壶等。人体动作技能的不同渐进层次如图所示（图1－4）。

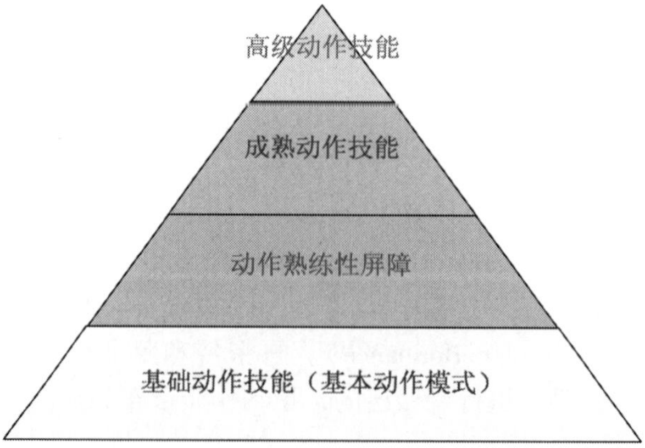

图1－4　人体动作技能的不同渐进层次

四、动作技能的影响因素

动作技能的影响因素内容较多，而且包括身体内在因素和环境外在因素两大部分，它们对于动作技能的学习过程、控制质量和表现水平发挥着广泛和深刻的影响（表1－2），我们将在本教材后续章节与大家共同进行详细分析和讨论。

表1－2　动作技能的影响因素

层　次	身体内在因素	环境外在因素
基础层次	1. 动作疼痛和动作限制 2. 动作的对称性和组织延展性 3. 遗传特征和生长发育水平 4. 反射调节动作的质量 5. 多种感觉的整合能力 6. 平衡和姿势控制能力 7. 一般动作程序的形成 8. 基本动作模式的优化	1. 动作发展进程的良好层次 2. 动作纠正计划的科学性 3. “环境赋予”的规定性 4. 基本动作模式学习条件 5. 动作学习的活动性质 6. 环境温度、湿度、气压 7. 动作介质（水中、陆上） 8. 光照方向、背景和照明条件
中级层次	1. 动作的稳定性和灵活性 2. 神经、肌肉和骨骼系统整合 3. 身体环节的精确定位 4. 动作信息处理质量 5. 人体内环境的自稳态水平 6. 专门动作模式的发展和优化 7. 产生动作的认知和动作因素 8. 闭环和开环动作控制模式	1. 训练计划的设计水平 2. 动作学习的组织结构 3. 动作练习负荷的适宜性 4. 执行动作的时段 5. 执行动作的环境 6. 练习和恢复比率 7. 专门动作模式训练条件 8. 闭式或开式动作技能的难度
高级层次	1. 神经系统的唤醒水平 2. 筋膜矩阵和动作矩阵的质量 3. 肌肉内部协调和肌肉间协调 4. 人体竞技能力水平 5. 身体准备状态 6. 高级动作程序的完善 7. 专门动作模式的优化 8. 动作产生与控制的协调阈	1. 参赛方案的设计水平 2. 竞赛规则与动作难度 3. 动作信息沟通质量和程度 4. 反馈技术的应用水平 5. 动作环境限制和动作时限 6. 家人、朋友和观众影响 7. 比赛级别与地点（主、客场） 8. 队友配合、裁判和对手表现

第三节　动作技能分类与高水平动作技能的特征

一、动作技能的分类

丰富多彩的人体动作技能具有不同的动作产生、动作学习和动作控制机制，这就决定了必须区别对待地采用适宜的动作学习方法、动作控制模式和训练手段，才能保障高效率的动作学习和高水平的动作训练过程。科学地进行动作技能分类，是实现上述目的的必要和基础工作。在对动作技能进行分类时，人们往往需要考虑动作的特殊性、执行动作环境的稳定性，以及执行动作的肌肉分组问题。例如，在适应体育和康复领域，采用动作技能在大、小肌肉参与上的区分是很重要的，身体治疗师们致力于诊断和治疗大环节肌肉的问题，而职业治疗师们却更多涉及解决小环节肌肉的问题。在这里，我们可以从两方面理解和着手处理动作技能的分类问题，一方面，动作技能可以被看作是针对不同目的的各种不同的任务，这样就可以根据他们各自的显著特征进行分类。另一方面，动作技能还可以根据动作质量，即人执行技能的表现水平高低程度来区分。我们这里主要向您介绍三种主要的动作技能分类方法，它们分别是：以动作任务的组织方式分类、以运动和认知因素的重要程度分类和以执行动作技能中环境变化的可预见性分类。

下面我们就来分析一下体育教师或教练员可以采用的，以动作任务作为突出的特征来区分动作技能的方法。主要有三方面的特征加以分类：动作任务的组织方式、运动和认知因素的重要程度、执行动作技能中环境变化的可预见性。

（一）以动作任务的组织方式分类

1. 分立动作技能

以动作任务的组织方式，分类系统的一端是“分立动作技能”（discrete skills），分立动作技能任务的组织方式在通常情况下表现为动作短暂，并且有明确的开始和结束界限。分立动作技能的动作任务在体育运动中的表现非常普遍，尤其是那些经常需要有明确而分离的跳跃、投掷、投篮、击打、踢球、扣球和接球动作的运动项目（图 1 –5）。

图 1 –5　跳远的起跳动作是分立动作技能的例子

2. 序列动作技能

有时分立动作技能被结合在一起形成了更加复杂的动作，这样的动作组织方式被归类为“序列动作技能”（serial skills）。序列动作技能的技能类型和组织方式的特征是把若干个分立动作连接成一个序列，动作顺序常常是动作表现成功的关键因素。各种舞蹈的固定连续动作，以及田径运动中的许多跳跃和投掷项目的完整技术动作都是序列动作技能的例子，如跳远包括助跑、起跳、腾空和落地，旋转推铅球包括持球、进入旋转、腾空、过渡、最后用力和维持身体平衡等多个动作技术环节（图1－6）。

图1－6 旋转推铅球是序列动作技能的例子

序列动作技能还可以在体操、武术运动中举出很多实例。序列动作技能与分立动作技能的区别在于它需要更长的时间完成动作，而且每一个序列动作都是以分立动作开始和结束。在序列动作技能的学习过程中，开始时练习者主要把注意力放在技能任务的单个动作要素上。经过大量的练习，他们就能够把这些分离的单个动作要素结合起来，形成一个更复杂的连贯动作。这就使掌握序列动作技能的练习者，能够像完成一个单独的分立动作技能一样控制整个序列动作过程。例如赛车运动员在比赛中熟练、快速的换档动作。

3. 连续动作技能

另一类动作技能的组织方式是没有明确的开始和结束，这类动作技能叫做“连续动作技能”（continuous skills），通常指那些具有重复或韵律性质，持续若干分钟以上的动作技能。连续技能任务的组织方式是动作没有明确的开始和结束，而是持续或重复性地进行。连续动作技能的例子如，跑、游泳、竞走、滑冰和骑自行车等（图1－7）。对于这类动作技能来说，练习者、一些环境障碍或标志，如终点线或游泳池壁，决定了动作的持续

图1－7 跑是连续动作技能的例子

时间。还有一些连续技能需要练习者完成“跟踪”任务，用肢体动作保持与目标的接触。驾驶赛车就是一个完成持续跟踪任务的好例子，赛车手不断使方向盘运动，把赛车保持在赛道上。请参见表 1－3，分立动作技能、序列动作技能和连续动作技能各自的特征和示例。

表 1－3　分立动作技能、序列动作技能和连续动作技能各自的特征和示例

分立动作技能 动作有明确的开始和结束	序列动作技能 把分立动作结合起来	连续动作技能 动作无明确的开始和结束
投橄榄球	舞蹈	跑步
接篮球	助跑跳高	游泳
踩破气球	旋转掷铁饼	骑自行车

（二）以运动和认知因素的重要程度分类

1. 运动性动作技能

第二种分类系统是以动作任务中动作和认知因素的相对重要性作为分类的标准。对于那些把动作质量本身作为动作成功的主要决定因素，而不是把重点放在对动作任务的感知和做决定方面的技能，叫做“运动性动作技能”（motor skill）。运动性动作技能是以练习者做出动作的质量作为动作成功的主要决定因素的动作技能。例如，力量训练中的主要任务是深入刺激某些肌肉群，通过重复对抗某些阻力负荷的练习，促进力量的增长（图 1－8）。而田径运动比赛中的撑竿跳高运动员清楚地知道需要做什么，比赛中对他最大的挑战就是做出尽可能越过最大横杆高度的技术动作。

图 1－8　力量练习动作是运动性动作技能的例子

2. 认知性动作技能

另一方面，对于“认知性动作技能”（cognitive skill）来说，动作性质本身的重要性却小于执行什么样动作的决定和策略。认知性动作技能是以练习者做出执行什么样动作的决定的质量作为动作成功的主要决定因素的动作技能。例如，在棋类比赛中，移动棋子的动作速度快慢并不重要，重要的挑战是从哪里向哪里移动棋子，来赢得最大的制胜机会。体育教师和学生自行设计和制作运动器材，也属于认知性动作技能（图1－9）。

图1－9 体育教师和学生自行设计和制作运动器材是认知性动作技能的例子

简而言之，认知性动作技能要点是“知道做什么”，而动作技能的要点是“正确地去做”。实际上，纯粹的运动性动作技能和认知性动作技能都不多见，绝大多数动作技能都处于二者之间（表1－4）。所以，根据这个系统对动作技能分类时，所采用的更合理的方法是分析认知（及感觉）和运动因素，对于成功达到动作目的的贡献程度。这也是为什么在有些国外文献中，有时把动作技能也称为“心理动作技能”或“感知动作技能”的原因。

表1－4 运动性动作技能与认知性动作技能

运动性动作技能 做决定最小化 运动控制最大化	←————→ 做一些决定 一些运动控制	认知性动作技能 做决定最大化 运动控制最小化
推铅球 杠铃下蹲 穿跑鞋	篮球运球 障碍赛跑 高山滑雪	棋类比赛 设计和制作器材 教练决策

例如，一位刚刚接受膝关节前十字韧带手术，开始进行体疗康复的短跑运动员，在走步练习迈出第一步时，需要想该怎样做，如脚跟触地和维持平衡等，因为这时他不能自动化地做出动作。经过一段的治疗和练习之后，这位运动员就不必想很多该怎样做动作，而这时的动作技能也更接近于“运动性动作技能”。我们的同学可能也有这样的经历，在开始学习一个新技能时，可能需要花费许多时间决定该做什么。比如您在开始学习驾驶汽车

时，可能会花不少时间想打火、离合、油门、换档等各个操作动作的顺序，当经过一段练习和驾驶之后，就能够不用想太多，而可以熟练地自动完成上述动作步骤。然而我们在做运动动作时，无论是运动性动作技能，还是认知性动作技能，都不能完全被忽略。即使是掌握了精湛技艺、能够执行复杂和高难技术动作的奥运会冠军，在比赛上场前也经常需要思考该怎样执行动作要点。

（三）以执行动作技能中环境变化的可预见性分类

1. 开式动作技能

区分动作技能的第三种方式的根据，是考虑在执行动作技能过程中周围环境的稳定性和可预见性程度。“开式动作技能”（open skill）是指在变化和不可预见的环境中执行的动作技能，练习者需要根据环境的不断变化作出反应，来调整自己的动作。例如，如跆拳道、摔跤、柔道、拳击等格斗项目运动员的遏制和反制对手的技术动作。在这些情况下，运动员难以预见对手将采用什么样的战术性动作，以及自己将需要做出什么样的反应动作。在短跑项目运动员成对配合牵引跑训练中，协助施加阻力运动员的配合动作也属于开式动作技能，他需要随着练习者的动作变化，做出适宜的配合调节动作（图 1－10）。

图 1－10　协助施加阻力运动员的配合动作属于开式动作技能的例子

2. 闭式动作技能

另一方面，“闭式动作技能”（closed skill）是指在稳定、可以预见或静态的环境中执行的动作技能，练习者能够预先计划自己的动作。例如，掷链球按固定的运动技术动作顺序和方式参加比赛，预先编排好的艺术体操动作，太极拳表演，短跑运动员在无人干扰的空跑道上进行起跑练习等（图 1－11）。

开式动作技能和闭式动作技能，实际上也是两种极端的情况，而绝大多数运动技能只是处于二者之间，只是环境变化的程度不同而已。开式和闭式动作技能分类系统把重点放在了动作执行环境中，练习者之间动作对动作的反应。对于更加接近闭式动作技能“一端”的技能，如高尔夫球、保龄球运动，是环境等待人的动作参与。所以练习者能够预先评估环境要求，在没有时间压力的条件下组织动作，也不需要做出任何的突然调整就可以完成动作。而对于更加接近开式动作技能“一端”的技能，如网球运动员的对打、篮球和足球的攻、防队员，运动员必须利用感觉过程、将感觉信息分类处理，再决定做出适

图 1－11　运动员在无人干扰的空跑道上进行起跑练习是闭式动作技能的例子

应性反应动作。这种对周围瞬息万变的环境作出反应的过程，通常也是在很短的时间内完成的。请见表 1－5 中开式动作技能和闭式动作技能的特征和示例。

表 1－5　开式动作技能和闭式动作技能的特征和示例

闭式动作技能 可预见的环境	←→ 部分可预见的环境	开式动作技能 不可预见的环境
跳高	自行车比赛	跆拳道
太极拳表演	公路赛跑	网球
掷标枪	自行车比赛	曲棍球

这些分类系统都反映了动作技能各个方面不同的特征。对于教师或教练员来说，在确定动作任务的要求和评价学生能力时，或许需要同时考虑几个分类系统。我们可以参考美国学者施密特和莱斯伯格（Schmidt & Wrisberg，2000）围绕环境要求和动作要求提出的“二维”分类系统（表 1－6）。

表 1－6　围绕环境要求和动作要求提出的“二维”分类系统

		闭式动作技能	动作技能要求		
		无身体移动无器械	只使用器械	只身体移动	移动身体使用器械
环	动作调节无变化	保持直立姿势	在黑板上写字	在人行道上行走	在人行道上行走
境	环境无变化	使用手势语言	分发纸牌	玩跳房子游戏	同时拉一个小车
要	只环境变化	在移动阶梯式电梯上站立			艺术体操的带操
求	只动作调节变化		原地站立拍篮球	在移动阶梯式电梯上行走	无防守足球运球
	动作调节变化	在移动阶梯式电梯上换脚	用游戏棒玩电子游戏	跑步穿过拥挤的机场	有防守足球运球
	环境变化	维持平衡			
					开式动作技能

（根据 Schmidt & Wrisberg，2000 资料修改）

二、高水平动作技能的特征

从动作技能的目的、组成和获得形式来分析，我们不难理解动作技能在本质上的三个基本特征。

- 任何一项动作技能本身具有专门的目的；
- 动作技能都是由身体或肢体的随意动作组成；
- 任何动作技能的获得和提高都需要一定的动作练习和经验。

从动作技能所达到动作目标的有效程度来看，高水平动作技能的特征可以归结为：达成目标的最大确定性、最小的能量消耗和最短的动作时间。

（一）达成目标的最大确定性

动作技能有效的重要标志是准确无误地达到动作目的，也是动作技能本身的意义所在。例如，许多同学都有踢足球射门的经历，但这并不意味着他（她）们都是优秀的足球射手。对于他们来说，偶尔射中球门的结果也许只是许多失败的射门尝试中“走运”的一次。只有那些能够在复杂情况下连续多次成功地射门成功的人，我们才能说他不是靠“撞大运”，而是具有娴熟的足球射门动作技能，即具有很大程度的达成目标的确定性。这也是为什么我们在欣赏体育明星的高超动作技艺总是能够得到力与美的享受的一个原因，他们在运动场中经常能够凭借自己出色的动作技能在关键时刻协助队友力挽狂澜，赢得胜利。但毕竟不是每个人都能够成为马拉多纳和梅西。

（二）最小的能量和精力消耗

动作技能有效的另一个标志是执行动作过程中能量和精力消耗的最小化，在有些特定的情况下是为了保持体力。当然这不是所有动作技能的目的，比如说推铅球，运动员唯一的目标是把铅球推到最远的距离。但对于许多其他的动作技能，能量消耗的最小化就意味着对于不必要的多余动作的减少。这个特征对于那些必须经济地使用能量、保持体力项目的运动员取得比赛最后的成功是极其关键的。例如，高水平的攀岩、竞走、马拉松和铁人三项运动员知道如何保持最经济和有效的动作方式，优秀的柔道和跆拳道运动员懂得怎样保持体力在比赛的关键时刻出奇制胜。最小的精力消耗还意味着有些运动项目的高水平运动员，能够在以减小心理负荷的情况下完成动作任务。运动员通过提高他们动作的自动化水平，可以把多一些的精力用于动作任务的其他要求，如中长跑运动员使用的战术和艺术体操运动员个人动作的创造性表现力。

（三）最短的动作时间

动作技能有效的第三个标志是达到动作目的所需时间的减少，或者叫做提高达到动作目标的速度。许多项目的运动员，如田径运动中的赛跑和跨栏、游泳、滑冰和自行车等，都把使用最短的时间作为比赛的主要目的。其他的运动项目也有很多情况是把尽量快地完成动作，作为动作质量高低的标志。如跆拳道运动员踢腿的速度、田径运动跳跃运动员起跳动作的“爆发力”、排球比赛中的“短、平、快”打法等。当然，也有一些动作技能不是靠“快”来评价的，如太极拳运动和瑜伽。因此，我们在考察动作的有效性时，必须依据动作目的在多项要求中取得平衡，追求最佳化的整体效果。

第四节　动作学习与动作表现

一、动作学习与动作表现的区别

对于动作学习与动作表现二者在许多方面有共同点，区分起来并不容易。正如一个人们经常说的老问题：“是先鸡生蛋，还是先蛋生鸡。”人在执行动作任务时，就会展示一定的动作表现水平。如果一个人做出的动作代表了这个人典型的动作表现，而没有受到其他临时因素的影响，如疲劳、焦虑、厌烦等，那么在一定程度上就可以认为，这个动作代表了这个人的对于动作任务学习的水平。

在动作表现（motor performance）和动作学习（motor learning）的概念方面，存在一些主要的区别。动作表现通常是可观查的随意动作外在形式，并且受到许多临时因素变化的影响，如动机、注意力、疲劳和身体状况等。与之相对，动作学习是决定人完成动作能力的内在过程发生的变化。人的动作学习水平随着练习而提高，常常是根据观察人相对稳定的动作表现水平而推断出来的。为了让人们学会一项动作任务，必须让他们参与实际练习，这样就提高了他们做出理想动作的能力，也就是我们所说的动作学习。所以，教师和教练评价学生动作技能学习的最好方法就是观察学生的动作表现。如果一个学生的动作表现娴熟程度，在不同情况下的多次观察中都保持相对稳定，教师就可以认为这个学生的动作技能准确地反映了他的动作学习水平。

二、动作学习与动作表现的阶段

许多学者都曾经试图区分人在技能学习过程不同阶段的动作表现特征，在下表中我们为大家提供了一些例子。从整体上看，其中的信息对人前期和后期的动作学习的活动进行了很好的描述，而且还提供了一些能够观察到的动作表现特征（表1－7）。

（一）认知阶段

“认知阶段”（cognitive phase）也叫做前期阶段。在任何情况下，前期阶段的动作学习都以学习者试图获得动作概念，或者了解动作的基本协调方式为特征。为了做到这一点，学习者必须进行大量解决问题的练习，包括认知练习和语言交流过程。认知阶段（动作学习前期）的特征是动作活动粗糙、缓慢、不稳定和紧张。练习者的注意范围比较狭窄，动作不协调，完成的动作在时间和空间上都不精确。练习的初学者缺乏自信、犹豫不决，即使做出正确动作，也往往不清楚是怎么做出来的。

表 1-7　动作学习阶段和相关的动作表现特征的理论说明

文献	学习前期阶段 ······→		学习后期阶段
菲兹和波斯纳 (Fitts & Posner, 1967)	认知（不断尝试和犯错）	联系（入门）	自动（轻松自如）
	词语性动作（更多语言）		动作（更多行动）
亚当斯(Adams, 1971)	获得动作概念		固定/变化（闭式和开式技能）
根泰尔(Gentile, 1972)	协调（获得动作模式）		控制（根据需要适应动作模式）
尼维尔(Newell, 1985)			
	相关的动作表现特征		
学习前期阶段	······→		学习后期阶段
外观紧张		比较放松	自动完成
不准确		比较准确	准确
不一致		比较一致	一致
慢和停顿		比较流畅	流畅
胆怯		比较自信	自信
不确定		比较确定	确定
僵硬		比较适应	适应
无效		比较有效	有效
许多错误		较少错误	发现错误

（引自 Schmidt & Wrisberg，2000）

（二）联系阶段

随着学习的深入，在许多因素（如先天能力、动机、以往的经验和动作任务难度等）的作用下，动作学习进入第二个阶段："联系阶段"（association phase）。其特征是这时的动作表现变得更加准确、连贯和稳定，而且练习者对总体动作形式有了比较清晰的认识。这时他们开始对动作细节进行修正和调整，并把这个动作方式与特定的环境和动作任务需要相适应和联系起来，因此得名。根泰尔（Gentile，1972）指出，如果学习的动作任务属于闭式动作技能，那么在固定的调节环境和条件下学习动作的效果最好。可是，如果学习的动作任务属于开式动作技能，那么学习者在变化的调节环境和条件下，就能够更好地修正和优化他们学习的动作。例如，射箭和射击运动员就是在相对不变的条件下练习同样的动作，而足球守门员就是针对多变的环境条件，学习不断调整和适应他需要做出的动作。

（三）自动阶段

经过大量的练习之后，只有很少的人能够达到以自动产生动作为特征的动作技能学习阶段，在我国的许多教科书中把它称为"自动化阶段"。菲兹和波斯纳（Fitts & Posner，1967）把它称为"自动阶段"（autonomous stage）。而亚当斯（Adams，1971）称它为"动作阶段"（motor stage），表示在相当大程度上学习者把重点放在了动作上，而不是放在对动作任务的认知方面。当学习者达到这个阶段的动作有效和娴熟水平时，其动作技能表现的特征也就是我们前面提出的高水平动作技能的特征：达成目标的最大确定性、最小的能量消耗和最短的动作时间。另外，自动阶段还有一个显著特征是，学习者的自我控制动作能力得到长足发展，他们能够及时地自己发现和纠正他们偶尔出现的动作错误。

对于教师和教练员来说，清晰地确定学生在动作学习进步过程中，已经从哪个阶段进入哪个阶段是不容易的。但是，我们可以利用表 1-5 中说明的动作表现特征，相对合理地推断出学生的动作学习水平。我们也可以利用这些知识，针对学生所处的不同动作学习阶段，选择适宜的教学手段。

请见动作学习阶段的模式（图1－12），它把上述三个阶段及其特点清晰地表示出来。也有学者根据动作技能的社会生态学特点（图1－13）对动作学习阶段进行了划分。

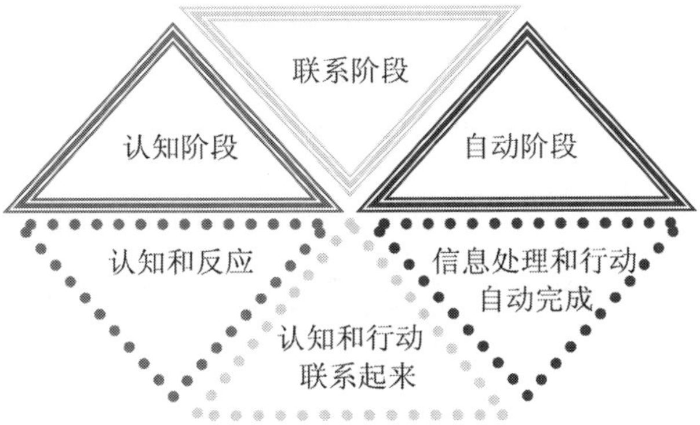

图1－12　三个动作学习阶段的模式

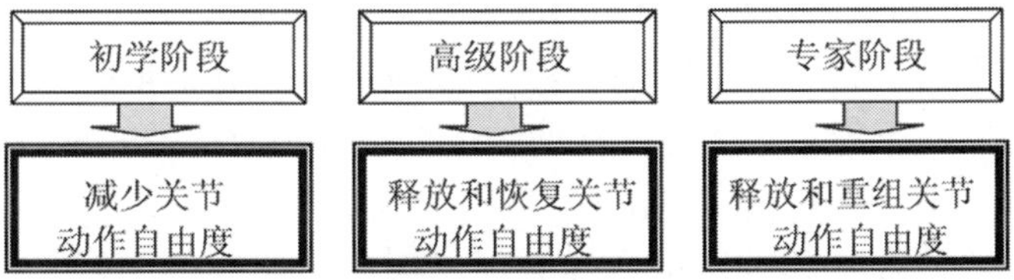

图1－13　根据动作技能的社会生态学特点对动作学习阶段划分和各阶段目的

（引自刘展，2003）

三、动作技能的内隐学习

还有一种现象叫做“内隐学习”（implicit learning），指出了动作表现和动作学习之间的密切关系。动作技能的内隐学习指在练习者没有意识到执行动作任务中促进动作技能水平提高因素的情况下，由不断重复产生动作的正确应答所引起的动作技能表现能力提高。当同学们确定目标学习执行一个动作任务时，大家当然就会开始练习这个动作。在这种情况下，大家把动作表现当作一个“载体”，来决定采用怎样的适宜动作模式，并且不断修正这个动作模式，使它更加便于控制。结果，同学们开始觉察到动作表现特征，朝自己努力提高的方向发生了许多明显的变化（表1－7）。然而，有时同学们经历的动作表现提高却是潜意识的，而且自己也无法解释。例如，在同学们刚刚学会骑自行车时，可能谁也难以说清学习过程的动作细节变化和原因。

研究人员发现不断重复的动作表现经验，能够提高人的动作学习水平。这种情况甚至还发生于练习者遗忘了引起动作变化的那些动作任务组成因素时。练习者对于动作环节有重复、相互有联系的动作任务的学习效果，好于那些随机出现的，包含了许多其他动作环节的动作任务。而当试验人员结束后再询问这些受试者时，没有人能够说出曾经意识到其中一个动作环节已经被重复的事实。

这种研究结果强调了这样的可能性，每次人在致力于动作表现时，都在进行着某种动作学习。俗话说“熟能生巧”，而在动作科学领域，我们说：不断重复的动作表现“造就”了动作学习。而关键的问题是，“什么类型的重复动作表现可以产生最有效的动作学习”？所以，对于教师和教练员的挑战就是，需要设计出能够产生完美的“理想”动作的动作表现经验的类型。无论这些类型是属于有意识动作学习，还是潜意识动作学习。为了迎接这个挑战，教师和教练员需要提出正确的问题，然后设计出使他们能够帮助学生达到学习目标的答案。在下一节中，我们将更详细地讨论动作表现与学习中一些针对实际问题提出的解决方法。

第五节　动作学习与表现中针对问题的解决方案

著名教育家亚瑟·考布斯（Arthur Combs）在1981年就曾提出：“未来的公民必须是问题的解决者，他们能够作出适宜的选择，创造性地制订出现场解决方案。而对有效解决问题能力的学习，是通过面对事实、明确问题、对问题迷惑不解、实验、尝试和寻求有效解决方案进行的。”我们认为这种观点与过去相比，更加符合今天的情况。我们倡导针对实际问题提出学习方法，而“针对问题学习”（problem - based learning）的关键因素是提出正确问题的能力。对于想对学生提供帮助的体育教师和教练员来说，有三个简单的重要问题，它们是：谁？做什么？在哪里做？

为了成为一个好的教师和教练员，你必须能够提出正确的问题。如果能够做到这一点，您就几乎能够在任何教学场景下最适宜地引导教学进程。绝大多数关于人的动作表现和学习问题的解决取决于多方面的因素，它们包括：您正在为他提供帮助的人，您正在帮助这个人学习的动作任务，以及这个人最终想执行动作任务的情景。简单表示，这些因素可以归结为三个问题，即谁？什么？哪里？

“谁”是您正在帮助学习技能动作的人（少年儿童、学生、运动员、中老年人），“什么”是这个人想学会做的动作任务（打太极拳、打高尔夫球、打篮球、跳高、做体操动作），“哪里”是这个人希望执行动作任务的情景（与许多小朋友一起在操场练习、赛艇运动员在水面上训练、与几个好友在高尔夫球场打球、在观众面前打篮球）。

一、谁？——人

任何动作表现情况中最重要的因素都是执行动作的人。每个人都拥有一些先天能力、特定的生长发育成熟水平、以往的动作经验、动机水平和情绪状态。如果这个人所拥有的感知 - 动作先天能力是执行动作任务所必需的，他也达到了生长发育的满意成熟水平，他的以往动作经验与现在学习的动作任务也有关，同时他有着优越的动机，能够把自己的情绪状态保持在动作任务表现需要的最佳水平，那么这个人所达到的技能水平就应该高于上述一个或更多条件没有得到满足的情况（图1 - 14）。

二、什么？——动作任务

需要学生执行的动作任务的性质是教师和教练员需要考虑的第二个重要因素。其中，有三个方面的因素对于动作任务的表现非常重要，它们是：感－知觉因素、决定动作因素和执行动作因素。

（一）感－知觉因素

有些动作任务对于感－知觉因素（sensory－perceptual factors）提出很多要求，如网球运动员需要辨认出来球的方向和速度、足球守门员需要分析对方球员的攻门动作类型。依靠诸如此类的感－知觉活动，来帮助运动员决定需要做什么和怎样做。

谁？（执行动作的人——小学生）

什么？（动作任务——少儿撑竿跳远） 哪里？（动作目标情景——少儿田径比赛）

图1－14 谁？什么？哪里？

（二）决定动作因素

准确地作出决定（accurate decision making），是决定动作成功程度的另一个因素。例如，乒乓球运动员决定怎样回球反击，足球守门员决定守门动作的方式等。

（三）执行动作因素

对于一些动作任务来说，成功的动作技能表现取决于执行动作（movement execution）的因素，也就是说如何控制和产生动作。如三级跳远运动员熟练地连续做出跳跃动作，花样游泳运动员优美、流畅的“水中芭蕾”动作。而对于其他类型的动作任务，需要对一系列感－知觉和决定动作活动作出反应，才有可能实现动作目标。在有些情况下，即使运动员或学生正确地感知到外部环境条件和作出适宜的动作决定，如果他（她）不能合理地执行动作，也不能有效地达到动作任务的目的。例如，乒乓球运动员必须准确地做出回球反击动作，足球守门员必须成功地做出守门救球动作。

三、哪里？——目标情景

构成人的动作技能表现和学习的第三个重要因素是执行动作的情景，或叫做“目标情景”（target context）。目标情景是指人所希望的，执行他（她）所学习的动作任务的地点和环境条件。

动作表现的地点在哪里？动作是个人单独执行还是在体育场馆大庭广众的视线之下？执行动作有时间压力，还是自己掌握时间尽情发挥动作？“针对问题指导”（problem－based instruction）的一个重要方面是为学生提供机会，使他们在自己希望的最终表现理想动作的相似环境条件中进行练习，也就是我们常说的“训练要从实战出发”。

由于动作影响着我们一生的各个方面，动作科学家和教育家们多年来一直在努力，试图揭开动作表现基础和影响动作学习因素的奥秘。许多领域的研究结果为教育工作者和从事运动训练的教练员们提供了重要的信息。在服务于体育教育、训练科学、运动学、运动医学和康复等许多领域的前提下，许多研究成果为我们提出了正确的方向和方法，能够紧密结合各种具体的实际情况，设计和提出成功的动作学习指导方案。

第六节　自学进阶与突破

一、认识基本概念

本教材提出了动作学习与控制的一些基本概念，首先是动作、行动和动作技能的概念，并且解释了如何从一个行动或一个动作任务，以及从可观察到的一个人的动作表现特征的角度来考察技能。作为许多不同的任务，我们可以按照它们的许多表现特征对动作技能进行分类。第一个特征是关于动作是如何被组织起来的方式，如一个分立和单独的行动，或按照一定顺序联系起来的一系列动作；或者是基本相同行动的节律性重复等。第二个特征是关于动作任务的执行和表现过程中运动和认知各个因素的相对重要性。第三个特征是关于在执行动作过程中环境的相对可预见性。在我们进行动作任务分析时，考虑到这些因素是很有帮助的。

从操作熟练性的方面考察动作技能，也表现出一些其他的特征。它们包括达成目标的确定性程度、能量的相对消耗量，以及在一些情况下产生动作所花费的时间。动作技能更好的人能够在这些动作特征上表现出更高水平的熟练性。

我们还对术语“动作表现”和“动作学习”的定义进行了说明。这两个概念既有联系，也有区别。“动作表现”是一种可以被观察到的动作行为，但有时容易受到疲劳和动机等临时因素的影响；而“动作学习”是一个更加稳定的内在过程。一个人的“动作学习”水平只能通过观察他的“动作表现”来进行评估。人们可以在不同的“动作学习”阶段展示出不同的“动作表现”特征，但有时他们自己却意识不到技能提高的原因。

有效的动作学习过程，是通过教师或教练员首先提出正确的问题而开始的，然后再寻找到解决“动作学习”和“动作表现”问题的方法。就有效的动作学习而言，一旦教师或教练员得到对于这些问题的答案，他们就应该能够运用最适宜的原理和根据最确凿的支持性证据，来提出可行的解决方法。熟悉和运用动作表现与学习中针对问题的解决方案，是帮助您在体育教学、运动训练、运动健身和运动康复等各种情况下，提高分析和解决问题能力的有力指导性技术。

二、掌握关键术语

为了回答本章中的问题和完成练习，需要我们掌握以下关键术语。

（一）运动（motion）。

（二）动作（movement）。

（三）行动（action）。

（四）技能（skill）。

（五）动作行为（motor behavior）。

（六）动作学习（motor learning）。

（七）动作控制（motor control）。

（八）动作发展（motor development）。

（九）动作表现（motor performance）。

（十）动作技能（motor skill）。

（十一）精细动作技能（fine motor skills）。

（十二）粗略动作技能（gross motor skills）。

（十三）分立动作技能（discrete skill）。

（十四）序列动作技能（serial skill）。

（十五）连续性动作技能（continuous skill）。

（十六）运动性动作技能（motor skill）。

（十七）认知性动作技能（cognitive skill）。

（十八）开式动作技能（open skill）。

（十九）闭式动作技能（closed skill）。

（二十）针对问题的学习（problem – based learning）。

三、巩固学习要点

（一）“动作行为”是研究人体遗传性和目标导向性动作表现的一门科学。它包括三个重要的分支学科，即“动作学习”“动作控制”和“动作发展”。

（二）动作学习的主要研究对象是人类动作学习过程和影响这些学习过程的各种变量。“动作控制”的主要研究对象则是动作产生、执行和控制的过程，以及影响这些过程的各种变量。“动作发展”的主要研究对象是人的机体生长发育和环境的交互作用所反映出的动作行为的变化。

（三）“动作学习”和“动作控制”的研究内容得到动作发展学的补充。它们三者之间的关系是既相互独立、各有侧重，又相互依存、相辅相成。它们都是人类行为科学的重要组成部分。

（四）在2000年中国体育科学学会和香港体育学院联合出版的《体育科学词典》中，把动作技能定义为“按照一定的技术要求，完成某种动作的能力”。1996年马启伟、张力为把动作技能定义为“技能是人们在活动中运用知识经验经过练习而获得的完成某种任务的动作方式或心智活动方式”。库克尔（Coker，2004）提出的动作技能定义是“一个具有目标导向、需要随意的身体和/或肢体的动作，而且必须通过学习而掌握的行为或任务”。

（五）动作学习与控制的常用研究方法包括：行为科学方法、神经生理学方法和生物力学方法、生态学方法和信息技术方法。

（六）动作学习与控制的主要应用领域包括：体育教育、体育师资培养、教练员培训、运动训练和运动康复。

（七）以动作任务的组织方式分类，动作技能可以分为“分立动作技能”、“序列动作技能”和“连续动作技能”。

（八）分立动作技能指技能任务的组织方式在通常情况下表现为动作短暂，并且有明确的开始和结束界限。序列动作技能指技能类型和组织方式的特征是把若干个分立技能动作连接成一个序列，动作顺序常常是动作表现成功的关键因素。连续动作技能指技能任务的组织方式是动作没有明确的开始和结束，而是持续或重复性地进行。

（九）以运动和认知因素的重要程度分类，动作技能可以分为“运动性动作技能”和“认知性动作技能”。运动性动作技能指那些以练习者做出动作的质量作为动作成功的主要决定因素的动作技能。认知性动作技能指那些以练习者做出执行什么样动作的决定的质量作为动作成功的主要决定因素的动作技能。

（十）以执行动作技能中环境变化的可预见性分类，动作技能可以分为“开式动作技能”和“闭式动作技能”。

（十一）开式动作技能指在不可预见或动态的环境中执行的动作技能，练习者需要根据环境的不断变化作出反应，来调整自己的动作。

（十二）闭式动作技能指在可预见或静态的环境中执行的动作技能，练习者能够预先计划自己的动作。

（十三）动作技能在本质上的三个基本特征为：任何一项动作技能本身具有专门的目的、动作技能都是由身体或肢体的随意动作组成、任何动作技能的获得和提高都需要一定的动作练习和经验。

（十四）高水平动作技能的特征为：达成目标的最大确定性、最小的能量消耗和最短的动作时间。

（十五）动作技能表现与动作技能学习概念的主要区别为：动作技能表现通常是可观查的随意动作外在形式，并且受到许多因素的影响，如动机、注意力、疲劳和身体状况等。与之相对，动作技能学习是一个反映人动作表现能力水平的内在过程，可以根据相对稳定的动作技能表现进行评估。

（十六）动作技能学习与表现的阶段主要包括认知阶段、修正阶段和自动阶段。

（十七）“针对问题学习”的关键因素是提出正确问题的能力。对于体育教师和教练员来说，有三个简单的重要问题，它们是：谁？做什么？在哪里做？

（十八）动作技能的内隐学习是指在练习者没有意识到执行动作任务中促进技能水平提高因素的情况下，由不断重复产生动作的正确应答所引起的动作技能表现能力提高。

（十九）有三个方面的因素对于动作任务的表现非常重要，它们是：感－知觉因素、作出决定因素和动作控制因素。

（二十）“目标情景”是指动作技能学习者所希望的执行他（她）所学习的动作任务的地点和环境条件。

四、强化知识练习

（一）什么是“动作行为”科学？请简述它所包括的三个重要分支学科，及其各自的研究对象。

（二）对动作技能的主要分类形式（系统）有哪些？

（三）举例说明“分立动作技能”、“序列动作技能”和“连续动作技能”，及其各自的特点。

（四）举例说明“运动性动作技能”和“认知性动作技能”，及其各自的特点。

（五）举例说明“开式动作技能”和“闭式动作技能”，及其各自的特点。

（六）高水平动作技能的特征是什么？

（七）动作学习与表现主要包括哪些阶段，它们的特征是什么？

（八）什么是“目标情景”？

五、推荐阅读文献

大卫·柯林斯（D. Collins，2009）：人体动作控制课程讲义。埃德蒙顿：加拿大阿尔伯塔大学。该讲义系统说明了人体动作控制的相关知识体系。

赖勤（2003）：动作学习与控制课程讲义。底特律：美国韦恩州立大学。该讲义讨论了运动技能的相关概念。

马启伟，张力为（1996）：体育运动心理学。台北：东华书局。该书第八章提出了运动技能的概念。

张英波，梁林，赵洪波译，格雷·库克（美）著（2011）：动作 – 功能动作训练体系。北京：北京体育大学出版社。该书以革命性的思维方式和观点，阐述了“功能动作系统”的原理和方法。

Adams，J. A. （1971）：A closed – loop theory of motor learning. Journal of Motor Behavior，3，111 – 150. 该文介绍了动作学习的闭环控制理论。

Fitts，P. M. ，& Posner，M. I. （1967）. Human performance. Belmont，CA：Brooks/Cole. 该书全面论述了人体动作表现问题。

Gentile，A. M. （1972）. A working model of skill acquisition with application to teaching. Quest Monograph（17），3 – 23. 该文讨论了动作学习的阶段问题。

Magill，R. A. （2001）. Motor Learning：Concepts and Application. New York，NY：McGraw – Hill. 该书第一章讨论和解释了运动技能的概念。

Newell，K. M. （1985）. Coordination，control，and skill. Differing perspectives in motor learning，memory，and control. Amsterdam：North – Holland. 该文讨论了动作技能的协调控制问题。

Schmidt，R. A. & Wrisberg，C. A. （2008）. Motor Learning and Performance. Champaign，IL：Human Kinetics. 该书为美国高等院校体育系动作技能学习课程教材，对本学科现代知识进行了系统阐述。

第二章 先天能力与动作技能

本章的主要内容包括：首先，认识个体差异的概念，把重点放在对人的先天能力的讨论上。第二，我们了解一些关于人先天能力基本性质的理论和观点，并分别进行阐述。第三，我们对体育教师和教练进行与人体先天能力相关的提示，讨论如何理解人体动作能力发展的先天制约条件和后天促进因素，认识体能与技能之间的逻辑关系，澄清运动员专项体能与技能训练方法设计的基本层次，采用能力的概念对技能分类和进行动作任务分析。最后，我们讨论根据先天能力评价来预测学生未来发展的问题。

本章的学习目的是使学生了解人的个体差异、参与许多重要议题的讨论，如动作能力的基本性质、教师需要牢记的人体先天能力、教师如何运用动作能力的概念对动作技能分类和分析学习任务，以及根据个人能力评价的结果预测未来成绩潜力的遗传局限等，结合实际问题主动、系统地学习本课程知识。

第一节 人的个体差异、先天能力与后天能力

在我们中国谚语中，有“三岁看大，七岁看老”、“江山易改，本性难移”的说法。祖先的智慧提示我们：基因遗传特征和先天能力具有强烈的决定性，而后天影响却是有限的，教育和训练都不是万能的。您可能也有这样的经验，您的一个同学或同事以前没有打羽毛球的经验，可当他拿起球拍和您对打时却几乎赢过您，他打球的水平和你不相上下，而您这时却已经练习羽毛球很长时间了。您的这位同学或同事打球技巧继续提高，而您的水平却似乎停滞在现有状态。他在打羽毛球的能力上显然与您有很大不同，而最终他的情况会更好。这是为什么呢？你们之间的潜在区别在哪里呢？这意味着这位同学或同事参与其他活动方面的能力也比您强吗？众所周知，人们在许多方面不是千人一面，而是各有千秋。

在一些情况下，这些个体差异是难以控制的，如性别、年龄、种族和文化背景。有时这些差异也会影响到人们的动作技能表现和动作技能学习。在本章中，我们考察人们与生俱来的，反映在完成动作表现和质量上的一些特点。首先我们要讨论个体差异（individual differences）的概念，特别是决定运动表现的先天能力（abilities or inherited capabilities），继而我们讨论人类先天能力的基本特性与相关功能。然后我们对教师提示任何理解能力的概念，并对它们进行有效的利用。

一、个体差异的概念

个体差异是由稳定和持久的先天能力差别造成的人们动作技能表现的差异。先天能力是决定或支持完成各种活动或技能的那些遗传获得的、相对持久的、稳定的特性。人人有别不难理解，人们的身心特点各有不同，代表着不同的年龄、种族、性别和文化背景，有一些人可能还具有这样或那样的身体或心理缺憾，在大千世界中的人们会有不同的性格、社会影响力和各色的生活阅历。除了这些区别外，人们还拥有其他决定他们运动表现质量的后天能力（capabilities）。后天能力－练习的结果所引起的人的特征变化，它代表着一个人在执行动作任务中做出出色表现的潜力。一些可能影响人们动作质量差异的因素在下表中列出（表2－1）。

表2－1　影响人动作技能表现差异的因素

因　素	实　例
先天能力	手指灵活性、耐力、躯干力量
态度	对于新经历的开放、封闭或中立态度
身体类型	粗壮、高、矮、瘦、胖、健美或全面
文化背景	民族、种族、宗教、社会地位、经济状况
情绪	烦躁易怒、好激动、恐惧、快乐
身体素质水平	低、中、高
学习类型	视觉型、语言型、运动感觉型
发育水平	尚未发育、中等发育、发育成熟
动机水平	低、中、高
社会交往经历	一人对一人、小组人群、大组人群
以往运动经历	休闲娱乐性、教育指导性、竞技性

（引自 Schmidt & Wrisberg，2000）

请看下面一个例子，当李明还是一个小男孩时，一位叫张伟的同学经常使李明由于在一些运动项目上望尘莫及而郁闷。张伟踢足球时下肢动作敏捷、灵活，打篮球时运球快、投篮准，奔跑速度也比同龄人快许多。张伟明显具有超过其他同学的一些特质，他很好地利用了这些特质而成为学校中一位不错的球员。而李明也可以在其他某个方面获得许多快乐，他的体操成绩比张伟好多了。当张伟还无法撑上单杠时，李明就可以在上面翻转自如了，李明还能够围着张伟翻筋斗。而班上不少其他同学又在越野跑、游泳等项目上成绩超过李明和张伟。这让我们感到，好像每个人都具有适合完成某种动作技能的特定能力，而没有更多的能力去做好其他动作技能。为什么有些人比其他人更适合从事某项运动？这些人是生来就具有这些特殊动作能力，还是因为后天的练习而获得？一个人的能力可以被测量和评价吗？如果教师或教练能够对人的这些能力有一定的了解，会对他们的教学和训练工作提供有力的帮助吗？正是这些与人类能力有关的问题，构成了考察人体行为能力的心理学和动作行为科学所采用研究方法的基础。对于这个领域的研究也被称为个体差异研究。实验方法（experimental approach）是科学家研究以一致形式影响人动作表现或行为的变量所采用的方法，而区分方法（differential approach）是科学家研究人个体先天能力差异的方法。与关注适合于所有人群的实验方法相反，被用来考察个体差异问题的区分方法，注重那些使人区别于其他人的因素。

个体差异（individual differences）是指人们在执行动作任务过程中所具有的那些稳定和持久的差别。这个定义的关键词是“稳定”和“持久”。例如，如果一个人在篮球比赛中罚篮命中得分，而另一个人没有命中，这并不等于说第一个人的投篮能力一定比第二个人强。然而，如果在许多情况下第一个人总是投篮命中得分，而第二个人却经常失误，我们就可以自信地认为这两个人的投篮能力存在个体差异。个体差异的研究与两个方面的工作密切相关：首先，需要确认造成人们动作技能表现的不同潜在能力，从事这方面研究的科学家需要尽可能多地测量和评价各种能力。其次，针对不同的运动项目、职业和日常生活习惯，在根据人的这些能力评估和预测未来（或发展潜力）的工作上，也存在着挑战。

二、先天能力与后天能力

研究人类动作技能表现个体差异的科学家一般使用“先天能力”的概念，在绝大多数情况下是由遗传决定的，它是人动作技能表现的重要基础因素。在很大程度上，先天能力被认为是遗传决定的和根本上不能够被练习和经历所改变的。它们也可以被看作是人们生来固有的进行动作技能表现和学习的“硬件”。从视觉的敏锐度、辨色到身体高度和形态，从算术能力、反应速度到身体灵活性和运动感，人的感觉－运动系统具有多种先天能力。一些先天能力支持着感觉机能和作出决定，一些先天能力负责着动作的组织和计划，还有一些先天能力决定着实际动作的产生和反馈的评价。目前科学家们已经发现了20～30种认知和动作的先天能力，他们预测将来还会认识更多。他们认为，几乎所有的人们都具有这些先天能力，但是对于不同先天能力拥有的程度不一样。例如，一个人可能运动感很差，但视觉敏锐度很高。而另一个人可能手－眼协调能力很差，可静态平衡能力却很强。个体差异的研究人员们认为，每个人的所有先天能力状况对这个人完成某种动作任务的表现是非常重要的。例如射箭和射击运动可能需要高度的视觉敏锐性和手的稳定性，但对下肢力量要求不高。而另一方面，举重运动却不怎么需要视觉敏锐性和手的稳定性，但却对下肢力量要求很高。

先天能力与运动表现的这种关系，实际上对我们提供了一个重要的提示：对于某种动作任务而言，一个人如果具备了它所特殊需要的高水平先天能力，在完成这种动作任务时，他就能够比只具备低水平特定先天能力的人做出更出色的动作技能表现。这也可能就是我们在前面例子中谈到的，为什么张伟在同学中擅长球类运动，而李明却体操比较出色的原因。然而，一个人可能具有有效执行某种动作任务的先天能力类型，这并不意味着他也具备能够很好地完成其他动作任务的能力，除非两种动作任务都需要基本上相同的先天能力。

（一）能力与技能

您一定经常听到人们在日常谈话中几乎混淆了“先天能力”与“技能”这两个词，并常常错误地互换使用。例如，当人们看到一个女孩打乒乓球表现出高水平的技能时，可能会说：“那个女孩打乒乓球的能力很强。”可是，正确区分涉及能力和技能的概念是必要的。动作技能是由于训练而获得的，以最大的确定性、最少的能量消耗或时间，完成某种动作任务的（后天）能力。科学家可能会说这个女孩具有打乒乓球需要的很多动作技能。与许多人随意的说法相比，运动科学家对“能力”和“技能”（skills）这两个概念进行了区分，他们认为在多数情况下，先天能力是遗传决定的，而且在很大程度上是无法通过训练或个人经历而改变的。但是技能则主要是一种后天能力（capabilities），是训练和练习的结果（图2－1）。

图2－1　动作技能主要是训练和练习的结果

正如我们前文所说，先天能力可以被看作是我们与生俱来的“随身设备”，也可以比喻为计算机的硬件，或扑克游戏里手中的纸牌。也就是说，这些“硬件”越复杂和先进、手中的“牌”越好，完成运动动作成功的潜力（potential）也就越大。但是，如果没有把它的（动作）效能表现发挥到最优状态的软件程序的支持，世界上再复杂和先进的计算机设备也是一堆废物。同样，手上的一把好牌并不一定保证能赢，除非玩牌的人知道怎样利用它们。所以，动作技能体现的是人执行特定动作任务的熟练性（proficiency），如体操动作、武术的套路动作，或花样滑冰动作。当然，具有完成某种特定动作任务的高水平先天能力的人，如果用很多时间练习执行这个动作任务，也能够帮助他锦上添花，取得更加优异的成绩。例如，曾多次打破世界纪录的我国优秀男子跳高选手朱建华，具有出色的身体形态和良好的速度能力，可他在体能训练中仍然需要进行大量的身体素质强化练习，除此之外还要进行大量的跳高技能训练。所以，我们说朱建华出色跳高成绩的取得，很大程度上是他所具有的跳高运动员的优异遗传能力和长期进行刻苦的专项训练两方面因素促成的结果。总之，一个人最终达到的动作技能水平，一方面取决于他固有的完成动作任务所需的先天能力，另一方面还取决于他参与执行动作任务练习的数量和质量。为了更清楚地了解先天能力与技能概念上的重要区别，请见表2－2。

表 2－2　先天能力与动作技能概念上的一些重要区别

先天能力	动作技能
遗传获得	通过训练获得
稳定和持久	通过练习修正
数量少	数量多
许多不同技能表现的基础	依赖于不同的（先天）能力构成

（引自 Schmidt & Wrisberg，2000）

（二）先天条件是动作技能表现的限制因素

教师和教练们需要记住人的先天能力影响着他所能达到的动作技能水平。例如，一位老年厨师无论花费多少时间练习，也永远不能成为一名出色的花样滑冰运动员，因为他不具备花样滑冰项目所需要的身体条件或感觉－运动能力，更不用说他的年龄已经太大了。同样，患有色盲的人就不能熟练地辨别运动服的颜色；平衡能力差的人就不适合从事掷铁饼，或平衡木等项目。

尽管我们讨论了人的先天能力是达到动作技能表现最终熟练水平的限制因素，但是如果教师和教练员在运动员参加训练的早期，就根据观察运动员的动作技能表现，对运动员的发展潜力进行武断的判断也是错误的。在本章的后半部分你会了解到，有些因素影响着动作技能表现的优化，即使是运动员的先天能力构成，在一定程度上也可以通过训练而发生变化。有时在早期训练并不起眼的运动员，也通过以后的训练成为动作技能熟练的选手。

第二节　对教师和教练员的提示

一、教师和教练员如何理解先天能力的概念

既然人的能力似乎潜在地影响着动作技能表现和技能形成，这就需要教师（教练）们基本上了解这些能力的本质概念。历史上曾经提出了一些关于能力的理论和观点，下面我们分别加以介绍。

（一）单一总体能力

关于人体能力的早期观点之一，实际上是把多种能力只看作一种能力。这种观点的倡导者相信，所有动作技能表现的基础都是一个单一的“总体综合能力”。所以如出一辙，“总动作能力”（general motor ability）的说法也是一种早期的错误观点，认为总体综合能力是所有动作行为的基础，在那个时期也很流行。当时的认知或智能研究领域的理论家也提出了一种“总心理能力”（general mental ability）的说法，并且认为它就是智力（intelligence），可以通过智商（IQ）来测量。

乍看起来，总动作能力的说法似乎是合理的，它的确与人们对一些个案的观察结果相一致。例如田径中的男子十项全能优秀运动员具有多方面的运动技能，而有些人就连一种运动技能都难以很好掌握。只是因为如此，我们就可以认为全能运动员必须具有高水平的“总动作能力”，而那些难以很好掌握某种运动技能的人就缺乏或没有这种所谓的能力吗？如果“单一总体能力”的观点有效的话，那么我们就总是认为人所执行的任何动作技能都存在着高度的相关。换句话说，具有高水平“总动作能力”的人可以漂亮地完成任何两种不同的动作任务，而“总动作能力”差的人则不能很好地完成任何动作任务。

随后的研究结果很少支持“单一总体能力”的概念。德瓦斯基和祖加多（Drowatzky & Zuccato，1967）的研究就是一个典型的例子。在这个研究中，考察了人体执行6项不同平衡动作任务的表现。执行每一对任务表现的相关系数在下表列出，我们可以看到所有的相关系数都十分低，而圆木上站立和单腿侧立之间的最高相关系数只有 r = 0. 31（表2-3）。

表2-3 6项静力平衡和动力平衡测试结果之间的相关系数

	提膝单腿站立	双手倒立	踩高跷	单腿侧立	圆木上站立	燕式平衡
提膝单腿站立		0. 14	-0. 12	0. 26	0. 20	0. 03
双手倒立			-0. 12	0. 03	-0. 07	-0. 14
踩高跷				0. 04	0. 22	-0. 19
单腿侧立					0. 31	0. 19
圆木上站立						0. 18
燕式平衡						

（引自 Drowatzky & Zuccato，1967）

这些研究结果之所以动摇了“总动作能力”说法的基础，是因为德瓦斯基和祖加多在他们的研究中虽然利用了多种平衡活动，但却只涉及到人体动作技能表现相对狭小的范围。所得到相关系数表明，即使只对平衡能力内部而言，都不存在所谓“总能力”，而是不同的平衡任务需要不同的能力控制身体姿势。此外，当时还有其他研究结果也不支持运动能力是“单一总体能力”的观点。

（二）多种专门能力

对“总动作能力”观点发出最强烈反对声音的学者是弗兰克林·亨利（Franklin Henry）。亨利提出：人的动作行为并不是基于“单一总体能力”，而是基于众多的专门能力，甚至有数千种之多（Henry，1968）。这些能力相互间是独立存在的。亨利坚决主张，人执行任何动作任务的表现，都是基于数百种不同的能力，这些能力的影响力有强有弱，绝非存在“总动作能力”。

专门性假说（specificity hypothesis）是弗兰克林·亨利提出的观点，认为大量的专门、独立和不同的动作能力是每一种动作表现的基础。根据“专门性假说”，网球比赛冠军选手是由于他遗传继承了网球运动员专门需要的高水平特殊能力，才取得冠军。但这并不能保证他也能够成为出色的跳板跳水选手，因为跳板跳水项目所需要的特殊能力与打网球截然不同。他也可能成为一名一般水平的跳板跳水参与者，但在这个项目上没有专门优势。亨利的“专门性假说”认为，如果动作任务间不共享某些能力的话，那么任何两种动作技能表现都不相关。显然，我们前文提到的关于平衡能力相关系数等研究结果有力地支持了亨利的“专门性假说”。

（三）先天能力编组

如我们在前面指出的那样，亨利的“专门性假说”预言在人的两种不同的技能表现间不存在相关（如 $r = 0$）。而现有的证据表明，即使在相关程度很低的情况下，相关系数也大于零。这些发现提示，即使是不同的动作技能表现也分享着一些共同的潜在先天能力。果真如此的话，这又是些什么样的先天能力呢?

针对这个问题，出现于20世纪50～60年代的一系列研究成果，提供了可能的答案。当时弗莱施曼（Fleishman，1956）和他的同事们对美国年轻的空军士兵进行研究，采用统计学的“因子分析”（factor analysis）技术，对人体完成不同动作表现各自所需要的不同先天能力进行“编组”确认。

与亨利相似，弗莱施曼的概念认为“能力”相互间是独立的。但弗莱施曼和亨利在观点上主要的分歧在于：假设的先天能力总数量、执行动作任务需要的先天能力数量、执行不同动作任务时同一类先天能力参与的重要程度。弗莱施曼认为先天能力总数量和执行动作任务需要的先天能力数量，要少于亨利假定的数量。另外弗莱施曼还坚决主张，两种不同动作任务的成功完成和表现，可以基于同一种潜在先天能力的支持，尤其是在两种不同动作任务对先天能力的要求相似时。这是由于弗莱施曼提出的先天能力概念在性质上比亨利提出的更广泛。

弗莱施曼在1964年把先天能力分为“感知动作能力”（perceptual motor ability）和“身体熟练能力”（physical proficiency ability）两大类。这些先天能力类别编组，以及可能需要的动作技能实例在下表中表示出来（表2－4）。

对于这些先天能力的说明是实用的，但我们在使用时仍然需要注意：把它们进行归纳的实验基础，完全是采用年轻男性受试者，让他们在各种仪器设备上坐着执行各种动作任务。因此，目前还不清楚，如果研究采用其他类型的受试者或执行其他动作任务，是否还会得出关于先天能力同样的结果。

基尔和霍金斯（Keele & Hawkins，1982）的研究，揭示了一些超出弗莱施曼提出的先天能力范围的额外能力（表2－5）。这些先天能力包括各种一般协调性因素，如动作速率（测量重复敲击动作）、动作时机（测量有节奏的敲击动作）、感知时机（测量人对两个动作之间的间歇时间判断）和力量控制（测量手指和前臂按键动作力量的大小）。

基尔的一个重要研究成果是发现了人体在执行各种动作任务中所表现的一致水平（例如，同一个人在使用手指、拇指、手腕、前臂和脚完成动作的相似时间表现水平），但是人们个体之间的动作表现却存在着很大差异。这些结果表明，可能存在着人本身的“总计时”能力，决定着各种时间性动作任务的表现。这种观点也得到了一些实验室研究成果的支持，例如，职业钢琴演奏家比一般人具有更加一致的时间性动作表现，非残障儿童的动作时间一致性表现也好于有动作障碍的儿童。然而，这种记时先天能力的适用范围究竟有多大，仍然有待查明。

表 2－4 弗莱施曼提出的先天能力编组

感知动作能力	特点	举例
多肢体协调	同时协调多个肢体动作。	网球发球、击鼓动作。
控制精确性	高精度的控制动作调节，尤其是在有大肌群参与时。	推土机驾驶员，需要精确控制手和脚的动作和姿势。
应答导向	在众多可选的动作中做出快速选择，像选择反应时。	曲棍球守门员，射门来球的类型常常难以认定。
反应时	单一刺激、单一应答，像简单反应时。	100 米短跑比赛的起跑。
速度控制	对持续运动物体或目标的运动速度变化做出反应，进行不断的预测性调节。	高速赛车、独木舟漂流。
身体灵活性	用手臂控制较大的物体。	篮球运球。
手指灵活性	用手指控制较小的物体。	穿针引线、用筷子吃面条。
手臂稳定性	不需要速度和力量的手臂精细姿势性动作。	饭店服务员用托盘端酒杯并分发给客人。
手腕和手指速度	几乎没有，或很少有准确性要求的手腕和手指快速动作。	演奏刚果鼓。
瞄准	针对移动目标快速做出准确手部动作的一种高度受限的能力。	迅速投出飞镖击中目标。
身体熟练能力	**特点**	**举例**
爆发力量	单一爆发性动作中释放最大能量，尽量高或远地跳或投掷。	铅球、标枪、跳高、跳远。
静力力量	对抗相对较重，或不可移动的物体发挥的力量。	个人最大重量的举重动作、移动钢琴。
动力力量	重复或持续地运动或支撑体重。	爬绳、跑步。
躯干力量	尤其指躯干和腹部的动力力量。	举腿、体操鞍马动作。
伸展柔韧性	向各个方向伸展身体。	瑜伽动作。
动力柔韧性	重复和快速伸展身体。	芭蕾舞、体操动作。
全身平衡	在没有视觉的帮助下维持全身平衡。	马戏演员蒙住双眼走绳索。
视觉导向平衡	在没有视觉线索的帮助下维持全身平衡。	体操平衡木表演。
肢体动作速度	不需要反应时刺激、在最短时间内的上下肢快速动作。	棒球的快速投球、舞蹈的快速腿部动作。
全身协调性	同时执行多种复杂动作。	冰球运动员滑冰同时操纵球竿控制球。
一般耐力	长时间发挥身体和心血管系统能力。	长跑、长距离骑自行车。

（据 Fleishman，1964 资料修改）

表2-5 基尔确认的一般协调性因素

因素	特点	举例
动作速度	与弗莱施曼"肢体动作速度"相似，以最大速度完成的系列动作。	打字、操作电脑键盘。
动作时机	必要、准确的动作时机。	驾驶、踩上阶梯式电梯。
感知时机	感知动作时间过程的精确判断。	艺术体操选手动作与音乐的配合、对网球或足球来球速度的判断。
力量控制	采用不同程度的力量达到各种预期的结果。	打台球、花样滑冰。

（引自 Keele，1982）

值得注意的是：无论是弗莱施曼，还是基尔，都没有考察那些常在现实世界中遇到的许多全身协调动作。只有到那些动作被系统地研究之后，我们才能够推测能力到底有多少编组。

二、教师和教练员需要牢记的人体先天能力

我们对动作能力性质的认识，为我们提供了一些可能的应用提示：首先，教师和教练应该理解每一个人各自具有不同的先天能力类型，并带到了他的动作技能表现或学习环境中去。其次，教师和教练应该意识到每一个人的任何先天能力类型，都有助于他执行某些动作任务，但不一定适合其他任务。第三，教师和教练应该记住每一个人的某种先天能力类型，只是决定这个人总体动作技能表现的因素之一。最后，教师和教练应该理解成功的动作技能表现是多种因素有机组合的结果。

（一）理解每一个人各自具有不同的先天能力类型，并带到了他的动作技能表现或学习环境中

教师和教练在进行教学和训练之前，要注意到学生能力类型的差异及其基础。例如，在青少年参加田径训练的初期，教练员会鉴别学生的能力类型，并根据学生的不同能力优势帮助他们选择适合自己的训练项目。运动员个人的先天能力优势与特征对于他所选择参与的体育运动项目也极其重要。例如，在 2008 年北京奥运会上 8 天获得 8 块游泳金牌，破 7 项游泳世界纪录的美国运动员菲尔普斯除了勤奋训练以外，自身超人的天赋是菲尔普斯取得骄人成绩的首要保证。身高 1.87 米的菲尔普斯，体重只有 79 公斤，全身的肌肉都属于"线条型肌肉"。这种类型的肌肉松弛而有力，既保证了舒展性，又有爆发力并减少阻力，游起来自然快。他的臂展长达 2.01 米，比身高还多出 14 厘米，这就使得站在陆地上的"菲鱼"双手过膝，看起来极不协调。菲尔普斯的臂展使他在水中具有得天独厚的优势，让菲尔普斯在水中有了更大的推动力。在游泳池里，这使他在水中垂直滑行的距离出奇的长，是他最大程度克服水阻力的关键。他的心脏每分钟可以向身体送出 30 升的血液，而正常人只能有 15 升。菲尔普斯肺活量达到 15000 毫升（成年男性的肺活量为 3500 毫升左右），乳酸（无氧代谢的疲劳物质）分泌却是正常人的一半。他的乳酸指数异于常人更有利于恢复，一般游泳选手在赛后需要 1 个小时才能恢复，菲尔普斯只需要 10 分钟，

因此比其他选手冲刺更有力。这就是他为什么能恢复得如此之快，成为多金王的原因。腰肢很长臀部瘦小，同时肌肉类型松弛而有力，既保证了舒展性，又有爆发力，被认为是游泳选手中的极品。菲尔普斯身高1.87米，腿长却只有76厘米，上身比下身长得多，尤其适合蝶泳。菲尔普斯短而粗壮的大腿，则更容易在触壁时发力。他14码（相当于47号的鞋）脚的巨大脚掌为他在水中提供了充足的动力。最特别的是他的脚面弯曲度超过常人15°，具有超凡的柔韧度，在水中就好像一副脚蹼。“第五泳姿”是蝶泳、仰泳、蛙泳和自由泳之外的一种泳姿，指的是运动员在出发起跳入水后和转身后的水下蝶泳腿技术，这是菲尔普斯的拿手好戏。据了解，菲尔普斯触壁后能利用推力“滑”出10米，比普通运动员多出3～4米。说起自己的身材，菲尔普斯也有些自我陶醉：“我父母和两个姐姐都是运动员，所以我的遗传基因肯定很适合体育运动。”成就杰出运动员的第一关就是科学系统的选材，先天条件好的运动员才能通过科学合理的训练挑战纪录和极限，菲尔普斯就是一个典型的例子。这也说明了一个没有运动条件的人，训练再怎么刻苦也是不可能成为杰出运动员的（张立，2008）。

（二）每一个人的任何先天能力类型，都有助于他获得某些动作技能的成功表现，但不一定适合其他动作任务

如果教师和教练员已经认识到学生的先天能力类型，他们还要分析学生所特有的这些先天能力，以及在他完成各种动作任务中的优势和劣势，这样才能够对学生有针对性地提供有效的指导和帮助，因材施教。可是，这常常意味着要挑战学生能力的“短处”，要他们执行他们能力不擅长的动作任务。大多数人都知道自己的能力适合哪些活动，而且都倾向于享受成功的快乐，而不愿意遭受失败的痛苦。因此，他们都喜欢重复尝试适合自己能力的动作任务，来表现自己优于其他人的那些技能。例如，在2008年北京奥运会上，牙买加短跑运动员乌赛因·博尔特（Usain Bolt），他创造了9.69秒和19.30秒的男子100米和200米世界纪录。他与队友共同在4×100米接力队中跑出了37.10秒。他获得了3枚奥运会金牌，并打破3项世界纪录。当奥运会后有人问世界飞人博尔特的教练米尔斯：“您能够在‘选材’方面给我们一些建议吗？对于有发展前途的短跑运动员来说，你所寻找的指标是什么”时，米尔斯谈到他的选材观点，突出了他所刻意寻求的运动员的身体遗传特点、先天速度能力、训练潜力、先天弹跳能力和自然动作的力学结构，以及先天动作特征等核心先天能力特质。当然，为了成为出色的学生或运动员，每个人必须学习和训练他所不擅长的动作任务，所以教师和教练要不断鼓励学生挑战自己能力上的“短处”，而不是怂恿他们只沉溺于表演自己的“拿手好戏”。

（三）每一个人的先天能力类型，只是决定这个人总体动作技能表现的因素之一

人的能力是他动作技能表现的一个重要基础因素，但不是唯一的因素，其他因素能够影响人如何执行动作，包括从前动作经历的种类和数量、身体形态和许多个性特征。

从幼年时期，一些人就比其他人更多地参与运动，结果就使这些儿童获得了宝贵的动作经历和大量的演练机会。随着儿童技能水平的提高，他们就更加乐于组成和加入，同自己有类似技能结构的人群（如运动队、舞蹈或音乐小组）。这种经历使这些儿童有更多机

会体验更高水平的动作过程。而早期没有参与这些动作活动的儿童则无法得到宝贵的动作经验，他们只能表现低水平的技能，并给观察者留下他们只有低水平动作能力的错误印象。

身体形态也是影响人动作技能表现的一个因素。高大、强壮的儿童生长发育成熟较早，具有身体技能表现的优势，如完成投掷、跳跃和击打等动作。很容易使观察者认为这些儿童，要比那些身体矮小、瘦弱和成熟较晚的儿童具有更加广泛的动作能力。身体形态也会影响成年人喜爱活动的动作表现，如举重、跳高、篮球、体操等。

另一个影响人动作表现的因素是个性特征。人们的个性差异很大，如成就动机、竞争性、冒险精神、自信和活力，这些特征也都影响着人在动作技能表现上的差异。

（四）成功的动作技能表现是多种因素有机组合的结果

教师和教练必须记住：在任何情况下，学生动作表现上的不同，只是在一定程度上取决于他们某种动作能力上的差异。这个观点可以从以下的研究结果中得到验证。德塞斯、帕格曼和泰弗特（Deshaies，Pargman & Thiffault，1979）等人员以116名16～17岁参加魁北克少年冰球联赛（Quebec Junior Major League）的运动员为对象进行研究，他们试图确定与冰球动作表现有关的、代表人体生理学、测量学、心理学和动作技能因素等14项变量的具体影响程度。他们发现4项变量的组合（前滑速度、成就动机、视觉感知速度和无氧功率）成为区别高水平动作技能队员和低水平动作技能队员的“分水岭”。再进一步观察这些变量发现，优秀冰球运动员的成功动作技能表现是感知动作能力、动机和专门动作技能有机组合的结果。兰德斯、鲍彻和王（Landers，Boutcher & Wang，1986）采用相似的方法发现，下肢相对力量、反应时、深度感知觉、体形、使用想象、自信和对以往错误的注意，是区分射箭运动员中上等和中等动作表现水平的变量。因此不难理解，必须通过各种稳定和不稳定因素的组合，才可以区分每一种动作技能类型人的动作技能表现。

三、教师和教练员如何运用先天能力的概念

（一）理解人体动作能力发展的先天制约条件和后天促进因素

我们知道，人的一些先天能力是由遗传决定、稳定而持久的。训练只能起到诱发作用，很难从根本上改变，如：

1. 自然动作速度。
2. 感知时机和动作时机。
3. 动作节奏和平衡能力。
4. 反应力量能力。
5. 力量控制精度。
6. 动作稳定性。
7. 反应时。
8. 本体感觉。
9. 反射性调节能力。
10. 肢体协调性和手指灵活性。

11. 周边视觉快速感知。

它们对运动员选材过程提出了很高的要求。而后天能力可以在很大程度上通过环境影响和训练来改变，如：

1. 基本动作模式的发展和优化。
2. 高级动作技能的形成和专项动作程序的建立。
3. 绝对力量的发展。
4. 动作顺序和路线。
5. 动作幅度、角度和方向。
6. 集中注意力能力。
7. 中央视觉辨别感知。

它们可以通过巧妙地设计和执行专项练习而得以发展。因此，动作能力不仅取决于人体的基因构成和生长发育程度，还必须通过终生不断的学习才能使其逐步发展和完善

（二）认识体能与技能之间的逻辑关系，以及运动员专项体能与技能训练方法设计的基本层次

在信息革命和全球化的时代浪潮推动下，现代高水平运动训练系统表现出“流程”、“标准”和“团队”的前沿特征。在这个流程中，体能与技能之间的逻辑关系也体现出：体能是动作技能的基础载体和组成部分，而动作技能是体能的直接导向和功能目标，运动员专项能力训练内容的组成结构呈现出鲜明的层次。我们在这里提出运动员专项体能和技能训练流程和内容设计的五个基本层次，它们分别是：基础性本体感觉和反射活动能力、基本动作模式的优化、熟练动作技能屏障、成熟动作技能学习、高级动作技能表现。在追求高级动作表现流程在不同的层次中，其训练活动的侧重点又分别为基础体能强化因素、动作技能学习因素和动作技能表现因素。在实际训练中要根据专项竞技需要、运动员个人的遗传特点、成熟水平、训练和比赛水平，以及训练时期和阶段而灵活运用（图 2－2）。

（三）进行动作技能分类和任务分析

动作技能可以通过理解动作任务的各种要素和要求进行分析，而后推断出满足动作任务需要的先天能力类型。任务分析（task analysis）是一种为动作任务分类的实用方法，首先确认动作任务的组成部分，然后评估决定动作表现的基础能力类型。通过使用任务分析方法，教师和教练就可以确定在教学和训练中把重点放在那些动作要素的培养和提高上。在图 2－3 中，上部是我们讨论过的一些先天能力，下部是与这些先天能力有关的动作技能。我们可以大致分析出美式橄榄球后卫与赛车手所需先天能力的异同之处。教师或教练也可以根据自己的知识和经验采用这种方法进行动作任务的所需先天能力分析，如果有困难也可以请教专家帮忙。

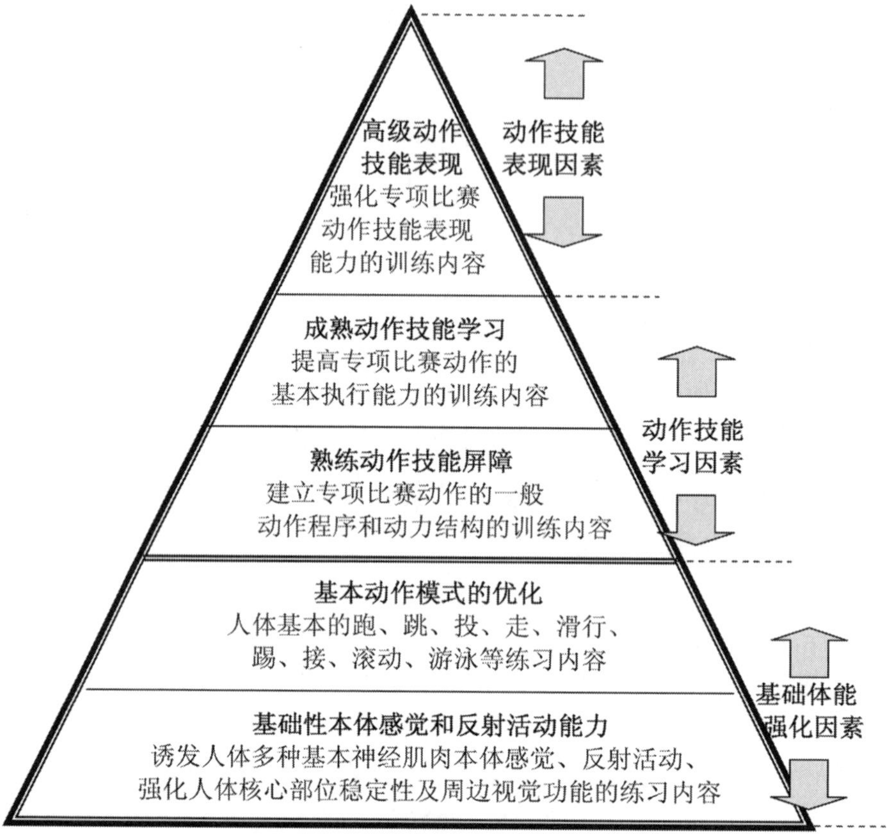

图2-2　运动员专项体能与技能练习设计的层次

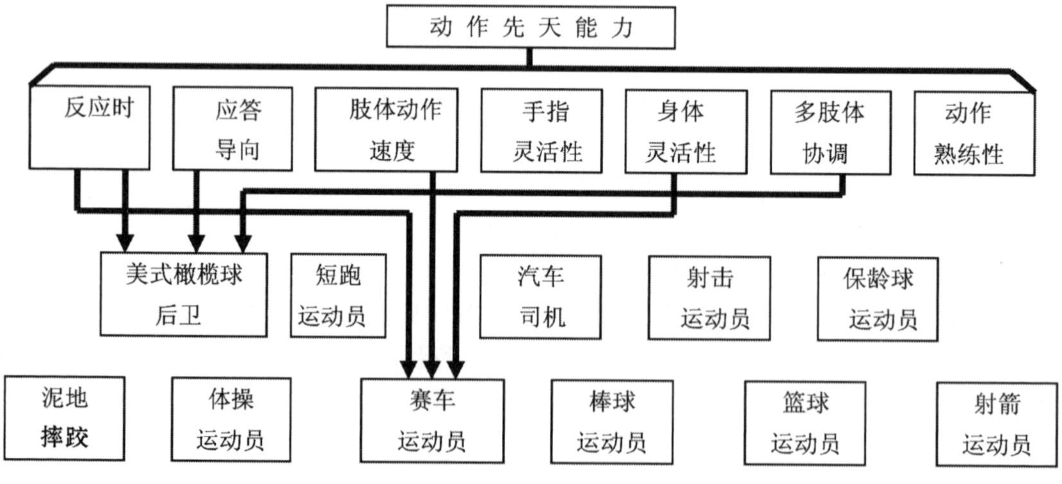

图2-3　动作技能与动作先天能力的联系

（引自 Schmidt & Wrisberg，2000）

还有一种情况我们必须记住，即使动作高度熟练的学生或运动员，也不一定清楚知道他们是怎样完成技术动作的。这是因为在高水平技能动作的操作中，很多过程是下意识完成的。正如我们经常看到的杂技表演，可有谁又能够准确说明每个动作和保持平衡的各个细节过程呢?

动作任务分析还有一个更正式的方法是使用流程图和其他相对简易的调查问卷，这样就可以得到优秀学生或运动员更加系统、可靠的信息反馈，而不是简单地问学生：“你是怎么想的?”我们可以参考以下弗莱施曼和史蒂芬森（Fleishman & Stephenson，1970）针对学习者执行动作所需要的速度能力而设计的动作任务分析流程图（图2－4）。教师或教练可以从图的“开始”处调查优秀学生或运动员，以回答“是”或“否”的简单方式步步深入，取得动作任务分析的正确信息。

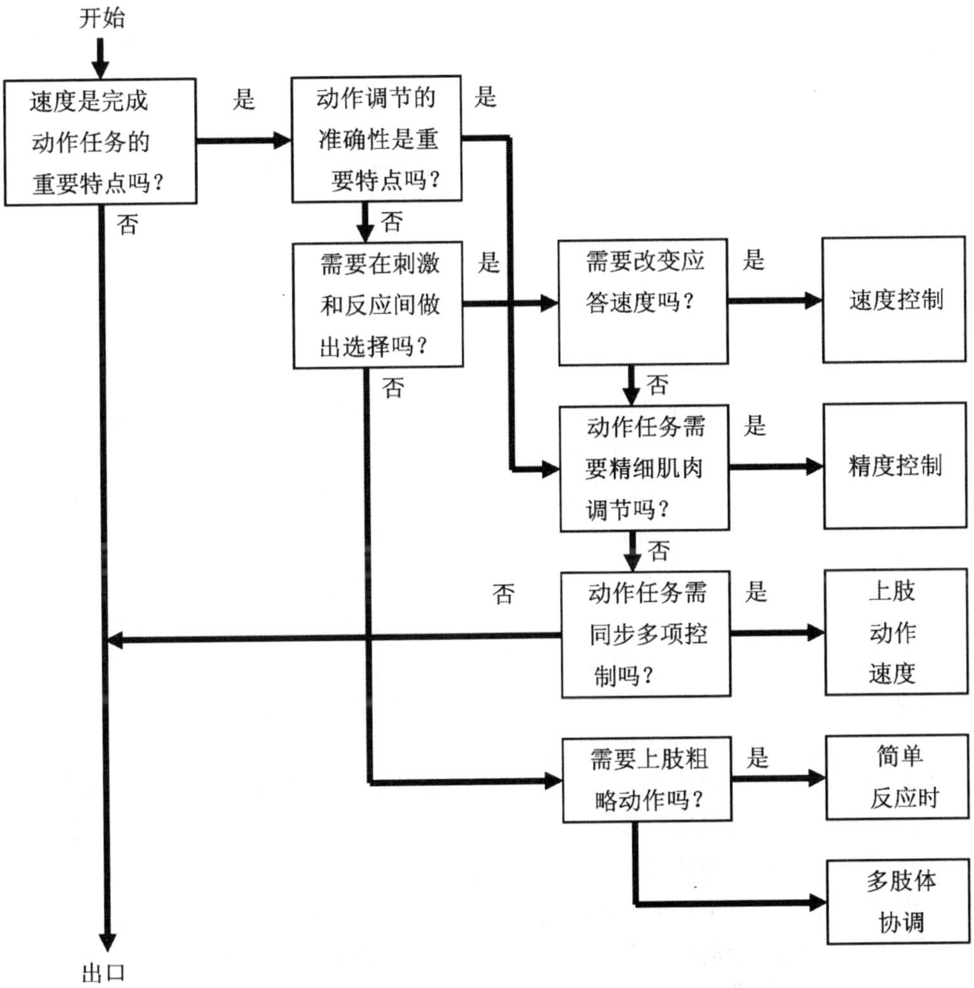

图2－4　动作任务分析流程问卷

（引自 Fleishman & Stephenson，1970）

（四）执行动作技能表现成功的可能性前景预测

作为教师或教练员，利用动作能力概念的另一种方式是根据学生或运动员现有的主导能力类型，预测他们未来的发展前景。在预测一个人未来的动作技能表现之前，需要考虑的一个重要因素是随着一个人训练过程和经历的改变，所引起他的能力类型的变化。对于初学者来说，在决定做什么动作之前掺杂着大量心理活动，如需要记住后续动作、想明白老师的指导、以及规则和战略等。随着他们经验的积累，学生学习的重点，由开始学习动作任务时对“认知”部分和有效心理活动（由认知能力支持）的依赖，转移到更加重视动作的产生（由更加具有“动作”性质的能力支持）。在一个人的运动经历中，他可能在训练早期具有高水平的能力类型，使他有很好的初级水平动作技能表现，但我们很难知道是否他也具备那些在训练后期必要的高水平能力。因此，在实际教学或训练选材中，我们需要尽量多地给学生参与运动的机会，在尽量长的时期内让他们尽量多地展现和发挥他们的能力潜力，而后提出更科学的评价。

第三节　自学进阶与突破

一、认识基本概念

在本章我们讨论了一些使一些人与其他人不同的因素，它们对于在某些方面决定这些人成为某一类动作技能的更好执行者具有关键的作用。有些因素是可以人为控制的，如动机、态度和情绪等，而有些因素却无法控制，如先天能力、身体类型和文化背景等。

动作技能先天能力的概念——人的那些与生俱来的、稳定的和由遗传决定的特性，都会带到人的动作技能学习和表现中来。这也是本章的关注焦点。每个人都具有不同的先天能力构成方式，这些构成方式在一个人各个方面表现的强弱不一。对于同一项动作技能，一个人对它学习和表现的好坏，在一定程度上取决于他独特的先天能力构成方式。例如，举重需要强大的力量能力，一名最大力量和速度力量能力都很强的人，举重成绩就比这两方面能力较差的人好。但是，这名举重成绩较差的人，可能具有更好的动作协调和感知动作时机的能力，使他更善于打乒乓球。

先天能力与技能的区别在于，先天能力是固定的和由遗传决定的特征，而技能反映了一种动作熟练性水平，可以通过练习而得到提高。一个人的先天能力，决定了他或她达到某种技能水平，或完成某种任务的潜力。例如，两名想学习射箭的人，可能具有不同的对于射箭动作表现和成绩产生重要影响的先天能力。那名在这些重要先天能力方面水平更高的人，就具有在完成这个动作任务方面取得成功的更大潜力。通过练习，那名在射箭方面具有重要的先天能力水平较低的人，也会提高它的射箭动作技能。然而，那名在重要先天能力方面水平更高的人，如果花时间练习，却仍然是更好的射箭运动员。

根据一个人在某项动作任务上最初的成绩表现，难以预测他在完成这个动作任务方面未来的成功。这是因为在练习的早期阶段，对于动作技能表现产生重要影响的先天能力类型，与在练习的晚期阶段，对于动作技能表现产生重要影响的先天能力类型有所不同。例如，我们在学习电脑上打字，在动作技能学习的早期阶段瞄准目标的先天能力很重要，因为那时我们要努力准确地把手指放在正确的按键上。显然，那时具有高水平瞄准目标先天能力的人，会表现出更好的打字动作技能表现。然而，在练习的晚期，瞄准目标先天能力对于打字动作技能表现的作用可能就不如之前那样重要了。因为这时我们已经知道了按键的部位，只需要尽量快地做出击键动作。这时，动作速率的先天能力，对于高效率打字动作技能表现的作用，比瞄准目标的先天能力更加重要了。因此，在选材预测中存在的问题常常是，那些在某项技能中最终可能成为最优秀运动人才的人，可能在初始选材中就被淘汰掉了。除非他或她能够在初始选材中就展示出，对于某项动作技能表现重要的所有先天能力。

二、掌握关键术语

为了回答本章中的问题和完成练习，需要我们理解和掌握以下关键术语。

（一）个体差异（individual differences）。

（二）先天能力（abilities）。

（三）技能（skill）。

（四）本体感觉（proprioception）。

（五）动作模式（movement pattern）。

（六）任务分析（task analysis）。

三、巩固学习要点

（一）先天能力指决定或支持完成各种活动或动作技能的那些遗传获得的、相对持久的、稳定的特性。

（二）个体差异是由稳定和持久的先天能力差异造成的人们动作技能表现的差异。

（三）后天能力指练习的结果所引起的人的特征变化，它代表着一个人在执行动作任务中做出出色动作表现的潜力。

（四）动作技能主要是一种后天能力，是训练和练习的结果。

（五）教师和教练员应该理解每一个人各自具有不同的能力类型，并带到了他的动作技能表现或学习环境中去。

（六）教师和教练员应该意识到每一个人的任何能力类型，都有助于他执行某些动作任务，但不一定适合其他任务。

（七）教师和教练员应该记住每一个人的某种能力类型，只是决定这个人总体动作技能表现的因素之一。

（八）教师和教练员应该理解成功的动作技能表现是多种因素有机组合的结果。

（九）现代高水平运动训练系统表现出“流程”、“标准”和“团队”的前沿特征。在这个流程中，体能与技能之间的逻辑关系也体现出：体能是动作技能的基础载体和组成部分，而动作技能是体能的直接导向和功能目标，运动员专项能力训练内容的组成结构呈现出鲜明的层次。

（十）运动员专项体能和技能训练流程和内容设计的五个基本层次，它们分别是：基础性本体感觉和反射活动能力、基本动作模式的优化、熟练动作技能屏障、成熟动作技能学习、高级动作技能表现。在追求高级动作表现流程在不同的层次中，其训练活动的侧重点又分别为基础体能强化因素、动作技能学习因素和动作技能表现因素。

（十一）动作任务分析是一种为动作任务分类的实用方法，首先确认动作任务的组成部分，然后评估决定动作技能表现的基础能力类型。

四、强化知识练习

（一）什么是先天能力和人的动作技能表现个体差异？

（二）什么是后天能力和人的动作技能？

（三）对动作能力性质的认识能够为教师和教练员做出哪些提示？

（四）请结合实例进行某项运动中动作技能的动作任务分析。

（五）试分析运动员专项体能和技能训练流程和内容设计的层次，并说明其原因。

（六）理解美国游泳运动员菲尔普斯的个人优势和牙买加短跑教练员米尔斯的选材观点，能够带给我们什么启示？

五、推荐阅读文献

Deshaies，P.，Pargman，D.，& Thiffault，C.（1979）. A psychological profile of individual performance in junior hocky players. Psychology of motor behavior and sport－1978（pp36－50）. Champaign，IL：Human Kinetics. 该文探讨了与少年冰球运动员动作表现有关的、代表人体生理学、测量学、心理学和动作技能因素等变量的具体影响程度。

Drowatzky，J. N.，& Zuccato，F. C.（1967）. Interrelationships between selected measures of static and dynamic balance. Research Quarterly，38，509－510. 该文考察了各种动力与静力平衡动作之间的关系。

Fleishman，E. A.（1964）. The structure and measurement of physical fitness. Englewood Cliffs，NJ：Prentice－Hall. 该文讨论了身体动作能力的结构和测量。

Fleishman，E. A.（1956）. Psychomotor selection tests：Research and application in the United States Air Force. Personnel Psychology，9，449－467. 该文提出和讨论了动作能力编组的观点。

Fleishman，E. A. & Stephenson，（1970）. Development of a taxonomy of human performance：A review of the third year' s progress. Silver Spring，MD：American Institutes for Research. 该文提出了动作任务分析的流程图。

Henry，F. M.（1968）. Specificity vs. generality in learning motor skill. Classical studies on physical activity. Englewood Cliffs，NJ：Prentice－Hall. 该文提出了动作学习的专门性问题。

Keele，S. W.，& Hawkins，H. L.（1982）. Explorations of individual differences relevant to high level skill. Journal of Motor Behavior，14，3－23. 该文讨论了人的个体差异与高水平动作技能表现的关系。

Landers，D. M.，Boutcher，S. H.，& Wang，M. Q.（1986）. A psychobiological study of archery performance. Research Quarterly for Exercise and Sport，57，236－244. 该文报告了对于射箭运动员动作表现的研究结果。

第三章 动作信息处理与动作决定

在本章中，我们将要学习与动作技能最为相关的信息处理过程。之后，开始了解根据信息处理结果建立动作技能的认知模型，尤其把重点放在动作决定过程中信息的编码、储存和运用方式上。然后，我们讨论关于动作信息处理过程的专门问题，如反应时和它的影响因素、在激活和焦虑状态下的动作决定情况、与动作技能表现有关的注意力概念。最后，我们考察环境赋予因素对于行为方式和动作决定的影响，以及在实际动作技能表现中运用记忆的各种形式。

学习目的是帮助学生了解三个信息处理阶段的性质、熟悉反应时的原理及其影响因素、理解注意力如何影响动作技能表现，以及认识人类记忆的三个系统如何影响动作技能的获得。

第一节 动作信息处理方法

一些心理学家和动作科学家采用一个模型来解释学习动作技能的过程，他们把人体看作是与电脑相似的信息处理器。在这个模型中，人按照他（或她）第一次接受的“输入”（input）信息开始执行操作过程。人在各个阶段中采用各种操作继续处理输入信息，最后他（或她）做出一个“输出”（output）反应。图 3－1 采用简单流程图的方式说明了这个过程。有一些心理学家认为，输入信息作用于学习者。还有另一些人主张，是学习者从外部环境中主动选择输入信息，而最好的回答或许是二者兼而有之。

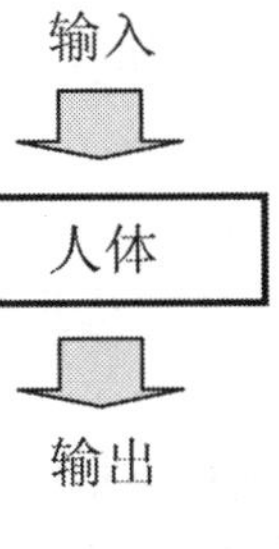

图 3－1 人体动作控制信息流程的最简单模型

（引自 Schmidt & Wrisberg，2000）

一、输入信息的来源

输入指人接受并进行处理的信息。在动作信息处理的研究中，输入通常是由实验者提供给参与研究的受试者的一个刺激，如发出的光线和声音信号。在这种情况下，受试者只需要感觉刺激的出现，然后开始做出反应。这种输入信息的形式偶尔也可以在我们日常生活的环境下找到，如赛跑和游泳比赛中鸣枪表示开始、十字路口的交通信号灯，以及仪器操作面板上的指示灯等，所以输入信息经常是以大量外界环境刺激的形式而存在的。在这种情况下，一个人挑选出来进行处理的输入信息，在很大程度上是由这个人自己决定的。尽管绝大多数研究人员同意这个寻找信息的过程是主动发生的，但是在对人处理外界信息方式的解释上，仍然存在着许多分歧。例如，吉布森（Gibson，1979）主张人通过感觉系统直接获取信息，随着经验的增加，人就变得更加善于察觉和使用信息。而这种观点的批评者们却指出还有一些其他因素，如记忆的作用，在理解人们怎样对待可得到的信息时必须被考虑到。无论如何，现有的研究结果都已经表明，人的经验影响着人从外界环境获取信息的方式。

二、三个动作信息处理阶段

对动作技能控制感兴趣的科学家的主要目的是，了解人处理信息过程的特性。尽管探索这个问题有许多方式，但被许多动作技能专家最经常使用的方式是，他们认为存在许多分立的动作“信息处理阶段”（stages of information processing）。处理阶段指人对信息从输入到输出进行的若干分立的操作（信息确认、反应选择、反应程序），科学家常常在反应时实验中对其进行研究。信息必须通过这些阶段经过从输入到输出的过程。针对我们学习的目的，我们把焦点放在三个阶段：刺激确认、反应选择和反应程序。

在对人的动作技能表现进行阶段分析时，一些心理学家认为无论外界环境信息（输入）何时进入系统，都开始在第一个阶段——刺激确认阶段进行处理。当完成在这个阶段的处理后，剩余的信息才进入第二个阶段——反应选择阶段做进一步处理。处理的结果又被送往第三个阶段——反应程序阶段做更多的处理。在后面的内容中，我们讨论阶段分析的基本原理，以及各个阶段信息处理操作的种类。

（一）刺激确认（第一阶段）

刺激确认阶段（stimulus - identification stage）是动作信息处理的第一个阶段，在这个阶段中人确认输入信息。在这个阶段，动作执行者的任务是决定是否把提供的信息当作“刺激”，如果是的话，就确认它。因此，在“刺激确认阶段”，人通过许多来源分析外界环境信息的内容，如通过视觉、听觉、触觉、运动感觉、嗅觉等等。另外，动作执行者还将各种信息因素结合在一起。例如，把各个边形成的轮廓和颜色结合在一起就可以形成一个运动中物体的视觉形象，比如一个球或人。人还可以感觉物体的运动方式，如方向、速度，以及它是运动的，还是静止的。如果需要做出的反应是接球或者避免与人碰撞，这些运动方式就是重要的信息来源。这个信息处理阶段的结果是对一些外界环境信息的再现，然后传递到下一个阶段——反应选择阶段。

（二）反应选择（第二阶段）

反应选择阶段（response - selection stage）是动作信息处理的第二个阶段，在这个阶段中人决定需要做出什么样的反应。一旦刺激确认阶段提供给动作执行者足够的有关外界环境性质的信息，“反应选择阶段”的活动就开始了。运用这个信息，动作执行者现在必须决定做出什么样的反应。对于开式动作技能来说，如果动作执行者决定了选择的反应是适宜的，他（或她）就从能够做出的动作中选择出一个，如接球、夺球，或把球放过让队友接住。所以，在这个阶段中，在确认感觉输入信息（如飞来的球）和在许多可能动作形式里选择某一个动作（如接球、夺球，或什么都不做）之间，发生了“分类转换”过程。对于闭式动作技能来说，动作执行者直接集中注意于正确的刺激和需要做出的反应，如在短跑起跑中，在刺激确认阶段只将注意指向和接受发令员枪声的刺激，迅速选择和激活起跑动作程序（图3－2）。

图3－2 短跑运动员起跑信息处理过程中的刺激确认和反应选择阶段

（三）反应程序（第三阶段）

反应程序阶段（response - programming stage）是动作信息处理的第三个阶段，在这个阶段中人组织运动系统产生理想的动作。一旦动作执行者决定了需要做出什么样的动作，这个信息指令就被送到“反应程序阶段”，在这个阶段的任务是组织运动系统做出理想的动作。组织过程包括使脑干、脊髓低级中枢作好动作准备，提取和组织动作计划控制动作，引导肌肉按正确的顺序和时机收缩，产生适宜的力量强度，从而有效地做出动作。如在短跑起跑中，在迅速选择和激活起跑动作程序后，全力完成起跑动作。

三、输出动作信息

三个信息处理阶段作用的最终结果叫做“输出”（output），即人所作出的作为信息处理结果的反应。如足球的踢球，冰球、网球、羽毛球、乒乓球运动员的挥拍击球，自行车、帆板、赛车、滑翔机运动员的方向调整控制动作，艺术体操、花样滑冰运动员按严格动作时机编排的比赛动作。然而，我们应该注意到，一个人产生的输出指令并不一定达到动作的理想结果。足球运动员可能传球成功，也可能踢不到球；自行车运动员可能成功完成转向动作，也有可能摔倒；艺术体操运动员的韵律动作可能与伴奏音乐合拍，也可能脱节。

四、进入人体动作控制信息流程

在图 3－3 中，我们在人体动作控制信息流程的最简单模型（图 3－1）基础上加上了信息处理的三个阶段，这个结构形成了我们将要详细讨论的人体动作控制信息流程的第一部分。

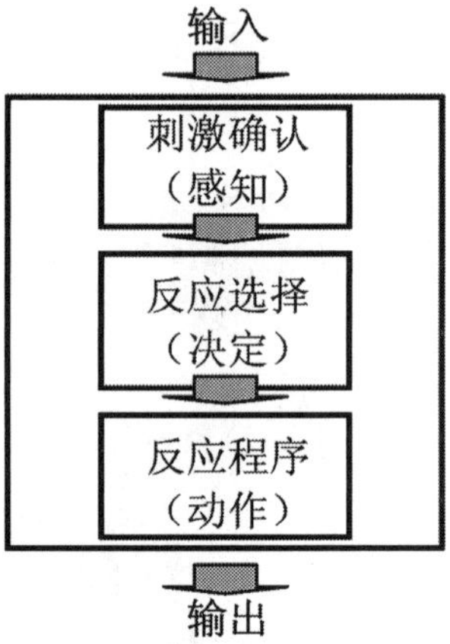

图 3－3　扩展的人体动作控制信息流程

（引自 Schmidt & Wrisberg，2000）

您这时可能想到第一个阶段，刺激确认阶段是“感知”（perception）、第二个阶段，反应选择阶段是“决定”（decision）、第三个阶段，反应程序阶段是“行动”（action）。让我们以篮球运动员的例子来说明这个过程：首先，运球运动员看到队友成功切入篮下（刺激确认，或感知）；第二，运球运动员决定将篮球快速传给这名队友（反应选择，或决定）；第三，运球运动员用单手把篮球迅速投到队友动作方向稍微超前的位置（反应程序，或行动）。

有研究结果指出，在动作信息处理的上述三个阶段，闭式动作技能和开式动作技能的信息处理过程有很大区别（图 3－4）。

在运动训练实践中，与以闭式动作技能为主导的运动项目较多注重发展运动员的基础体能强化因素所不同的是，以开式动作技能为主导的运动项目较多强调优化运动员的动作技能学习因素和动作技能表现因素。研究表明（张英波、宋钦庆等，2010），在青少年拳击运动员的基本训练周中，技战术训练内容仍然居于主导地位（图 3－5）。

青少年拳击运动员赛前训练技战术训练课最大负荷练习出现顺序，也呈现出愈加突出开式动作技能的特征：力量性负荷（力量沙袋）→技术和感知性负荷（技术手靶）→战术和感知－反应性负荷（战术对练）→专项速度性负荷（空击），请见表 3－1。

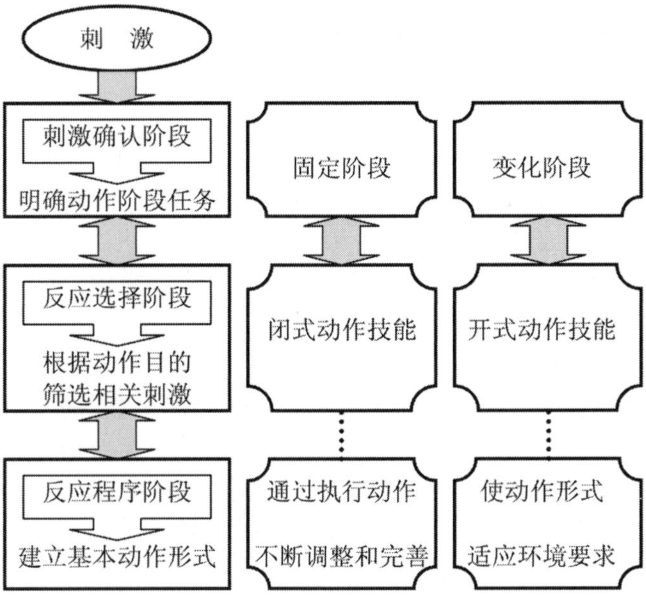

图3－4　动作信息处理各个阶段中闭式动作技能和开式动作技能的主要区别

（根据刘展，2003 资料改编）

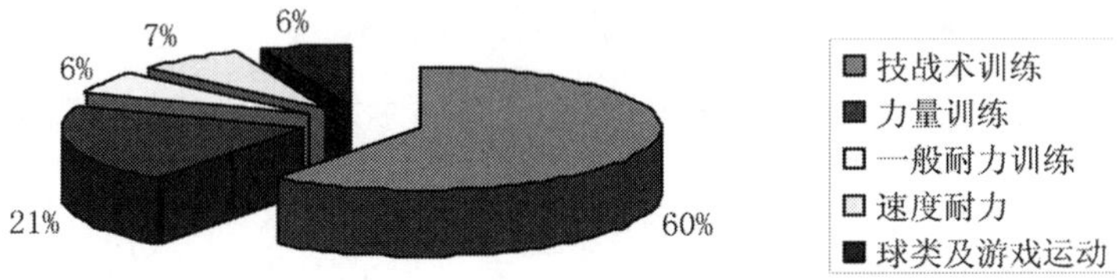

图3－5　青少年拳击运动员基本训练周训练内容所占比例（n＝19）

表3－1　青少年拳击运动员赛前4周重点6次技战术训练课不同练习的心率变化（n＝19）

练习内容	练习次数					
	第一次	第二次	第三次	第四次	第五次	第六次
战术对练	178 ±6.7	182 ±8.7	183 ±9.2	184 ±8.9	184 ±7.8	183 ±8.2
技术手靶	154 ±4.2	162 ±6.9	165 ±7.3	158 ±5.3	162 ±9.3	161 ±7.8
空 击	164 ±6.2	168 ±7.2	164 ±3.8	162 ±7.7	167 ±6.8	172 ±6.9
力量沙袋	182 ±6.8	185 ±8.6	183 ±7.8	183 ±9.2	184 ±6.9	181 ±7.4

（张英波、宋钦庆等，2010）

第二节　动作反应时与动作决定

反应时（reaction time）是从提供一个在时间上不可预知的刺激，到人开始做出反应的时间间隔。动作技能表现的一个重要测量参量是“反应时”（RT），指出了作出动作决定的速度和效率。动作反应时（RT）是指从提供一个在时间上不可预知的刺激，到人开始做出反应的时间间隔。它在实际教学和训练中的应用非常普遍，如竞速比赛项目的鸣枪起跑，发令员的枪声就是一个动作开始的刺激信号。

动作反应时除了反映在短跑和游泳等项目上人处理信息的延迟外，还反映了人作出决定和开始做出动作所花费的时间。在许多快速动作技能中，动作的成功取决于速度，动作执行者能够察觉和判断出环境和对手动作的一些特点，决定需要做什么，然后开始一个有效的反制动作，或“绝招”。动作反应时对于一些运动项目非常重要，如拳击、跆拳道、足球、橄榄球、乒乓球和赛车等项目，因为它是许多技能动作的基础。这也不难理解为什么许多科研人员把反应时作为动作信息处理速度的指标。

动作反应时还有重要的理论意义。由于它在提供刺激时开始，在动作开始时结束，反应时也正是我们说明人体动作技能表现信息处理三个阶段总时间的潜在测试指标。任何延长一个或更多这些阶段的因素，都会延长动作反应时。出于这个原因，对动作信息处理感兴趣的科学家，把动作反应时作为各个阶段信息处理速度的测量指标。

一、影响动作反应时和动作决定的因素

从刺激信息的性质到必须执行的动作类型，有许多重要因素影响反应时。我们在这里共同考虑一些这样的因素。

（一）刺激－反应选择的数量

影响开始动作所需时间的最重要因素之一，是需要选择的刺激的数量。每一种刺激都需要在一定时间内作出不同的反应。在实验室情况下，我们一般为受试者在几种可能出现的刺激中提供一种刺激，如灯光，要求他在几种可能的反应中选择一个，如根据不同的刺激按不同的按钮。这种情况叫做“选择反应时”（choice RT）现象。选择反应时指从若干可能出现的、在时间上不可预知的刺激中提供一个刺激开始，到人从若干反应中选择做出对应反应的时间间隔。动作执行者必须确认刺激，然后选择对应的反应。在选择反应时实验中，每一次动作测试都以一个警示信号开始，如蜂鸣声或乐音，接下来是一段不可预测的时段，如2、3或4秒，称为“前期”（foreperiod）。前期指从提供警示信号，到在时间上不可预知的刺激出现的时间间隔。一旦提供了刺激信号，如某一盏灯亮，动作执行者就选择和按下按钮。因此，动作反应时是动作执行者察觉刺激、决定适宜反应和开始做出反应所需要的时间。

一般情况下，随着可能的刺激－反应派对形式的增加，对其中的任何一种作出反应需要的时间越长。最短的反应时是发生在只有一种刺激和一种反应的情况，这种情况被称为简单反应时（simple RT）。简单反应时指从只提供一种在时间上不可预知的刺激，到人开

始只做出一种反应的时间间隔。更长的反应时是更多数量的刺激－反应种类造成的结果，反应时和刺激－反应选择数量的这个关系被称为海克定律（Hick’s Law），它成为我们理解动作技能表现的一个基础。海克定律描述了存在于刺激－反应选择数量和动作反应时之间的稳定关系，尤其是在刺激－反应派对数量增加时，选择反应时呈线性增加。

在图3－6中我们看到，当刺激－反应选择数量从一个增加到两个时，反应时明显增加，从大约190毫秒增加到300毫秒以上，增幅约58%。随着选择数量的增加，反应时继续增加，但增加幅度越来越小。

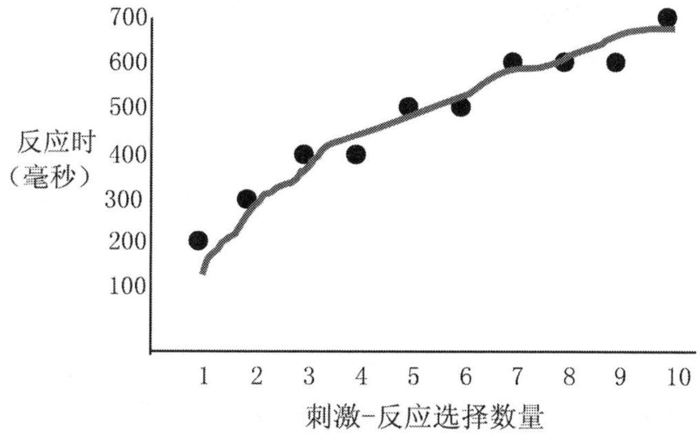

图3－6　选择反应时和刺激－反应选择数量关系的示意图

（根据Woodworth，1938资料改编）

动作反应时延迟对于需要快速动作技能运动项目的获胜极其重要，如拳击、跆拳道和摔跤中运动员对于对手快速进攻动作的防御。再如棒球投手投球的全部时间只有约400毫秒，对方击球队员的挥棒动作大约需要120毫秒，如果击球队员再需要100毫秒察觉来球的速度和轨迹，就会严重限制了成功击球的机会。

由于动作信息处理延迟有时会相当长，所以许多快速动作竞技项目所采用的一个重要战略是，让运动员增加对手需要处理的刺激－反应选择的数量，以此来延长对手动作信息处理延迟的时间。当垒球投手增加各种投球方式的数量，也使对方击球手必须考虑的击球动作选择数量增加。同样排球的二传手如果能够把球传到很多适合扣杀的位置上，就能够有效增加对方组织封网的不确定性和难度，延迟他们的防御反应动作的选择。相反，如果对手总是处理一种打法，只需要做出一种反应动作选择，就能够快速地处理刺激信息，甚至可以提前准备反应动作。概括起来，这类项目的运动员需要设法增加对手的动作反应选择数量，来增加对手的信息处理延迟。

（二）刺激－反应的兼容性

选择反应时的一个重要决定因素是刺激－反应的兼容性（stimulus－response compatibility），通常被定义为，刺激和它所引起的反应以“自然”方式结合或兼容关系的程度。用右手接住朝你的身体右侧飞来的球和面向学生的老师用和学生方向相反的身体动作带体操，便于学生模仿，都是刺激－反应的兼容性的例子。因为向你身体右侧运动中的球，被反映到指挥双手接球的动作中枢，所以手动作的方向也是向身体右侧。在图 3－7 中的例子中，情况甲中的刺激和反应是兼容的，因为左侧的灯光刺激由左手的按键控制，右侧的灯光刺激由右手的按键控制。而在情况乙中刺激和反应之间的关系就不十分自然，或不兼容。

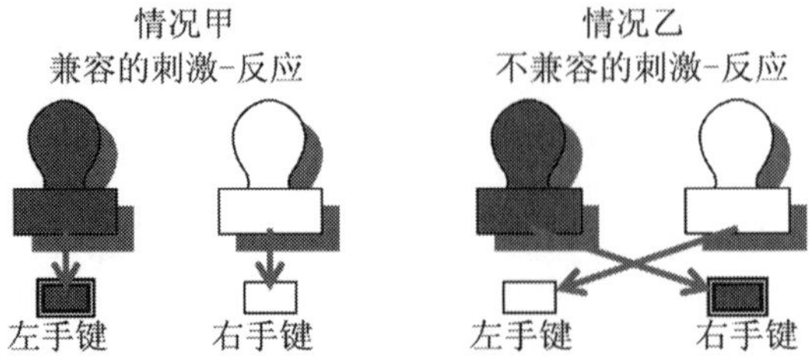

图 3－7　刺激－反应的兼容性

（根据 Schmidt & Wrisberg，2000 资料改编）

研究结果已经清楚地证明，在一定的刺激－反应选择数量下，刺激－反应之间的兼容性越强，选择反应时越短。也就是说，在反应选择阶段，刺激－反应之间的兼容性越高，动作信息处理的速度也越快。兼容的刺激和反应之间更加自然的联系，便于作出更快的选择反应，因此反应时越短。关于可能的刺激数量和选择反应时（如，海克定律）之间关系的一般规律，也适用于兼容的刺激－反应情况。在增加了刺激－反应选择数量的情况下，刺激－反应之间兼容性越高，选择反应时增加的程度也越小。

（三）练习量

高水平的动作执行者能够克服许多不利因素，包括刺激－反应兼容性低的状态。高水平帆船竞速运动员在发现需要左转船头时，几乎能够同时向右侧转舵柄。研究表明，有两个主要因素影响选择反应时：练习量和练习性质。在一定刺激－反应选择数量的情况下，练习量越大，选择反应时越短。随着练习量的增加，刺激－反应选择数量增加所引起的动作反应时增加程度也越小。在经过大量练习之后，高水平运动员几乎可以自动地处理信息和作出反应。他们不但反应很快，而且随着刺激－反应选择数量的增加，他们的动作反应几乎没有减慢，或减慢很少。

（四）练习性质

练习性质也很重要。随着同样刺激－反应组合的增加，也就是同样的刺激总是引起相同的反应，选择反应时也变得更短。这种现象经常在运动员对同样刺激重复地作出同样反应的运动项目中见到。例如，经验丰富的高山滑雪运动员知道，针对赛道各种不同的变化，采用什么样的反应最为适宜。

二、动作决定延迟的处理

人们对待动作决定长时间延迟的一个最基本的处理方法就是预料。典型的情形是，优秀运动员根据环境变化预料将要发生的情况、在什么时候发生，所以能够提前进行信息处理过程。他们知道哪种刺激最有可能出现、在哪里出现、在什么时候出现，所以能够预先准备，更快地做出需要的反应动作。例如，有经验的守门员预料球到达的地点和时机，所以他能够有效及时地做出身体动作守住球门。实验结果表明，即使对于动作初学者，如果预先提供给他们刺激的有关信息和特征线索，也能够减少他们的选择反应时。有科研人员认为他们预先就开始了组织动作，完成了一些通常在反应选择和反应程序阶段执行的信息处理过程（Rosenbaum，1980）。

（一）预料的种类

预料有两种，第一种是预料在外界环境中将要发生什么情况，如在跆拳道比赛中预料对手将采用什么样的攻击动作。这种预料叫做空间（或事件）预料（spatial，or event anticipation）。空间（或事件）预料指人预料在某种动作表现环境下，将要发生什么情况的能力。根据外界环境预料将要发生的情况，使羽毛球运动员提前组织他们的动作，如果他预料的情况的确出现，他就能够更快地做出适宜的反应动作。第二种是预料（动作）事件在什么时候发生，这种预料通常叫做时间预料（temporal anticipation）。时间预料指人预料在某种动作表现环境下事件的时间过程，或事件将要在什么时候发生的能力。如在沙滩排球游戏或比赛中预料对手什么时候把球打过网。尽管知道一些（动作）事件将要在什么时候能够带来许多优势，但运动员预料将要发生什么（动作）事件也许更加重要，以利于提前组织动作。

（二）预料的益处

无论是空间意料，还是时间预料，都能够为许多技能的动作技能表现带来许多益处。当然，如果人能够把二者的优势兼得，就更加理想了。可是，取得有效的预料并不是易如反掌，它需要对环境条件变化规律透彻的了解。由于这个原因，聪明的运动员都尽可能地防止对手预料到他要做什么和什么时候做，对手之间的这种战略较量常常使竞技比赛更加引人入胜。动作的规律性是影响我们的有效预料能力的一个重要因素。例如，一名网球运动员总是以一种形式击球，对手就能够预料出他的动作规律，并组织各种进攻。如果他能够随机变换出更多的动作形式，对手的进攻能力就可以被有效地遏制。

（三）预料的代价

任何事物都存在利弊两个方面，预料也是如此。预料所带来的最大代价就是错误预料引起的无效反应，有时甚至是破坏性的。前面我们讨论了预料可以使各种信息处理活动在提供刺激之前发生，假设一个人已经完成了这些准备过程，但这时外界环境突然改变，他如果做出准备好的动作就是错误的。首先，这个人必须抑制动作，重新回到“非准备状态”，但这个过程也需要花费时间。有研究结果表明，即使是很简单的动作也需要大约40毫秒才能够被抑止下来。然后还要组织和开始正确动作，需要经过一个以上的信息处理阶段。当他完成这个过程后，通常已经失去了有效动作的机会。当然，如果错误动作已经开始，情况就更糟糕了。如足球守门员扑救球动作的方向正好与对手射门的动作方向相反。

（四）利用预料的策略

对于许多需要快速动作技能的运动项目来说，对预料利弊的利用常常是设计比赛战术的重要因素。例如，运动员通过动作时间和空间特性的变化迷惑对手的预料活动，使对手意识到他为预料活动所付出的代价高于预料带来成功的好处。这就迫使对手改变战略，停下来等待动作发生，然后处理刺激信息，以更慢的形式作出反应。在许多需要快速动作技能的运动项目中，运动员组织动作的策略是迫使他们的对手对自己的动作产生反应，而放弃预料，迫使对手只能更慢地完成信息处理过程后，再进行反应。取得这种效果的关键是个人动作的随机化（randomization），使对手对自己的动作无法预料。

另一个重要策略是设圈套引诱对手出现错误预测，进而利用他的预测错误。例如设计各种假动作，引诱对手产生错误反应，从而创造更多制胜机会。

三、环境赋予理论

环境赋予理论（The Theory of Affordances）源于生态学领域，指环境及各种动物之间，所赋予某种动物个体的所有客观实在、条件和媒介，以及某动物个体与环境和各种动物之间的共存关系。从观察者的角度来分析，这种关系可能意味着利与弊、生与死，对于动物个体的生存具有现实意义（图3－8）。

图3－8　环境赋予对于动物个体生存具有现实意义

吉姆·吉布森（Jim Gibson）也将这种理论用以观察和解释人类活动中的现象。一方面，从物种起源和进化论的观点来分析，环境赋予对于动物的遗传和演化特征，具有重要的规定作用和影响。而另一方面，对于同样的客观环境和条件，不同的个人所做出的反应和决定也可能是千差万别的。环境赋予在人的先天动作行为特征上也表现出显著的区别。环境赋予对于人的后天能力、运动技能的发展趋向和动作决定特征方面，则具有广泛和深刻的影响作用。例如，体育学院教师在主导研究生讨论和授课过程中，可以将写字桌用作写字的工具，也可以用作动作示范的教具（图3－9）。

在体育运动中，环境赋予对于运动员个体的动作决定具有更加直接的联系。例如，我们在欣赏篮球明星比赛时会看到，姚明在篮板前可能选择投篮得分，而乔丹却可能选择跳起反身双手灌篮得分。

事实上，在一个人或运动员的培养和成长过程中，种族和遗传因素、教育、训练和生活环境、社会和文化背景、与各种各样人群的互动，都与环境赋予因素的规定和指向作用

图3-9 写字桌可用作写字的工具也可用作动作示范教具

随时发生着广泛而深刻的联系，对于我们人类的思维和行为方式也时刻都产生着重要影响，当然很自然地也会直接地反映在我们每个人和运动员的动作决定上。

第三节 动作信息处理能力的局限

唤醒和焦虑，或者动机与压力，是影响许多动作技能表现的常见因素。唤醒（arousal）指一个人中枢神经系统的激活或兴奋水平。例如，从深度睡眠状态的极低水平到高强度运动和兴奋的极高水平。而焦虑（anxiety）是人由于未来的不确定性所引起的不安或忧虑，是一种对面临威胁的感觉（经常是以唤醒水平升高为特征）。它更多地指人理解特定环境条件的方式，以及与他的理解方式有关的情绪因素。如果一个人感到环境要求超出了他的能力，或者他认为环境对他有威胁，就可能产生焦虑，尤其是在后果对他非常重要的情况下就更加明显。

唤醒水平可以受许多因素的影响而发生变化，如从坐立到站立姿势、参加朋友的婚礼、欣赏美丽的日出和日落等，而这些影响因素对于压力却无济于事。然而，焦虑水平的变化却总是伴随着唤醒水平的变化，如焦虑水平增加时，唤醒水平随着增加。这两种现象都和我们的日常生活有着密切的联系，如参加考试、发表演讲、求职谈话等。对于运动员参加比赛的影响就更加明显，取胜的压力和失败的威胁都可能成为影响运动员唤醒和焦虑水平的因素。由环境造成的唤醒水平也是动作技能表现的决定因素，尤其是当动作技能表现取决于作决定的速度和准确性时。

一、动作表现的“倒U”原理

您可以认为唤醒是由中枢神经系统产生的一种激活或兴奋水平。低水平的唤醒相当于睡眠状态，而高水平的唤醒相当于生命受到威胁时的激动和极度警觉状态。唤醒水平对于动作表现的影响已经被许多科学家研究了许多年，其中最为重要的成果当属被人们普遍接受的“倒U”原理（inverted-U principle）。“倒U”原理描述了存在于唤醒水平和动作表现之间相对稳定的关系。专门指出，当人的唤醒水平提高时动作技能表现水平也提高，但只是到一定的程度。如果这时唤醒水平继续提高，动作表现水平却开始下降。

这个原理在图 3 – 10 中被表示出来，坐标纵轴表示动作表现水平，横轴表示唤醒水平。当唤醒水平从“低”到“中”时，动作技能表现水平从“差”提高到“优”。

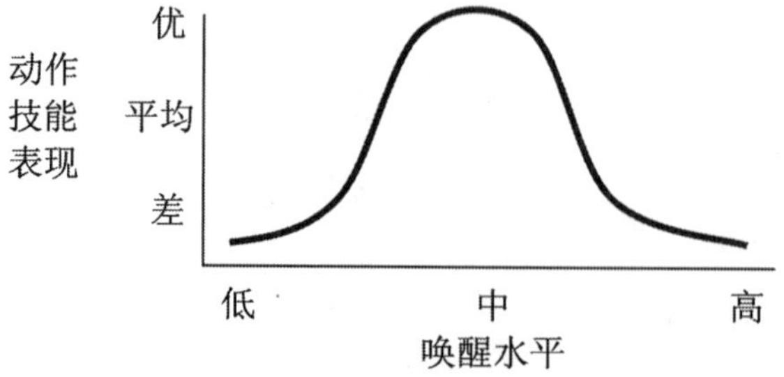

图 3 – 10　“倒 U”原理示意图

“倒 U”原理告诉我们，当人的唤醒水平提高时动作技能表现水平也提高，但只是到一定的程度。一般在中等唤醒水平动作表现技能水平最高，如果这时唤醒水平继续提高，动作表现技能水平却开始下降。

“倒 U”原理可能让一些人感到意外，并不是他们想象的唤醒水平越高，动作表现越好。也许决定动作技能表现需要的适宜唤醒水平的最好方法是，考虑人、动作任务和环境条件这三个因素（Wrisberg，1994）。

（一）首先要考虑人

每个人的正常唤醒范围和感受环境威胁的程度不同，这种现象叫做特点焦虑（trait anxiety）。特点焦虑就是一个人感受环境威胁的总体状态。所以，一般说来，高唤醒水平的人，比低唤醒水平的人更容易出现过度唤醒。另外，不同的人出现最好动作表现所处的唤醒水平也不同，所以每个人都应该力图达到自己的适宜功能区间（zone of optimal functioning）。所以，适宜功能区间也就是人作出最佳动作表现的唤醒水平范围。

（二）需要考虑动作任务的性质

如果动作任务需要精细肌肉控制（如射箭和射击），或者包含重要的作决定因素（如排球的二传手），那么或许就需要较低水平的唤醒来取得最佳的动作技能表现。另一方面，那些由大肌肉主导的动作技能，没有许多精细肌肉控制（如举重），或者要求低水平认知复杂性的动作技能（如短跑和游泳），在相对较高的唤醒水平下，动作技能表现就更加成功。

（三）需要考虑动作的环境条件

正如我们前面所说，当一个人感觉环境有威胁时，焦虑水平提高。同样，如果他感觉到动作任务要求超出了他的承受能力，他的焦虑和唤醒水平都会提高。相反，如果他完全能够轻松地满足动作表现的挑战，他的焦虑和唤醒水平就会下降。

教师和教练员只有考虑到这三种因素（人、动作任务和环境条件），才能帮助学生达到动作任务和动作技能表现需要的适宜唤醒水平。下图表示出需要考虑到可能的动作任务影响的唤醒 – 动作表现曲线（图 3 – 11），三种动作任务在动作控制类型（精细、中等、粗略）和认知的复杂性（复杂、中等、简单）水平上有所不同。

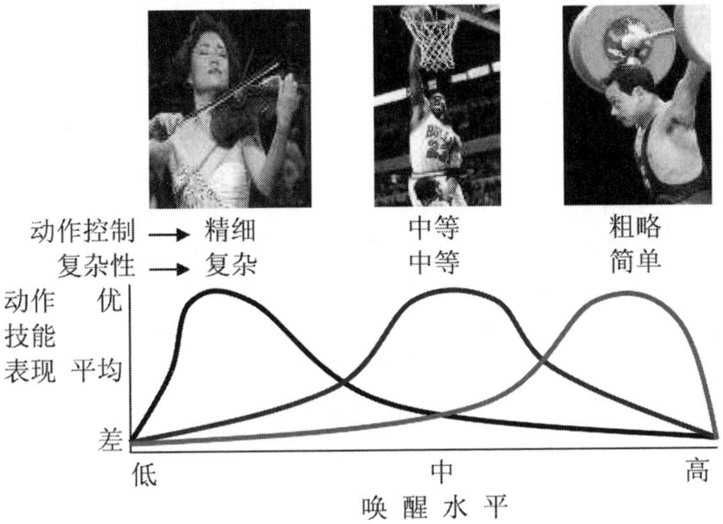

图 3－11　不同动作任务的“倒 U”曲线

（根据 Schmidt & Wrisberg，2000 资料改编）

可以看出，像演奏小提琴需要很大程度的精细动作（小肌肉群）控制和较高的认知水平要求，一般在唤醒水平较低时（左侧的曲线）能够作出更好的动作表现。可是随着对动作任务控制的性质更加倾向于粗犷动作（大肌肉群）和认知水平降低（如打篮球和大强度举重），成功的动作表现需要的适宜唤醒水平一般较高（中部和右侧的曲线）。唤醒和动作表现的关系及其影响因素，已经得到科研人员大量的关注。他们的主要任务是通过教会运动员调整唤醒水平，适宜地满足动作任务的要求，从而作出高水平的动作表现。为此，开发出各种唤醒调节技术，并且被许多优秀运动员使用。

二、焦虑状态下的信息处理

我们许多人在学生时代可能会有这样的经历，第一次在大庭广众面前讲话，难免会有紧张或语无伦次的尴尬体验，原因是我们的信息处理过程发生了变化，下面我们就来讨论有关问题。

（一）感知狭窄

在焦虑状态下信息处理的一个重要变化是“感知狭窄”（perceptual narrowing），也就是人忽略一些种类的环境信息的倾向。感知狭窄发生于人唤醒水平提高时，注意范围变得狭窄。例如，在深海潜水中，当初学者在岸上练习动作时，他的唤醒水平相对较低，能够同时对多项刺激信息进行处理。可是，当他在游泳池，或者更具威胁性的海洋中，他的唤醒水平就会急剧升高，他的注意力也变得更加狭窄和强烈。结果是他只能感知更少的刺激，把绝大部分注意力引导到对与动作任务更加相关的信息来源上，如操作器械的位置和与对友的交流合作。这种注意狭窄，也发生于人受到药物的影响或失眠情况时。它是一个重要机制，可以使人把更多的注意力放在最为紧迫和直接相关的信息源上。

但感知狭窄就像一把双刃剑，也有它的弊端。在人得到希望的刺激信息时，它能够提高动作表现水平，它也能够在人被许多不希望得到的刺激信息困扰时，损害人的动作表现。例如，人在酗酒后发生感知狭窄，语言和动作失控，以及酒后驾车极其危险，也是我们大家都熟悉的。

（二）利用提示假说

依斯特布鲁克（Easterbrook）在 1959 年提出了“利用提示假说”（cue – utilization hypothesis）。利用提示假说是对于在低和高唤醒水平状态下动作技能表现水平降低的一种解释。当人处在低唤醒水平和大量环境提示状态时，由于人选择了很大比例的无关提示，动作表现受到损害。当人处在高唤醒水平和发生感知狭窄时，由于人只有很少的提示能够选择，忽略了一些有关提示，动作表现也受到损害。它可以帮助解释人在低和高唤醒水平状态下动作技能表现水平下降的现象。在唤醒水平低时，感知范围相对比较大，人能够获得大量提示。可是，只有一部分得到的提示是和动作任务有关的（如田径运动的掷标枪比赛），动作执行者可能会接受一些无关提示（如其他运动员的运动服和观众的喧哗），造成动作技能表现不理想。在唤醒水平升高的情况下，注意范围相对变得狭窄，集中在与动作任务关系最密切的提示上（如助跑和最后用力的紧密衔接、做出迅猛的出手动作），越来越多与比赛动作任务无关的提示被排除了，动作执行者（运动员）只对有关的提示作出反应，结果使技术动作表现水平提高和发挥出个人能力。可是，当唤醒水平过度升高，出现感知狭窄，一些与动作任务有关的提示也没有被接受，尤其是那些容易被忽略的提示（如助跑的起点离起掷弧距离偏近，造成脚踩在投掷区中外犯规，成绩无效），造成动作失败。根据利用提示假说，唤醒的适宜水平应该是，使注意范围足够“窄”地排除许多无关提示，同时还要足够“宽”地接受那些最重要的相关提示。

（三）唤醒调节技术

威廉斯和哈里斯（Williams & Harris，1998）对于两种人们可以用来调节唤醒水平的动作放松和强化技术进行了探讨。

1. 肌肉 – 意念技术

第一类叫做“肌肉 – 意念技术”（muscle – to – mind skills），着重于采用身体活动对唤醒状态的作用调节意念。肌肉 – 意念技术是运用身体活动（如有节奏地呼吸和放松肌肉）放松或强化意念，调节唤醒水平的技术。最常见的是呼吸练习和渐进放松技术。其次主要是对于选定肌肉开始时进行短暂地收缩，然后放松的技术。经过一段练习之后，练习者为了更快地进行调节经常去掉收缩阶段。

2. 意念 – 肌肉技术

第二类唤醒调节技术叫做“意念 – 肌肉技术”（mind – to – muscle skills），着重于采用意念活动诱导身体进入放松或激活状态。意念 – 肌肉技术是运用意念活动（如冥想和想象）放松或强化肌肉，调节唤醒水平的技术。最常见的是冥想和想象技术。冥想是一种主要的放松技术，包括轻松呼吸和被动地将注意集中在一些不易产生唤醒的事物上，如“平静”、“温暖”的词语。想象可以通过在心中创设一个放松或紧急情景的画面，用来降低或提高唤醒水平，如躺在海滩上沐浴阳光，或者家中房屋失火的场景。

三、注意的有限容量

心理学界一个非常古老的观点在今天仍然适用，就是人处理来自外界环境信息，或者同时注意多项事物的能力是有限的。在后面的学习中，我们讨论“注意”（attention）的概念与限制人技能表现的信息处理能力是怎样的关系。

注意指对信息处理资源的集中和限制。一位保龄球运动员正在集中注意力准备完成掷球动作，这时他的注意力被观众席传来的儿童哭闹声音所分散。声音分散注意力是因为它进入了运动员的注意空间，这个空间只能容纳有限的信息量。儿童的哭闹声音“闯入”了这个空间，并且干扰了与完成掷球动作更加相关的信息。由于注意空间有限，儿童哭闹声音可能造成一些与动作有关的信息被暂时“挤跑”。为了纠正他的动作准备，这位运动员可能会稍等片刻，力图把儿童的哭闹声音从他的注意空间排除掉，重新“注入”只与成功完成动作有关的信息和思想。

注意能力不仅有限，还具有序列性，也就是我们常说的“一心不能二用”。我们通常是先注意一个事物，然后再注意下一个，只有在相当大的难度下才能同时注意两个事物。有时我们注意外部感觉的事物，如对手的动作；有时我们注意内部心理活动，如下一步采用的战术；有时我们又注意内部感觉信息，如来自肌肉和关节的感觉。试图同时处理这些信息的任何组合都是非常困难的，如同时拍头和揉腿，或一边开车一边用手机谈话。

图 3－12 表示出一定容量的注意空间（由圆圈表示）被需要执行的主要动作任务和次要活动分割。当主要动作任务相对简单时（图 3－12 甲），需要的注意空间不如复杂动作任务多（图 3－12 乙）。所以，可以为执行次要动作任务留下更多空间，完成更好的动作技能表现。

有限注意容量（limited attentional capacity）指人一次只能集中注意力于少量的信息，削弱了处理信息的能力。这个“有限注意容量”的概念，对于理解高水平动作技能表现具有深刻的意义。在执行绝大多数动作技能时，通常会有许多信息占据动作执行者的注意空间，而对他的挑战就是有效地管理这些注意空间，作出正确的决定，如需要处理哪些信息和怎样处理。动作执行者必须巧妙地把他的注意转移到适宜的环境信息上，作出动作决定，并且取得进行中动作和其他信息源的反馈。

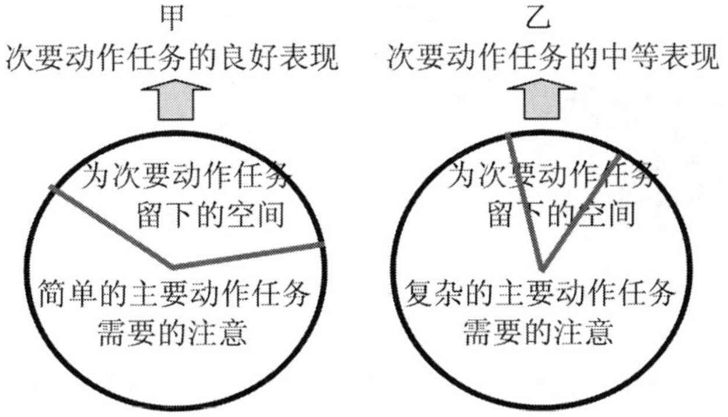

图 3－12 主要动作任务复杂时对次要动作任务的注意减少

四、动作任务相互间的竞争

在这部分学习中，我们讨论在什么时候和在什么条件下两种动作任务之间会相互干扰。理解这种干扰的机制，首先需要了解我们前面学习过的信息处理阶段。让我们来考察在每个信息处理阶段内，可能出现的干扰源或它们对于有限注意容量的竞争。当信息经过各个阶段时，在两种动作任务间很容易相互干扰和竞争。在刺激确认阶段，信息处理有时也是可以平行进行的，并不发生对注意的竞争。可是在反应选择和反应程序阶段，对两种动作任务的刺激信息，平行地进行同步处理的难度就明显增加了。

（一）刺激确认阶段的平行信息处理

大量研究结果表明，在周边感觉阶段信息的处理可以平行完成。平行处理（parallel processing）是一种信息处理方式，使人可以同时控制两个或更多的信息流，通常发生于刺激确认阶段。通过“平行处理”，两个或更多信息流同时进入系统，在相互间不发生干扰的情况下得到处理。例如，多种不同性质的视觉信息（物体的形状和颜色等）。主要是来自实验室的研究结果支持了这种认识。在实验中，提供给受试者一系列的视觉信息，在白色卡片上印上彩色墨水，如绿和黑。刺激由无关的符号或代表颜色的字词组成。

实验要求受试者在刺激一出现，尽快辨认和按键指出符号或字词的墨水颜色，绿色和黑色分别有一个按键。结果出示右侧卡片（接受字词意义和本身颜色相反的刺激）的反应时总是比左侧卡片（接受与颜色无关的符号的刺激）的反应时长。这种效应叫做“斯特鲁普效应”（Stroop effect）。斯特鲁普效应是对一种实验结果的说明，表明人在刺激确认阶段能够平行地处理两个刺激，但是需要的反应时比只处理一个刺激长。在下图中的两个刺激——词的墨水颜色（黑色和绿色）和词的意义（绿色），在刺激确认阶段平行地一起处理，由于右侧颜色名字的卡片比左侧与颜色无关符号的卡片的反应时长，我们的结论是在随后的反应选择阶段信息处理相互间发生了干扰。受试者必须决定作出哪一种按键反应，按下代表字词颜色的键，还是按下与字词本身印刷颜色相反的代表字词意义的键（图3－13）。

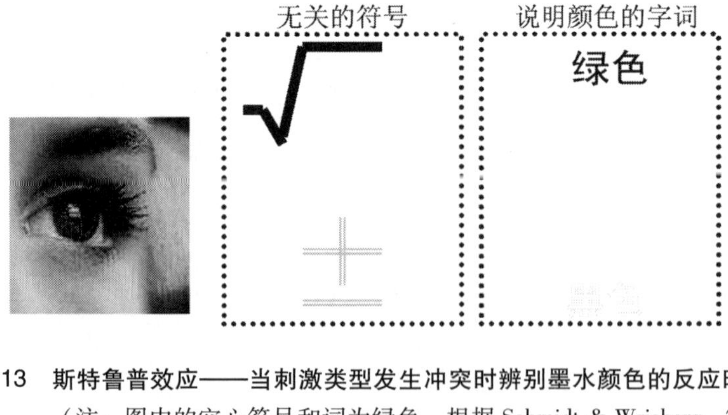

图3－13　斯特鲁普效应——当刺激类型发生冲突时辨别墨水颜色的反应时延长

（注：图中的空心符号和词为绿色，根据 Schmidt & Wrisberg，2000 资料改编）

相似的研究报告还指出，传入双耳的不同听觉刺激信息也能够同时得到处理，其中的某个信息甚至能够被主动忽略。已经证明与人体姿势和局部动作有关的肌肉、关节的感觉信号，能够同时被平行处理。普遍接受的观点是，感觉信息可以在刺激确认阶段被平行处理。因此，在执行两种不同动作任务过程中，争夺注意的干扰源是来自随后的信息处理阶段。例如，足球守门员可以同时确认几种刺激信息，如观众的喧哗、对比赛情况的看法、来球的位置和速度、对方球员的进攻等，在他必须选择自己的反应（如把球抓住，或顶给队友）和进入选定的动作程序前，这些刺激信息相互间都不出现干扰。

（二）反应选择阶段的控制和自动处理

1. 控制处理

最为明显的动作任务干扰情况发生在一个人试图同时执行两个需要心理活动的动作时，如运动员一边运足球一边回答教练关于使用最佳进攻战术的问题。诸如此类的信息处理被认为是在反应选择阶段完成的，因为这个阶段的作用是在几种可能的反应中作出一种选择。这些活动是由“控制处理”过程决定的，由于在反应选择阶段刺激信息的相互竞争产生了干扰。控制处理（controlled processing）是一种缓慢、按先后顺序、要求注意、受意识支配的的信息处理方式，较普遍地出现于学习动作的前期阶段。它发生于处理其他动作任务之前或之后、受意识支配、把动作任务序列化地分出主次，并将无关紧要的活动终止，或全部排除。控制处理相对比较费力，因为它需要几个有意识信息处理活动的参与。对于还没有学习好的动作，或初学者来说，完成控制处理就更加吃力。同时执行两种都需要控制处理的动作任务，可能由于信息超载（information overload）的作用，完全破坏一个人的正常动作表现。

2. 自动处理

与信息的控制处理相对照，优秀运动员或经过长期训练的人还能够表现出一种完全不同的信息处理方式——自动处理。自动处理（automatic processing）是一种快捷、平行、不要求注意、不受意识支配的信息处理方式，较普遍地出现于学习动作的后期阶段。例如，在向一些奥运会体操冠军问及比赛中他们的思想过程时，得到的回答往往是，他们主要对系列动作中的第一个动作多加注意，其他后续动作几乎是自动完成。由于后续动作执行中只需要很少的调节，优秀运动员就能够把注意力更多地集中在系列动作中更高层次的要求上，如个人风格和高难动作表现力。表 3 -2 说明了这两种信息处理方式的主要区别。与控制处理方式相比，自动处理方式更迅速、不要求注意力，动作任务之间对注意竞争产生的干扰很少。几个动作任务的信息是平行地同时处理的，动作不需要意识支配，而且常常是水到渠成的。

（1）动作生成单位

对动作自动化的一种解释是，随着练习的进行，人发展出一系列小的专门生成单位来控制特定的信息处理的各个分支任务。动作生成单位（movement production units）是通过练习形成的单位，它们使掌握动作技能的人以自动的形式控制和完成一定的动作信息处理任务。当人遇到一项专门的刺激时，一个生成单位就被激活，产生适宜的输出。例如，经过大量练习，高水平排球运动员能够自动辨认对手的动作形式，预测出他们将要打过来的球的速度和方位，动作生成单位根据这些信息自动产生正确的输出，继而进入执行动作准备的反应选择和反应程序阶段。

表3-2 控制处理和自动处理动作信息的特征

控制处理	自动处理
缓　慢	快　捷
要求注意	不要求注意
按顺序进行	平行进行
受意识支配	不受意识支配

（引自 Schmidt & Wrisberg，2000）

（2）动作自动化的代价和益处

自动动作技能表现发生在人平行和迅速地处理刺激，动作任务没有发生相互干扰，或对注意相互竞争的情况下。当然，人在利用执行自动动作带来益处的同时，也需要付出代价。在外界环境稳定和可预料的情况下，自动动作形式能够作出快速的信息处理，对动作执行者非常有利。可是，也可以在最后的关键时刻，由于外界环境突变或者对手做出一个出乎意料的其他动作，让运动员（动作执行者）作出不适宜的反应，或出现错误。所以，动作自动化对于采用闭式动作技能的运动员最为有效，因为他们执行动作的环境条件是相对可以预料的。对于开式动作技能，需要应对更多的刺激形式，运动员需要多年的经验才可能培养出针对每一种刺激形式的自动反应。

（3）动作自动化的练习

人怎样才能培养出自动处理信息的能力呢？大量练习当然是一个重要的因素，所以动作自动化不能一蹴而就。一致刺激-反应模式（consistent stimulus - response mapping）指提供的刺激总是需要相同反应的动作技能表现条件。一般情况下，动作自动化最有效的练习环境是处于一致刺激-反应模式的条件，也就是提供的刺激总是需要相同反应的动作技能表现条件。例如，体育场内的中长跑比赛还剩最后一圈赛程时，总会有铃声提示运动员，不需要运动员选择其他反应。

变化刺激-反应模式（varied stimulus - response mapping）正好相反，它所提供的刺激需要在不同的时机，或不同情况下作出不同反应的动作技能表现条件。例如，当我们采用不同厂家、型号和功能的健身器材时，可能需要学会多种使用方法，对这些器材的使用达到得心应手的自动化操作程度时，需要经过相当长一段时间的练习才能逐步适应。

（三）反应程序阶段的有序动作组织

一位网球运动员挥拍好像要将球打向对手的右侧，却突然改变方向将球回击到对手左侧。对手由于作出针对第一个“假动作”的反应，而使对第二个动作的反应延迟，措手不及地尽力补救也难以奏效，从而丢分。

这个例子说明，一些干扰或对注意的竞争存在于发生在反应选择阶段的活动中。对这种观点的许多支持来自使用双刺激范例（double stimulation paradigm）的实验室研究。双刺激范例是考察在时间上相互接近的两个不同刺激的分别反应的一种研究设计。在这些实验中，受试者需要对两个在时间上非常接近（通常不长于十分之几秒）的刺激作出反应（通常是抬起左手和右手的食指松开按键）。动作反应形式与前面提到的网球运动员的例子非常类似。

1. 双刺激范例

在典型的双刺激研究中，可能会要求受试者从按键上抬起右手对音调（刺激 1）作出反应，从按键上抬起左手对灯光（刺激 2）作出反应。刺激间隔（interstimulus interval）是在双刺激范例中两个刺激的时间间隔长度。刺激间隔可能从零秒到几百毫秒。受试者需要对一个刺激作出反应，然后对紧随其后的另一个刺激作出反应。科研人员通常是对第二个刺激的反应时感兴趣，作为刺激间隔长度的功能表现。

这类研究的一般发现在图 3－14 中被说明，对以第二个刺激的反应时作为刺激间隔长度的功能表现被表示出来。横线是控制反应时，表示在第一个刺激不出现的情况下对第二个刺激的反应时。当提供两个刺激时，对第二个刺激的最长反应时发生在距第一个刺激约 60 毫秒处。在这种情况下，对第二个刺激的反应时大约是控制反应时的两倍以上。随着刺激间隔的增加，对第二个刺激的反应时减少。直至刺激间隔增加到 200 毫秒或以上时，对第二个刺激的反应时仍然大于控制反应时。显然，当第二个刺激紧随第一个刺激出现时，对它的处理被严重地延迟了。

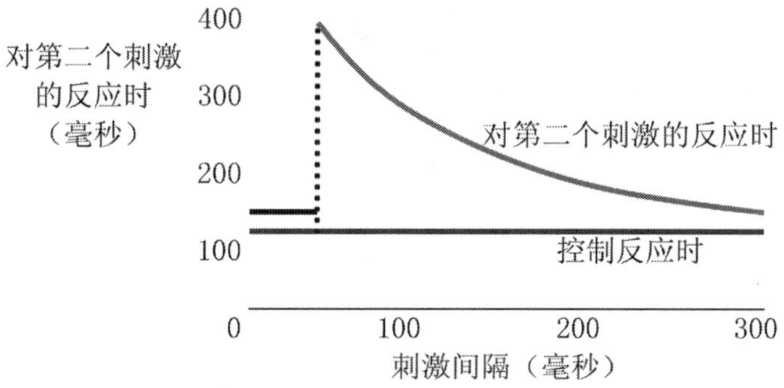

图 3－14　心理不应期效应

（引自 Schmidt & Wrisberg，2000）

2. 心理不应期

心理不应期（psychological refractory period）是与人对第二个刺激单独出现时的反应时相比，对于两个紧密相随刺激中第二个刺激的反应时延迟，它是人动作表现中一个重要的现象。显然，在两个刺激意外地紧随出现的情况下，机体接受了第一个刺激并且开始对它作出一个反应。目前流行的观点是，这种情况在反应选择阶段，或反应程序阶段，或在所有这两个阶段，产生了一个暂时的“瓶颈”，因为这时只能组织和开始一个动作（图 3－15）。任何其他的动作，如组织和开始对第二个刺激的反应，必须等到第一个刺激完成反应程序阶段的处理之后。在刺激间隔很短时（约 60 毫秒），这种延迟最长。原因是在反应选择阶段刚刚开始对第一个刺激选择了反应，而这个反应必须在对第二个刺激开始作出反应之前进行。随着刺激间隔的增加，当第二个刺激出现时，第一个刺激的反应进入动作程序的完成量越多，所以第二个反应进入动作程序表现出的延迟也越少。这个道理很像我们在超市购物时在出口的排队付账。

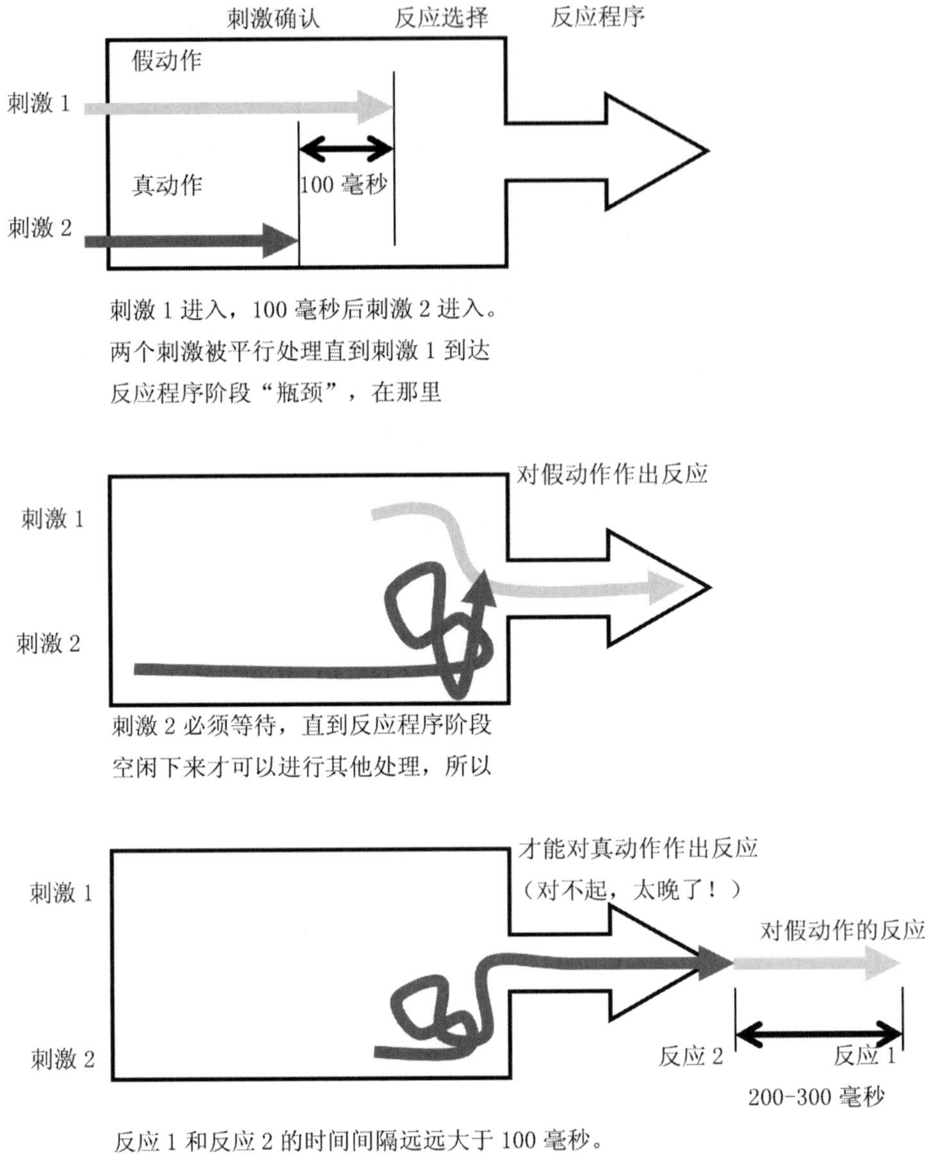

图 3－15　反应程序阶段的信息处理瓶颈

（根据 Schmidt & Wrisberg，2000 资料改编）

这里还有一个现象很有趣，当刺激间隔极其短时，比如少于 40 毫秒，机体就以其他非常不同的方式作出反应。对两个刺激同时作出反应，就好像它们是一个一样。这种现象叫做组合，发生于两个刺激被当作一个来感觉的情况。它导致了一个单独、更加复杂动作的组织和开始，如双手同时作出反应。

（四）运动中的假动作与心理不应期的强化

在对抗性运动项目的比赛中，进攻一方运动员经常使用的战术是在采用一个真实意图的动作之前先用假动作迷惑或诱使对方犯错误，而防守一方运动员如果急于对假动作作出反应，往往对随后的真实进攻动作束手无策。所以，尤其在需要快速动作技能的运动项目中，假动作也常常是有效的制胜手段之一。

心理不应期现象对假动作发生作用的内在过程进行了很好的解释。例如在篮球比赛中，运动员的投篮动作常常以更加复杂的方式完成，先做一个假动作看起来像要投篮，然后收回动作，然后再完成投篮。这三个动作步骤紧密相连，就像做出了一个连续动作。而对方防守队员常常把连续动作的第一部分（假动作）误认为是真实的投篮动作，造成防守失败。假动作相当于双刺激范例中的第一个刺激，诱发了对方防守运动员的反应，如封篮动作。正当对方防守队员对假动作作出反应时，第二个刺激又出现了，这时防守队员已经不能收回他对进攻队员假动作的反应性动作了。

1. 对于使用假动作的提示

在体育运动中使用假动作的一些重要原理，是在科学家对心理不应期的研究中发现的。现在我们做出一些使用假动作的提示。

（1）假动作必须逼真

为了使假动作有效，它必须看起来逼真，要像真动作一样，这样才能引诱防守队员对它作出反应。

（2）假动作和真动作之间有适宜的时间间隔

为了使对方防守队员出现对真实动作的延迟反应，连续动作程序必须保证假动作（刺激 1）和真动作（刺激 2）之间有适宜的时间间隔。现有的研究结果表明，这个适宜时间间隔应该在 60～100 毫秒之间（图 3－14）。如果时间间隔太短，防守队员就会忽略假动作，而对真动作作出反应。如果时间间隔太长，防守队员也会以只比正常反应时多一点点的延迟，对真动作作出反应，进攻队员的假动作就失去了作用。

（3）假动作不宜频繁使用

如果频繁使用假动作，就会被对方防守队员摸到规律，一出现就被马上识破。对方防守队员能够提早对预料出现的真动作作出准备，进攻队员反而会弄巧成拙。

2. 动作信息输出集合

心理不应期除了它的应用价值外，它的作用对于我们理解动作的产生机制也很重要。由于两个单独的动作是由两个单独的刺激引起的，不可能在时间上非常接近地产生。动作信息输出集合（movement output chunking）是把组织和产生几个动作的信息输出活动集合成一个单独的单元，它是动作技能表现的一般特点。人体动作控制系统必须产生集合化的动作脉冲，每一次脉冲大约几百毫秒的时间。研究结果表明，这些动作集合的时间间隔不能少于 200 毫秒（Kahneman，1973）。这种现象就是动作信息输出集合。例如，我们在驾驶汽车时，每秒钟最多只能做出大约三个操作动作。科研人员认为，动作输出信息在反应程序阶段被组织起来，然后在动作程序（在后面章节中专门讨论）的控制下表现出来（图 3－16）。

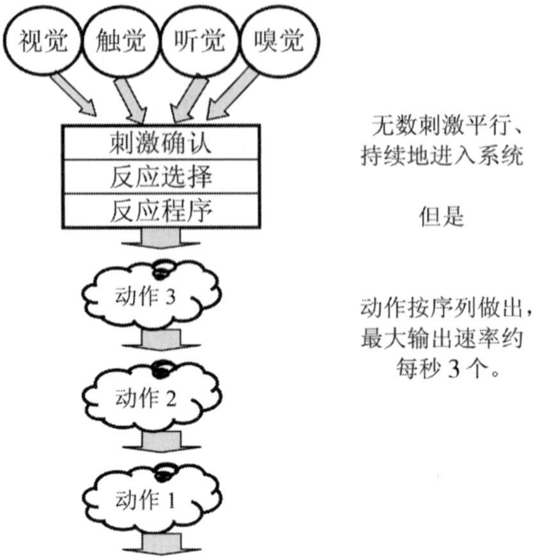

图 3－16　获得感觉信息是持续的，但反应动作信息是集合成单位按序列输出的

（根据 Schmidt & Wrisberg，2000 资料改编）

五、双手执行动作任务的竞争

一旦动作被组织好，就能够被做出，这在动作简单的情况下是轻而易举的。可是在动作复杂的情况下，有时就对人们提出了挑战。你可能试过一边用一只手在胃部摩擦，一边用另一只手拍头，你如果和大多数人一样，就会发现很难协调双手的动作。好像双手不“想”同时做两件事，最后它们在两个身体部位不是以拍，就是以摩擦动作结束。这个例子说明了许多重要的动作协调原则，提示出什么样的动作容易让人同时做出，什么样的动作根本不可能协调。它还告诉我们一些一般的肢体协调内在原理。

（一）时间和节奏的作用

许多双手动作的一个有趣的现象是，在很多情况下双手好像是“连”在一起的。例如，如果双手的动作形式是相同的话，它们很容易同时做出动作，甚至如果两手的动作方向是相反的话，就更容易做出动作。同学们可以自己用笔在一张纸上试一试，就可以体验到这个现象。对双手动作进行更加复杂分析的研究揭示出，双手动作具有共同的时间结构，所以双手同时发挥出各种分支动作的肌肉力量，或叫做动作节奏。可是，这些双手动作的空间结构并不是如此相似，如用右手签名与用左手签名写出的字会有一些差别。类似条件下的观察和实验室分析使研究者认为，尤其是对于没有练习过双手动作来说，机体系统更“愿意”两只手在一种方式下执行同样的动作，或者至少这些动作具有同样的时间结构。

我们很难同时做出双手运动节奏不同的动作，比如用左手按一定的慢节奏轻拍桌面，同时用右手尽可能快地轻拍桌面。经验也告诉我们，在人注意外界产生的某种和动作不一致的节奏时（如听节拍器），再独立产生自己的动作节奏就更加困难。如运动员在完成比赛动作时，都希望尽量避开场上音乐节奏的干扰，而花样滑冰和艺术体操动作又需要和音乐节奏结合得天衣无缝。所有这些事实都表明，人体更加倾向于产生具有共同时间结构刺激的同步动作。

（二）动作输出集合的一个解释

对这些发现的一个重要说明是，运动系统一次只能有效地产生一个动作程序，在反应程序阶段一次只能组织一个动作。这里我们的重点是动作组织完成之后才能产生动作，而且一个动作程序有一个专门的时间结构，这个时间结构也是机体系统控制所有肢体动作的基础。因此，双手同时做出拍头和摩擦胃部的动作是困难的，因为这需要不同的时间结构。同样，当人试图用双手做出两个不同的敲击动作节奏时，只能有一个节奏占主导地位。可是，当双手动作被联系在一起时，动作就变得很容易完成，因为它们被同样的时间结构控制。

在一定意义上，一次只能产生一个动作似乎是对人体动作表现的严重限制。但从生态学的观点来看，这种动作控制方式是十分合理的。如果人的运动器官被组织起来产生动作，可以有效解决外界环境带来的问题，如足球守门员将球顶出去或接住球是特定时刻最重要的动作，也只有这个独立的动作才是足球守门员需要做出的。这个重要的与任务相关的动作被“保护”起来免受无效、或有冲突信息的干扰，因此达到理想的动作目的。

但我们怎样解释运动员、音乐家和产业工人所做出的那些独立、截然不同的双手动作呢？例如，网球运动员的发球、音乐家演奏小提琴和操作叉车的工人，他们双手的动作难以见到很多共同点。一种可能性是这些动作执行者通过练习学习分别控制手的动作，其中一只手相对熟练地掌握了一种自动的动作形式，而另一只手采用一种控制的动作信息处理过程做出需要的动作。另一种更大的可能是机体系统发展出来一个更加复杂的动作程序，它可以被用来同时控制双手动作。人体怎样才能发展出这种高度有序的协调性？它的影响因素有哪些？目前仍然是研究动作行为科学家最具挑战的问题之一。表 3－3 总结了动作信息处理各个阶段的特征。至此，我们讨论的信息处理过程还是以某种形式储存在中枢神经系统。在大多数情况下，感知、决定和产生动作，还需要人使用一些他们从以往经验中记取的某些种类的信息。

表 3－3　动作信息处理各个阶段的特征

特　征 阶段的功能	刺激确认阶段 发现和确认信号	反应选择阶段 选择反应	反应程序阶段 组织和开始动作
刺激－反应选择数量的作用	小	大	无
信息处理类型	平行	平行和序列	序列
注意需要	无	有时	是

（引自 Schmidt & Wrisberg，2000）

第四节　三个记忆系统

在思考动作技能时需要一个重要的概念，这就是“记忆”（memory）。记忆是人在不同时段内以不同方式保持和运用信息的能力，包括三个组成部分：短时感觉储备、短时记忆和长时记忆。

它通常被看作是各个信息处理阶段活动结果的资料储备。心理学家提出至少有三个截然不同的记忆系统，每个系统都有一些自己独特的信息处理方式来产生动作，它们是：短时感觉储备、短时记忆和长时记忆（图 3－17）。

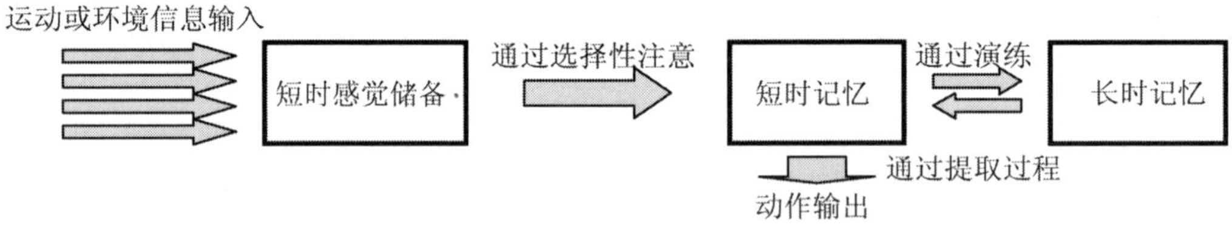

图 3－17　人类记忆三个独特的组成部分

（引自 Schmidt & Wrisberg，2000）

一、短时感觉储备

短时感觉储备（short－term sensory store）是人体最外围的记忆系统，它只保持外界输入信息到得到确认为止，容量有限，并且时间极其短暂，它也被称为感觉性的记忆部分。正如我们前面讨论过的，无数的信息流（information streams）在刺激确认阶段同时和平行地被处理。在初期这些刺激进入系统，根据他们的形式（听觉、视觉、动觉、触觉等）被短暂地保持在不同的短时感觉储备内。信息在这些记忆系统保持的时间非常短暂，大约只有几百毫秒，很快就被下一部分的感觉信息流所取代。科学家认为，短时感觉储备出现在动作执行者的意识参与之前，因此它所发生的感觉信息转换也很少。

二、短时记忆

虽然有大量的信息通过短时感觉储备，很显然，并不是所有信息都能够进入人的意识，而是通过注意选择机制，在短时感觉储备中选择一些信息做进一步的处理。而且在这个过程中，有些信息丢失，有些信息被更新进入的信息代替了。研究人员认为，最后的动作决定取决于选择了什么信息做进一步处理，这与信息和当前动作任务的相关性，或与针对性有关。例如，当有人对着一大群人叫你的名字（一个有针对性的刺激），您的注意力立即被吸引到信息源上，并选择这个刺激进行进一步处理。许多高水平运动员在开始执行技能性动作时有选择性地注意相关提示，并且忽略与动作目的无关，或干扰性的信息。例如，一名想抓到球的橄榄球运动员，把注意力全部集中在动作目的上，直到抓到球为止，只有在这时他才能把注意力转移到避免对方球员的堵截上。因此，在人获得动作技能过程中常常遇到的挑战或难点是，在执行主要动作任务（抓球）开始前，需要学习把注意力集中在哪一个外界环境（球）的、或运动（手的位置）的信息源，并且还要学会忽略哪些无关信息。

短时记忆（short - term memory）是能够使人提取、演练、处理和转移动作信息到长时记忆的记忆系统，它的容量有限、并且时间短暂。人们会使用有选择的注意把信息引导进入到短时记忆。短时记忆是一个暂时的工作空间，所以也有人把它叫做“工作记忆”（working memory），在这里与动作相关的信息进入受控制的处理过程得到处理。短时记忆的容量也非常有限，如果可以把它比作意识的话，它的“保持”空间只能容纳很少的信息数量。实验研究结果表明，对于巨大数量的不同类型信息输入，短时记忆的容量至多只能容纳 7 ±2 个信息，或信息“集合”（Miller，1956）。这些信息在短时记忆中的呈现方式比在短时感觉储备中更加抽象，难以用语言描述。根据刺激的类型，信息被转换成几种抽象编码之一，如一个印刷的字词可能被编码成字词的声音。我们只有在注意它时才能在短时记忆中保持信息，如信息被不断地重复处理、使用、演练，或把它与其他任务联系起来。如果我们把注意转向其他事物，就忘记了短时记忆中信息的内容，信息大约在 30 秒内完全消失。例如，查找一位朋友的电话号码，可能在拨通电话几秒钟后又忘记了号码。

三、长时记忆

长时记忆（long - term memory）是保持信息和经验的记忆系统，它的容量巨大、没有时间限制。它是人一生中牢固学习和非常熟练掌握信息的储存空间。实验结果表明，在信息容量和保持记忆的时间方面，长时记忆可能是无限的。我们都能够想起我们很久以前学会的技能，即使许多年不使用也永远不会忘记，如驾驶汽车、摩托车和骑自行车等。

也许我们不能记住某人的名字，或我们过去的旧电话号码，是因为我们还没有“找到”或提取，并不是它们不再储存于长时记忆中。人在长时记忆中对信息进行编码的方式非常抽象，并且和其他储存信息精致地联系在一起。

储存于长时记忆中的信息，一般是发生在短时记忆中的信息控制和努力过程的到达长时记忆的结果，这些过程包括演练、把新信息与以前学习的信息联系起来等。当我们说某个学生学会了什么时，实际上是说这个学生以某种方式把短时记忆处理的信息转移到了长时记忆。这个概念也适用于学习动作技能，人在短时记忆中处理动作程序，然后把它储存在长时记忆中，用于以后执行动作。理论研究和许多人的实践经验都表明，对于许多动作技能，尤其是像骑自行车和游泳等持续性动作技能，即使没有专门进行练习，在几年甚至几十年后都能够很好地保持。这与我们非常容易发生遗忘的语言和认知技能的学习过程有很大区别，如即使我们曾经把外语学得很好，一段时期后也会发生很大程度的遗忘。一些分立动作技能也容易遗忘，如体操中的独立高难度动作。这还需要科学家们进一步揭示它的原因。

第五节　自学进阶与突破

一、认识基本概念

在本章中，我们讨论了人体在接受环境信息（输入）至产生有效的动作反应（输出）过程，所使用的信息处理阶段。在这些阶段中所发生的信息处理活动，包括发现和感受环境信息线索（刺激确认）、选择一个适宜的行动（反应选择）和组织动作（反应程序）。

确定人体处理信息速度的一个好方式就是测量反应时。减慢信息处理速度的因素（增加反应时）包括许多不同的刺激－反应方式、刺激与反应之间的不兼容关系，以及比较难以预料的刺激事件性质。人体可以发展对于刺激事件的预料能力，来加快作出决定的时间。如果一个人能够预料将要发生的事情（事件预料）和它将在何时发生（时间预料），就能够提前准备他的动作和作出更快的反应。对于能够进行正确预料的运动员来说，预料是具有优势的。然而，当人产生错误的预料时，它所造成的反应时，比根本不进行预料的反应时还长。

还有一些其他因素也会影响人的信息处理质量，如唤醒水平、注意容量和记忆。人体确认并且达到一种在目标情景下，能够产生最有效目标动作技能表现的唤醒水平，是重要的。一般来说，需要精细肌肉控制或更加复杂作出决定因素的动作技能，在较低的唤醒水平情况下具有较好的动作技能表现。而需要产生更大的力量或较少认知因素参与的动作技能，较高的唤醒水平有利于这种动作技能的表现。

环境赋予理论，指环境及各种动物之间，所赋予某种动物个体的所有客观实在、条件和媒介，以及某动物个体与环境和各种动物之间的共存关系。一方面，环境赋予对于动物的遗传和演化特征，具有重要的规定作用和影响。而另一方面，对于同样的客观环境和条件，不同的个人所做出的反应和决定也可能是千差万别的。环境赋予在人的先天动作行为特征上也表现出显著的区别。环境赋予对于人的后天能力、运动技能的发展趋向和动作决定特征方面，则具有广泛和深刻的影响作用。

人体的注意容量有限，它使人难以处理大量动作信息。对于需要在时间上紧密相连的两个刺激作出不同反应的情况下，这种局限是显而易见的。人对于第二个刺激的反应出现了延迟，叫做“心理不应期”。它是由于人在完成对于第一个刺激所作出的反应之前，无法对第二个刺激作出反应。这种较慢的信息处理方式叫做受控信息处理，它具有按序列完成的性质，需要人的注意在两个不同的时刻，从一个信息源转移到另一个信息源。

有限的注意容量，还使人难以完成同时控制两个动作的任务，除非这两个动作的时间结构相似。然而，人体有时可以通过练习，使用一种叫做自动信息处理的方式，完成更加复杂的行动。自动信息处理方式能够把对于次级动作任务的控制，下传到较低水平的动作生成单位，或者把动作的若干组成部分结合成一个单一的反应（动作输出集合）。

信息处理还需要使用记忆系统完成以下功能：

- 迅速持续地记录感觉信息（短时感觉储备）。
- 提供一个暂时的工作空间，对于需要处理的感觉信息进行选择，以及储存需要使用的那些被提取出来的信息（短时记忆）。

- 以更加永久的方式保存之前被储存的信息（长时记忆）。

一个人如果能够有效地选择、提取、演练、理解和储存信息，就能够提高他的信息处理质量。

二、掌握关键术语

为了回答本章中的问题和完成练习，需要我们理解和掌握以下关键术语。

（一）信息处理（information processing）。

（二）处理阶段（stages of processing）。

（三）刺激确认阶段（stimulus - identification stage）。

（四）反应选择阶段（response - selection stage）。

（五）反应程序阶段（response - programming stage）。

（六）空间（或事件）预料（spatial （or event） anticipation）。

（七）时间预料（temporal anticipation）。

（八）唤醒（arousal）。

（九）焦虑（anxiety）。

（十）随机化（randomization）。

（十一）注意（attention）。

（十二）开式动作技能（open skill）。

（十三）闭式动作技能（closed skill）。

（十四）环境赋予理论（theory of affordances）。

三、巩固学习要点

（一）人执行动作技能的三个动作信息处理阶段为刺激确认阶段、反应选择阶段和反应程序阶段。刺激确认阶段是信息处理的第一个阶段，在这个阶段中人确认输入信息。反应选择阶段是信息处理的第二个阶段，在这个阶段中人决定需要做出什么样的反应。反应程序阶段是信息处理的第三个阶段，在这个阶段中人组织运动系统产生理想的动作。

（二）海克定律描述了存在于刺激 - 反应选择数量和反应时之间的稳定关系，尤其是在刺激 - 反应派对数量增加时，选择反应时呈线性增加。

（三）影响动作反应时和动作决定的因素有刺激 - 反应选择的数量、刺激 - 反应的兼容性和练习量。

（四）唤醒指中枢神经系统的激活或兴奋水平，从睡眠状态的极低水平到高强度运动和兴奋的极高水平。

（五）焦虑指人由于未来的不确定性所引起的不安或忧虑，是一种对面临威胁的感觉。

（六）“倒 U”原理描述了存在于唤醒水平和动作技能表现之间相对稳定的关系。当人的唤醒水平提高时动作技能表现水平也提高，但只是到一定的程度。如果这时唤醒水平继续提高，动作技能表现水平却开始下降。

（七）当人处在低唤醒水平和大量环境提示状态时，由于人选择了很大比例的无关提示，动作技能表现受到损害。

（八）当人处在高唤醒水平和发生感知狭窄时，由于人只有很少的提示能够选择，忽略了一些有关提示，动作技能表现也受到损害。

（九）肌肉－意念技术指运用身体活动（如有节奏地呼吸和放松肌肉）放松或强化意念，调节唤醒水平的技术。

（十）意念－肌肉技术指运用意念活动（如冥想和想象）放松或强化肌肉，调节唤醒水平的技术。

（十一）控制处理是一种缓慢、按先后顺序、要求注意、受意识支配的信息处理方式，较普遍地出现于学习动作技能的前期阶段。

（十二）自动处理是一种快捷、平行、不要求注意、不受意识支配的动作信息处理方式，较普遍地出现于学习动作技能的后期阶段。

（十三）一致刺激－反应模式指提供的刺激总是需要相同反应的动作技能表现条件。

（十四）变化刺激－反应模式指提供的刺激需要在不同的时机，或不同情况下作出不同反应的动作技能表现条件。

（十五）双刺激范例是考察在时间上相互接近的两个不同刺激的分别反应的一种研究设计。

（十六）心理不应期指与人对第二个刺激单独出现时的反应时相比，对于两个紧密相随刺激中第二个刺激的反应时延迟。

（十七）动作信息输出集合指把组织和产生几个动作的信息输出活动集合成一个单独的单元，它是动作技能表现的一般特点。

（十八）环境赋予理论源于生态学领域，指环境及各种动物之间，所赋予某种动物个体的所有客观实在、条件和媒介，以及某动物个体与环境和各种动物之间的共存关系。

（十九）在一个人或运动员的培养和成长过程中，种族和遗传因素、教育、训练和生活环境、社会和文化背景、与各种各样人群的互动，都与环境赋予因素的规定和指向作用随时发生着广泛而深刻的联系，对于我们人类的思维和行为方式也时刻都产生着重要影响，当然很自然地也会直接地反映在我们每个人和运动员的动作决定上。

（二十）记忆是人在不同时段内以不同方式保持和运用信息的能力，包括三个组成部分：短时感觉储备、短时记忆和长时记忆。

四、强化知识练习

（一）简要说明人执行动作技能的三个动作信息处理阶段。

（二）影响动作反应时和动作决定的因素有哪些？

（三）运用“倒 U”原理，分析说明实际训练和比赛中控制适宜唤醒水平的必要性。

（四）结合实际谈谈如何运用心理不应期的原理设计战术动作。

（五）什么是动作信息输出集合？

（六）什么是环境赋予？它对于人体动作行为的影响表现在哪些方面？

（七）什么是记忆，它包括哪些组成部分？

五、推荐阅读文献

布莱恩·马莱士（B. Maraj，2009）．动作学习课程讲义．埃德蒙顿：加拿大阿尔伯塔大学．该讲义阐述了动作信息处理和动作决定问题。

Gibson，J. J. （1979）．The ecological approach to visual perception. Boston：Houghton Mifflin. 该书从生态学的观点出发，提出人通过感觉系统直接获取信息，随着经验的增加，人就变得更加善于察觉和使用信息。

Kahneman，D. （1973）．Attention and effort. Englewood Cliffs，NJ：Pentice – Hall. 该书说明了动作信息输出集合问题。

Miller，G. A. （1956）．The magical number seven，plus or minus two：Some limits on our capacity for processing information. Psychological Review，63，81 – 79. 该文讨论处理动作信息的容量。

Rosenbaum，D. A. （1980）．Human movement initiation：Specification of arm，direction，and extent. Journal of Experimental Psychology：General，109，444 – 474. 该文探讨了手臂动作的专门化问题。

Schmidt，R. A. & Wrisberg，C. A. （2008）．Motor Learning and Performance. Champaign，IL：Human Kinetics. 该书为美国高等院校体育系《动作学习与控制》课程教材，对本学科现代知识作出系统阐述。

Williams，J. M. ，& Harris，D. V. （1998）．Relation and energizing techniques for regulation of arousal. Applied sport psychology：Personal growth to peak performance（pp. 219 – 236）．Mountain View，CA：Mayfield. 该文讨论了唤醒水平的调节问题。

Woodworth，R. S. （1938）．Experimental Psychology. New York：Holt. 该书指出了选择反应时和刺激 – 反应选择数量关系。

Wrisberg，C. A.，（1994）．The arousal – performance relationship. Quest，46，60 – 77. 该文讨论了唤醒与动作表现的关系。

第二篇

动作控制原理与实践

信息是实施控制的首要因素之一，也是现代社会被高频使用的重要词汇，甚至连我们所处的这个时代也被冠以“信息时代”的称谓。无论是在工业、农业、商业、教育、国防等各个方面，信息化水平的高低已经成为衡量某个领域现代化程度的重要标志。宏观社会体系的高效运转依靠信息，我们的机体内部也同样是一个高度复杂、分化和协同的有机整体。人体动作的模式、质量、动作技能的控制和表现水平，也同样与各种信息的感知、处理和动作输出指令的优劣息息相关。

本篇共四章，在第四章的学习中，我们与大家一起讨论人体感觉信息的来源和闭环控制系统，考察产生各种动作的信息处理过程，分析人体对各种信息的感知与动作技能表现之间的内在联系，及其动作过程的反射调节。在第五章的内容中，我们讨论和分析人体动作的视觉控制机制及其影响因素。在第六章介绍和熟悉人体动作程序的基本原理和动作信息的开环控制系统，帮助大家认识体育运动中各种快速动作的产生和控制机制和特点。在第七章向大家介绍动作的相对时间与动作技能控制的准确性原理，分析动作速度与准确性之间相互制约的机制。认识这些基本原理和动作信息处理方式，对于我们从事实际的体育教学和运动训练活动具有重要的指导作用。

在本篇每一章的最后一节为“自学进阶与突破”，结合各个层次的教学过程，适宜匹配和分别设计了灵活多样的自学指导内容，包括“认识基本概念”“掌握关键术语”“巩固学习要点”“强化知识练习”和“推荐阅读文献”的内容，以便同学们独立学习和掌握动作学习与控制的重要概念和关键术语，培养和提高大家在动作教学和训练中分析问题和解决问题的实际能力。

第四章 感觉信息与动作表现

在本章的学习中，我们重点学习动作执行者发现各种环境信息方式的过程，以及怎样使用这些信息决定未来的动作。我们还要进一步说明，人体动作控制信息流程，专门讨论人是怎样利用感觉信息计划动作、纠正动作错误和调节动作表现。首先，我们说明神经肌肉系统运用感觉信息的一般方式。之后，我们来认识这些感觉信息在人体动作技能表现认知模型中的作用。最后，通过优秀运动员训练和比赛的实践案例，来帮助大家了解动作技能控制原理的应用情况。

这一章的学习目的是解释人类动作技能闭环控制模式的贡献和局限，理解动作控制中感觉信息运用的不同途径，以及了解感觉对于动作的作用是怎样成为动作技能控制认知模型重要部分的。

第一节 感觉信息的来源

无论是在当今各级学校的体育教育课程、全民健身实践，还是在各类运动项目高水平竞技运动训练和世界大赛中，人们运用现代科学方法，对于人体本体感觉、人体各种反射调节、中央视觉、周边视觉、中枢神经与周围神经系统的联合动作调节，以及人体动作产生、控制的信息系统和动作程序的特性的深入研究，日益引起了广大体育教师、健身指导员、教练员、运动员和运动科研人员的高度关注。人体运动感觉指上述多重感觉和信息整合系统协同工作所产生的动作信息，而动作控制则是指人体分析、选择和利用这些信息，对人体姿势、身体环节定位、肌肉收缩方式和动作模式所施行的及时和精确的协调和控制。例如，近几十年来在世界范围内竞技运动水平快速提高，各个项目的比赛也日趋频繁和激烈，迫切需要人们对于人体运动感觉和动作调节机制和规律取得更加全面的认识和深入研究，有效地指导竞技运动训练过程。事实证明，人们对于此领域前沿知识体系和方法的掌握，也构成了各个运动专项运动员采用核心力量训练、振动训练、瑞士球训练、悬吊训练等现代训练方法的理论支撑和应用基础。因此，对于人体运动感觉与动作调节的问题进行深入探讨和研究，对于广大体育教师、运动健身指导员、教练员和运动员训练理念的更新，认识和掌握现代训练方法具有重要的理论意义和实用价值。

成功的高水平动作表现常常取决于学生和运动员有效地发现和使用相关的感觉信息，体育运动明星常常是那些最快发现对手动作方式，或者最准确地感觉到自身动作和位置的运动员。许多教练员花费大量练习时间在他们认为能够提高动作速度和准确性的活动上，训练运动员发现和处理相关的感觉信息。

一、外源信息

可以被用来产生技能性动作的感觉信息有几个基本来源，绝大部分来自外界环境，这种信息被典型地称为外源信息。外源信息（exteroception）是主要来源于一个人身体外部的感觉信息。

最主要的外源信息来自视觉，在最基础的水平上，我们的视觉在确定环境和物体结构过程中发挥着重要的功能，如大自然中的树木、楼梯的边缘和挡在我们路前的物体。在这种情况下，视觉是我们预料未来事物的基础。视觉还为我们提供了环境中物体运动的信息，如球的飞行路线和速度。视觉的另一个功能是帮助我们了解自己做出的动作的时间和空间特点，如挥动球拍、跳高过杆等。

第二个主要的外源信息来自听觉，尽管听觉对动作技能表现的参与不如视觉明显，仍然有许多运动项目的运动员依靠发达的听觉技能取得好成绩，如帆船比赛，运动员利用船体划过水面的声音估计速度。

二、本体感觉与动觉信息

第二类感觉信息来自我们体内，一般叫做内源信息（introception），内源信息是主要来源于一个人身体内部的感觉信息，如饥饿感和疼痛感。与我们所进行各种运动控制有关的这类信息，被称为本体感觉信息（proprioception）是来源于一个人身体内部的感觉信息，与动觉相似，指示身体和肢体的姿势和动作，例如关节的姿势、肌肉产生的力量和身体的空间定向等。本体感觉另一种信息来自于身体动作，叫做动觉（kinesthesis），它是我们在运动时对关节动作和肌肉张力的感觉和意识。动觉是来源于运动系统的感觉信息，它与本体感受有关，指示肌肉收缩和肢体动作。由于动觉涉及多种复杂的感受器，人们的动作感知可以受到他们动作方式的影响。例如，我们对于正常的主动动作形式，如踢球动作的感知，与我们对于一个被动引导动作形式的感知截然不同。所以教师和教练员在指导学生学习动作时，要慎重采用被动引导动作形式的手段教学，即使对学生采用这种方式，也必须要和学生的主动用力形式结合起来。因为两种学习方式对动作技能学习产生的作用相差甚远。

有一些重要的感受器向神经肌肉系统提供动觉信息，内耳中的前庭器官感觉头部动作，并对于头针对重力作用的定位相当敏感。前庭器官（vestibular apparatus）位于内耳的本体感觉器官，指示身体姿势和平衡信息。毫无疑问，这个器官提供的信息对于身体姿势和平衡至关重要。还有一些感受器提供肢体动作信息，它们位于关节和周围的关节囊，指示关节的姿势，尤其是当关节处于极端动作幅度下的时候。还有一些感受器位于骨骼肌的肌腹中，叫做肌梭，它们在肌肉收缩时被拉长，提供收缩速度和关节姿势变化的信息。肌梭（muscle spindles）是位于肌肉中的感受器，向神经系统提供肌肉长度变化的信息。

在我们身体的肌肉和肌腱接点处，还有一种本体感受器叫做高尔基腱器官（Golgi tendon organs），指示肌肉不同部位的力量水平。最后，在绝大部分皮肤区域还有皮肤感受器（cutaneous receptors），包括一些对压力、温度和接触的专门感受器。这些感受器主要负责提供感觉信息。

每一种感受器都能够提供一种以上的感觉信息，例如肌梭可以提供关节姿势、肌肉收缩速度、肌肉张力和肢体针对重力作用定位的信息。因此，与提供单一信息的视觉和听觉不同，动觉包括了来自各种感受器的复杂输入信息组合，必须通过中枢神经系统把它们整合起来。本体感觉信息尤其对于水上运动项目运动员在高度不稳定环境中维持身体平衡，以及跳水运动员的空中身体定位非常重要，它是这些项目运动员训练中需要强化的重要内容（图4－1）。

图4－1　我国优秀女子赛艇运动员张秀云与队友在进行优化本体感觉和动作模式练习

第二节　闭环控制系统

动作技能控制可以利用许多不同的感觉信息来源。在日常生活中，一种常见控制方式是系统通过比较执行任务的目的要求与实际环境信息反馈之间存在的差异而进行的。例如，房间空调系统的运作。系统运作的目的是保持室内的理想温度，为了达到这个目的，系统需要有比较器（comparator）、执行器（executive）和受动器（effector）几个组成部分（图4－2）。

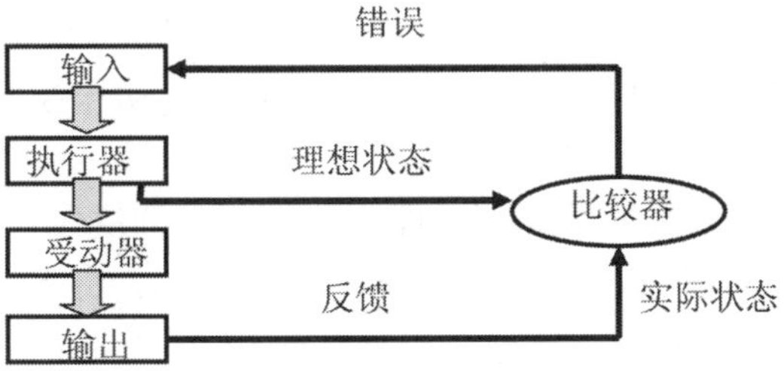

图4－2　闭环控制系统

（引自 Schmidt & Wrisberg，2000）

比较器是闭环控制系统中的错误察觉机制，比较理想状态反馈和实际状态反馈。执行器是闭环控制系统中决定采取动作和保持理想目标状态的部分。受动器是控制系统中完成理想动作的部分，例如在投掷动作中，通常手臂是受动器。

在这个例子中的比较器是一个温度感应装置，感应理想室温和实际室温的差异。如果它感受到无差异（错误为零），它就不发出任何指令。如果它感受到差异，比如室温低于理想温度，就向执行器（或控制中心）发出一个指示错误的信号（太冷），由执行器再向受动器采取行动的机制（这个例子中是加热器）发出一个指令。这个行动（加热器）一直持续到重新达到理想室温为止。此时，比较器感受到零错误，把指令信息传送到执行器，接着再把信息传给受动器“关机”。只要需要系统保持室温接近理想温度，这个过程就无限期地延续下去。这种系统叫做闭环系统，因为它的输出或行动，是由执行器指挥，由受动器完成，然后又以感觉信息，或反馈的形式返回到比较器。反馈（feedback）是关于系统实际状态的信息。这个反馈“环路”提供给系统必要的信息，来保持理想状态。人们常常使用闭环控制过程来执行动作，如驾驶赛车。

闭环控制（close－loop control）是一种使用反馈、发现错误和纠错过程来保持理想目标状态的控制方式，被人用来控制慢速的随意动作。赛车手使用道路和与其他队员相对位置的视觉信息，得到实际位置和理想位置差别的反馈。如果发现有差别，赛车手就把它们感觉为错误。当需要必要的纠正时，就决定使用手臂动作使车回到正确位置。神经系统向肌肉发出指令完成这些动作，肌肉执行这些动作直到车回到正确位置。

从这个例子中您可以了解，用来保持理想状态的反馈来自感觉信息，包括外源信息（如对车和路的视觉）和本体感觉与动觉信息（对方向盘和手臂动作的感觉）。每一种信息都通过比较器与理想状态进行比较，然后把发现的错误指示给执行器进行纠正（图4－2）。一旦系统制定出解决方案，它就把必要的动作计划传递给受动器（手臂）完成动作。

一、人体动作控制信息流程中的闭环控制

模型（model）是对系统的一种试探性描述，说明它的许多已知特性，模式帮助人理解系统并促进它的实际应用。我们在前面的学习中讨论了一个人体动作技能表现认知模型，还认识了人体为了将环境输入信息转化成反应输出信息所完成的动作信息处理的三个阶段，即刺激确认、反应选择和反应程序阶段。现在我们把这个模型扩展，加上闭环控制机制的各个环节。

这个模型可以帮助大家理解人体控制相对较慢动作的过程（如受伤运动员在接受理疗时调整肢体姿势），以及相对较快的动作过程（如高尔夫球的挥拍）。在慢速动作中，动作执行者可以在动作执行中进行调整。对于快速动作，动作执行者必须等到动作结束后再纠正错误。

如图4－3所示，当输入到达后就被处理。理想状态的决定也取决于对执行中动作感觉的质量，如视觉、听觉和本体感觉。人做出正确动作，成功达到动作目的过程中得到的反馈，就代表着理想状态。理想状态的“副本”被记录和储存在比较器中。达到理想目标状态的指令从执行器送到由几个部分组成的受动器，这些部分包括：第一，产生动作指令的动作程序。这些指令被送到位于脊髓的神经系统的低级中枢。其结果是肌肉收缩和关节运动。由这个动作产生的反馈（如高尔夫击球），通过比较器与希望的理想状态感觉反馈相比较。在这里，理想感觉反馈与实际感觉反馈之间的任何差异都被记录为动作错误。

一旦发生这种情况，比较器就向执行器发出关于错误的信息指令（图4－3）。

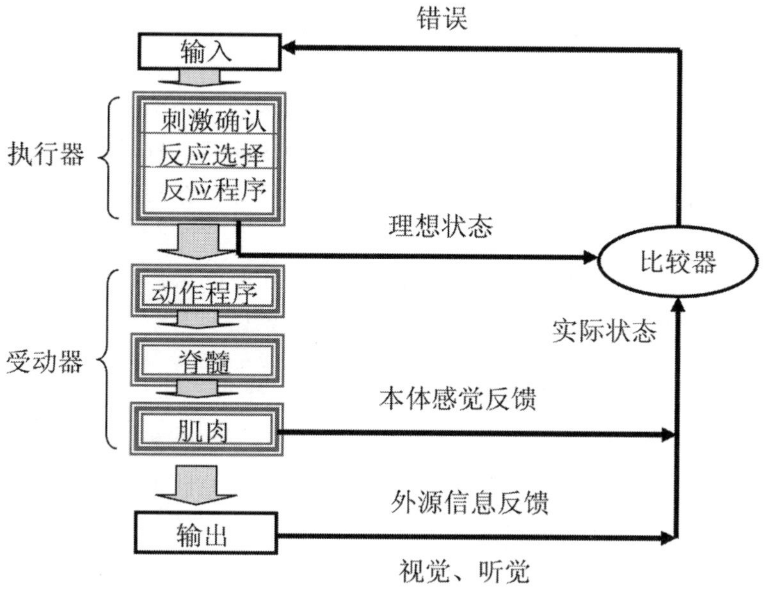

图4－3 扩展的人体动作控制信息流程

（引自 Schmidt & Wrisberg，2000）

人在运动中，会产生各种形式的本体感受性和外源性反馈信息。本体感觉信息反馈来自正在收缩产生力量的肌肉、与皮肤接触物体产生的压力（如脚在鞋中的感觉）和指示身体姿势变化的关节。外源信息来自环境，被视觉、听觉和嗅觉感官接受，提供更多的反馈（如投掷器械的飞行轨迹、击球的声音、球场上草皮和泥土的气味等）。

动作信息处理阶段是闭环控制的重要环节，每次一个表示错误的信号到达执行器进行纠正，必须经过这些阶段，这种受控信息处理需要注意的参与和较长时间。受控信息处理（controlled processing）是一种缓慢、成序列、需要注意的参与、随意的信息处理类型，在学习的早期阶段比较普遍出现。幸运的是，闭环控制并不是人利用反馈调节动作的唯一方式，我们在后面的学习中还会讨论各种低级的类似反射性的环路，他们也对动作控制发挥作用。

二、闭环控制模型与持续性长时间动作技能

闭环控制模型有助于我们理解神经系统怎样保持人体动作行为的特定状态。例如，保持简单的站立姿势是一个自然的行为，它需要一些不间断的闭环控制形式。闭环控制还用于保持各种学会的姿势，如体操运动员用双手在吊环上倒立。绝大多数动作技能需要准确、稳定的肢体姿势作为基础，失去这个基础，运动员就不能做出如射箭、射击，以及大量的稳定性动作。在这些动作任务中，比较器不断地评估期望的正确动作或理想肢体姿势、身体定位反馈，与实际做出的动作或理想肢体姿势、身体定位反馈之间的相似性和区别。如果发现错误，就把信息传达到执行器进行适当的纠正。

其他的动作任务就更加具有动态性，如持续性的跟踪技能需要动作执行者操作一个控

制装置，跟随一些不断变化的目标。跟踪（tracking）是跟随移动路线的一类技能，尤其指由人控制的动作。例如，驾驶汽车，司机操纵方向盘使汽车处于道路上适宜的位置。无论何时司机看见了汽车相对于路面的错误，就做出控制动作。动作执行者利用反馈控制行进间动作的另一个方式，在长跑运动员比赛的经历中也非常明显。为了保持有效速度，运动员把来自他的实际跑速的外源性和动觉反馈，与理想跑速的内部参照信息进行比较，并进行必要的修正。还有一些动作任务，它们的正确动作参照信息随时间，或在动作过程中发生变化，如慢速的拳击动作。大量的这些快速动作任务，在日常的模仿练习中，也需要采用闭环控制。

毫无疑问，闭环控制模型是理解人体控制持续的长时间动作技能的最有效方式。现代工业中机器人的广泛使用，实际上也是采用闭环控制模型。

三、闭环控制模型的局限性

在扩展的人体动作控制信息流程（图 4－3）中，包含了有三个信息处理阶段的闭环控制系统。它所具有的优势是，信息处理过程提供了动作控制的灵活性，允许根据任务需要和环境条件采用多种动作策略和选择。可是，闭环控制系统的最大劣势是，它使控制过程非常缓慢，尤其是在反应程序阶段。

（一）快速跟踪行为

大家需要记住的是，在信息处理阶段中，尤其是反应选择和反应程序阶段，需要大量时间和注意力，因此，包括这些阶段的闭环控制系统运行速度也非常慢。在反应时的构成机制中，信息处理阶段是关键的组成部分，一个刺激或输入需要通过各种信息处理阶段才能使人作出动作反应或输出。在闭环控制模型中，一个指示出现错误的信号，与一个刺激或输入的运行方式非常相近。它在执行器中经过处理（包括各个阶段），然后做出一个动作反应（如纠正动作）。大量关于跟踪动作表现的研究表明，纠正动作的最高速度也是相当缓慢的，大约每秒三个。

在闭环系统的认知模型中，在错误发生后大约几百毫秒才能纠正。在刺激确认阶段处理错误，在反应选择阶段选择纠正动作，在反应程序阶段组织和开始纠正动作。一旦纠正动作开始，动作以正确形式继续进行，直到下一个指示错误的信息出现时再进行处理。只要每秒的动作变化不超过 2～3 个，这种动作控制方式是足够满足需要的。如果必须做出更快的纠正动作错误的速度，动作表现就差。这也可以解释为什么我们在不平的场地上打网球时，很难接住无规律地从地面反弹、方向变化太快的球，来不及纠正我们的步法。

（二）短时间的分立动作技能任务

在解释人体短时间的动作技能表现（如打击、投掷和踢球等体育运动中的常见动作）时，普遍的观点是闭环控制还不足以满足动作任务需要。对于快速动作，动作执行者必须在开始动作前制订出充分的动作计划才能达到动作目的。因此，一般的规律是，在快速动作的前几百毫秒内，无法进行动作调整和修正。

科学家认为快速动作更多取决于预先的动作计划和程序，动作和动作之间的控制是组织好的程序的一部分，并不取决于闭环控制系统中相对较慢的信息处理阶段。科学家还认为快速动作的执行是以“全或无”的方式（all or none fashion）进行的，就像我们扣动枪的扳机，子弹一旦射出，就没有再加以修正的可能。当系统中一些因素达到临界状态或“阈值”，系统内部发出“开始”信号产生动作。在这个“开始”信号发出后的任何信号都会被系统忽略，保证动作在不被干扰的情况下完成。而且，这个内部信号发生在反应程序阶段（Slater－Hammel，1960）。

四、闭环控制系统的优势与劣势

通过以上内容的学习，我们认识到闭环控制系统具有的主要优势是：能够使人做出还没有经过练习的动作；信息处理过程便于动作控制，使动作具有结构的可塑性和调节的灵活性，允许根据任务需要和环境条件采用多种动作策略和选择；能够产生精确的动作。而闭环控制系统的主要劣势是：需要高度集中注意力执行和纠正动作；耗费时间，尤其是在反应程序阶段；有效性局限于执行相对慢速的动作。

第三节　反射调节与动作控制

在学习动作的反射调节之前，我们先来熟悉一个利用反射调节的例子。同学们可能了解“望梅止渴”这个成语的来历，说的是有一次曹操在带领他的军队行军过程中，士兵口渴难忍。曹操就对他的士兵说：“前方有一大片梅子树林，到那里就可以吃到酸甜的梅子解渴了。”用这种方法刺激士兵分泌唾液，加快了行军速度（图4－4）。

图4－4　“望梅止渴”的成语源于一个利用反射调节的典故

一、反射的概念

反射（reflex）指人通过神经系统，对外界或内部的各种刺激所发生的有规律的反应，它是神经调节的基本方式。人体的反射活动可以分为条件反射和非条件反射，二者之间的区别请见下表（表4－1）。

表 4－1 非条件反射和条件反射之间的区别

	非条件反射	条件反射
遗传特性	先天具有	后天形成
保持状态	不会消退	可能会消退
参与中枢	低级中枢参与完成	高级中枢参与完成
活动性质	较低级的神经活动	较高级的神经活动
具体示例	人在冰面走路打滑时的自动维持平衡补偿动作	到达比赛场地唤醒水平提高

二、反射活动的中枢控制

反射的基本过程是：感受器接受刺激，经传入神经将刺激信号传递给神经中枢，由中枢进行分析处理，然后再经传出神经，将指令传到效应器，产生效应。需指出的是，在整体情况下，传入冲动进入脊髓或脑干后，除在同一水平与传出部分发生联系并发出传出冲动外，还有上行冲动传导到更高级的中枢部位，进行进一步的整合；高级中枢再发出下行冲动来调整反射的传出冲动。因此，在进行反射活动时，既有初级水平的整合活动，也有较高级水平的整合活动，在通过多级水平的整合后，反射活动更具有复杂性和适应性。

目前我们只讨论了闭环控制过程，也就是根据感觉信息进行的有意识的动作调节。这种动作调节方式学生随着学习经验的增加，在某种程度上也可以以一种条件反射的形式出现。可是，还存在其他种类的下意识的动作修正和调节方式，这种动作调节的中枢位于脊髓和脑干。由于没有意识参与动作控制，这种动作调节方式叫做下意识反射（subconscious reflexes），它们以一种固定的模式出现，是非随意的，并且完成过程很快。

三、补偿性反射调节的种类

肌电仪（electromyography）是记录一块肌肉或肌群内电活动的仪器。假设您在参加一个简单的实验，在直立姿势下您以肘关节成直角的姿势用手托住一本比较重的书，在您目前有一只标有刻度的竖起的直尺，指示您需要保持书的高度。在您做这个姿势时，采用肌电仪监测您的肱二头肌的电活动。突然，在不被预告的情况下，实验人员又在您托着的书上又加上一本重书。您托书的手马上会下沉，但只经过很短的延迟时间，您的手很快又回到了需要保持的目标高度。

是通过什么过程产生了这种动作补偿呢？肌电图记录可能呈现下图中的情况（图 4－5）。图中左侧部分代表肱二头肌把上肢保持在目标姿势时出现的肌电活动，在加上第二本书的重量后（负荷增加），出现了一些对增加负荷的修正和补偿动作，并且通过肌电图中表示出来。

- M1 反应，延迟 30～50 毫秒。
- M2 反应，延迟 50～80 毫秒。
- 激发反应，延迟 80～120 毫秒。
- 随意反应时反应（M3），延迟 120～180 毫秒。

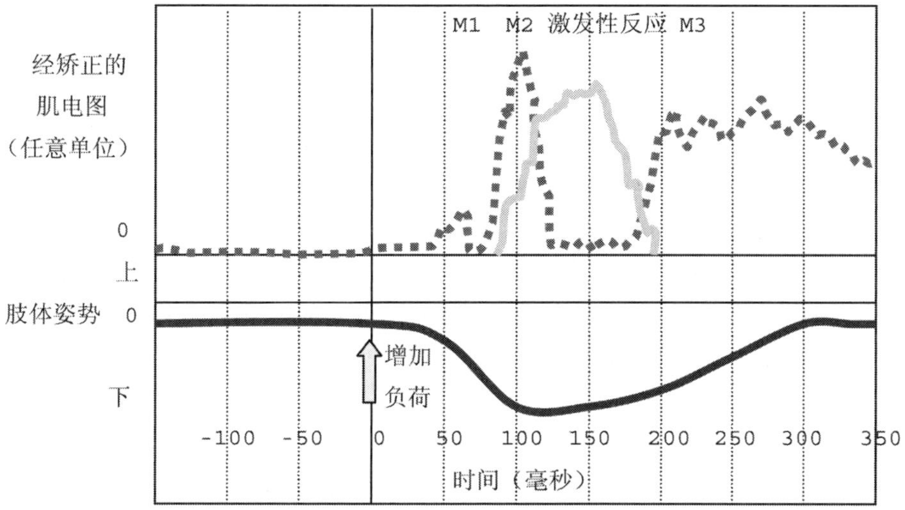

图 4-5 突然增加负荷牵拉肱二头肌的肌电图反应和上肢姿势的变化

（引自 Schmidt & Wrisberg，2000）

（一）M1 反应

第一个反射性调解的肌电活动出现于增加负荷后大约 30～50 毫秒，反射活动非常短促，没有条件引起肌肉强烈的收缩。在这个反射之后肢体依然向下运动。这种反射有时被称为单突触牵张反射（monosynaptic stretch reflex）或 M1 反射。M1 反应（M1 response）指潜伏期为 30～50 毫秒的单突触牵张反射。这种反射所引起的 M1 反应是控制肢体动作最快的反射之一，它是没有预告的增加负荷使肌梭受到牵拉引起的。肌梭通过单突触连接把感觉信息传递给脊髓。当信息从原通路再返回到同一块被牵拉的肌肉时，引起了收缩力的增加。这个调节的潜伏期非常短，因为只通过一个突触（因此得名），信息传递的距离也相对较短。M1 反射被认为是轻微牵拉肌肉引起的收缩性调节，如对体位改变和肢体受到意料之外的外力作用的调节。这些反射过程是下意识的，因此不会受到“海克定律”描述的刺激－反应选择数量的影响。成千上万的这种修正调节活动可以同时发生，控制我们的肢体和身体姿势。因为这些补偿活动是平行、下意识、不受干扰地同时进行，它们不需要注意力参与，能够自动完成。

（二）M2 反应

在施加负荷 50～80 毫秒后，出现第二次肌电活动的增加。这种现象有时被称为长环牵张反射，或 M2 反应。M2 反应（M2 response）指潜伏期为 50～80 毫秒的多突触功能性牵张反射。它所引起的 M2 反应产生比 M1 反应更大幅度的肌电活动，持续时间更长，所以比 M1 的动作补偿作用大得多。

与 M1 反射相似，M2 反应也是由肌梭发出信号到达脊髓。与之不同的是，信号冲动沿脊髓继续上行到大脑高级中枢，在皮层运动中枢和（或）小脑进行处理。然后，动作信号冲动又沿脊髓返回激活肌肉。较长的距离和脑部高级中枢的多突触信息传递，使出现

M2 反应的潜伏期延长。M1 和 M2 的共同作用，也是产生大家较熟悉的“膝跳反射”（knee - jerk reflex）的原因。

与 M1 反应一样，M2 反应不受刺激 - 反应选择数量的影响，因此也不受海克定律的限制。另外，M2 反应比 M1 反应更加灵活，在反应过程中允许一些其他感觉信息源的参与。自我暗示就是这样一种信息源。例如，当滑雪运动员在滑雪时，会主动控制他的膝关节作出一定程度的退让，对不断发生的颠簸具有“柔性”来保持身体稳定。而柔道运动员在对手向他施加力量时常常需要对抗，不希望作出任何退让。

在一定程度上，M2 反应是一种独特的反应。由于它太快，而不能叫做随意反应，因为随意反应需要 150 ~ 200 毫秒才能产生。但是，我们能够通过意识过程修正 M2 反应，如观察其他滑雪运动员，产生对感觉信息的认知。

（三）激发性反应

第三种反应的潜伏期比 M2 反应还长，被称为激发性反应。激发性反应（triggered reaction）是对干扰动作作出的反应，潜伏期 80 ~ 120 毫秒，它是灵活的，比 M3 反应快。这种反应由于太快也不能叫做随意反应，但它又比 M1 或 M2 反应慢得多。激发性反应能够影响远离实际刺激点的肌肉群，而且与传统的反应时反应一样，对刺激的变化数量敏感。显然，激发性反应可以通过学习掌握，或多或少地成为一种自动反应。例如，在宴会上当我们手中的酒杯稍微下滑时，我们通过手指感觉到后会马上加大前臂肌肉使手握杯的力量，同时会减小上臂肱二头肌向上举杯的力量，防止酒杯滑脱。这种反应有时也被称为“酒杯效应”（wineglass effect）。它比动作反应时快，潜伏期大约 80 毫秒，在人的下意识情况下完成。在柔道运动中，当队员抱住对手的腰时，对手试图摆脱，被队员手臂的皮肤感受器发觉，迅速把对手抱得更紧，也是属于激发性反应的下意识动作。在田径运动的短跑接力比赛中，所采用的较为先进的“前推式”传接棒技术（图 4 - 6），就巧妙地利用了激发性反应（近似于“下压式”传接棒技术）。

图 4 - 6　短跑接力比赛的“前推式”传接棒技术

当“接棒运动员向后伸出手臂，手掌呈垂直姿势，拇指向下”时，使前臂接棒的主动用力肌肉、肌腱和结缔组织弹性成分被充分拉长，肌肉中的本体感受器——肌梭，也处于良好的激活准备状态。肌梭能够在传棒运动员“传棒运动员沿水平方向前推接力棒，将垂直持握的接力棒顶部推入接棒运动员的手掌”时，更直接和快速地感受到推力，激发用力肌群产生更加迅速和有力的握棒动作，从而有效地使人在保持高速跑的状态下安全地完成传接棒。传棒运动员沿水平方向前推接力棒，前推力量一方面能够激发接棒运动员接棒手掌的快速“抓握反射”，增加了传接棒的速度和牢固性；“前推式”传接接力棒，也为接棒运动员增加了外来水平推动力，使高速跑的速度得到更好地发挥。当“接棒运动员向后伸出手臂，手掌呈垂直姿势，拇指向下”时，目标更大，也在传棒运动员的中央视觉和周边视觉中感受到更加强烈的视觉流刺激，便于掌握好安全地传接棒的时机。

（四）随意反应时反应（M3 反应）

最后一种反应是随意的反应时反应，有时叫做 M3 反应（M3 response）。它更加有力，潜伏期 120～180 毫妙，取决于动作任务和客观情况。它能够影响全身的所有肌群，并不仅限于被牵拉的肌肉，如短跑运动员听到发令枪声所做出的起跑动作。M3 反应具有最大限度的灵活性，可以被许多因素修正，如指导语和对感觉信息的预测。当然，M3 反应的延迟使它对刺激－反应选择数量敏感，服从于海克定律。当人体高度集中注意力，并环节处于某种易于激发反应时反应的姿势时，也能够在一定程度上加强动作速度和力量，从而缩短随意反应时。例如，短跑运动员在蹲踞式起跑姿势下，背伸脚趾关节，刺激大脚趾下的感受器，可以提高蹬腿肌群的敏感性，提高起跑蹬伸动作的启动速度和力量。

四、意外负荷的协调补偿

我们讨论过的四种补偿方式以及它们的主要特征在表中说明（表 4－2）。

表 4－2　对动作干扰作出的不同种类肌肉反应的特征

反应类型	延迟（毫秒）	灵活性和适应性	指导语的作用	选择数量的作用
M1 反应	30～50	几乎无	无	无
M2 反应	50～80	低	一些	无（?）
激发性反应	80～120	中	大	中
反应时反应	120～180	很高	很大	大

（引自 Schmidt & Wrisberg，2000）

值得注意的一个重要特点是，反应的潜伏期越短，作出的反应就越刻板和不灵活。如 M3 反应时反应，对环境要求极其敏感，但相对较慢。而 M1 反应对环境要求不敏感，但非常快。总体看来，四种反应显示出反应灵活性与反应速度之间相互抵消的关系。如果需要更多的灵活性，在做出动作之前就要考虑更多的感觉信息源。这就意味着必须发生更多的动作信息处理活动，所以需要更多的时间。

五、动作控制信息流程中的反射性反应

现在我们可以把这些反射性动作调节机制加入人体动作控制信息流程（图 4－7）。M1 反馈环路把关于肌肉牵拉长度和张力的信息传递到脊髓，然后把调节信息直接返回肌肉。这个环路信息传递迅速，相对没有灵活性，属于动作控制的最低水平反馈调节，与大脑高级中枢的联系最少。

M2 反馈环路，或叫做长环，及功能性牵张反射，把关于肌肉力量、长度、关节和身

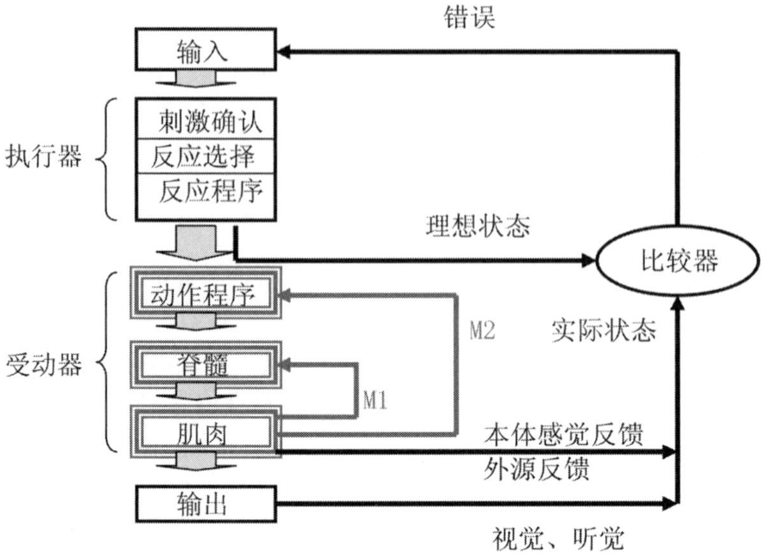

图4－7　进一步扩展的人体动作控制信息流程，加入M1和M2反馈环路

（根据Schmidt & Wrisberg，2000资料改编）

体姿势的信息反馈到大脑更高级的负责动作程序的中枢。当这些反馈到达时，动作程序处理过程对动作指令进行细微的调整，然后把这个信息送回到脊髓和肌肉。这个环路处理信息的速度比M1慢，但由于有高级中枢参加控制，所以更加灵活。

（一）动作信息最终共用通路

动作信息最终共用通路（Sherrington，1906）是动作技能控制的一个重要原理，控制动作的作用取决于三个不同的方面。第一，需要一系列来自动作程序的最初指令传递到脊髓和肌肉。第二，在此基础上M1反应感觉肌肉的力量和长度变化。第三，M2反应在感觉肌肉力量和长度变化的同时，还感觉肢体姿势和动作。因此，中枢神经系统指挥肌肉动作的最终共用通路（或最终整体效应），就是所有这些各种信息流的总和，每一种都有各自不同的潜伏期、类别和影响程度。

（二）动作信息环路套环路

反馈环路的概念重点说明特定的动作信息环路完全在其他另一些环路内部操作。例如，M1反应在肌肉水平和脊髓水平之间操作，在动作执行者受到意外负荷变化的作用时，发挥它调节肌肉力量的作用。这个环路与关于动作目的和任务的高级指令信息没有联系，只限于保持肌肉长度或张力水平的低级任务。其他更高级的关于达到动作目的与否的信息通过“外环”处理，如比较器发现错误时，反馈给信息处理各个阶段，再选择另一个全新的动作开始执行。

（三）动作时间的作用

这些反应所起的作用，都取决于人试图产生何种动作的时间，如拳击的出拳动作约

40 毫秒、棒球的挥棒击球动作约 100 毫秒、网球的打球动作约 200 毫秒、网球的发球动作约 300 毫秒。动作时间（movement time）是人做出动作从开始到结束的时间间隔。目前所知的人体产生最快的动作仅有 40 毫秒左右的动作时间，如拳击中的出拳动作。对于这类动作，“外”反馈环路的 M2 反应（50 ~ 80 毫秒的潜伏期）不能参与信息处理活动，也就是说，拳击运动员出拳后 M2 反应来不及调节动作。即使是 M1 反应（30 ~ 50 毫秒的潜伏期），也只能在动作即将结束时发挥一点作用。只有动作时间超过 300 毫秒（如网球发球）或更长的动作，外环信息通路才有可能参与修正和调整动作，发挥闭环控制的作用。所以，动作时间是影响我们控制动作最重要的变量之一，它决定了我们在原有动作指令基础上，通过反馈调节补偿和纠正动作的方式。

（四）动作控制方式的选择

我们在许多情况下需要选择动作控制的方式。如果动作时间足够长，如太极拳表演，运动员可以为动作控制系统预先编排好程序，并且使用快捷、自动的反馈处理过程。运动员还可以通过外环信息处理通路，有意识地控制反馈信息。可是，有意识地控制信息处理过程有时也会产生问题。例如，有些教师和教练员经常会要求学生把注意力集中在动作的某个部分，或某些特定的动作反馈信息上，诱导学生选择了一种高度集中思想的费力方式控制他们的动作。其结果是使动作以缓慢和高度要求意识参与的方式完成，动作表现反而不连贯、不自然和粗糙。多年来也有研究结果表明，注意动作会损害动作表现。有学者认为，运动员应该让他的动作自然地发挥，最好的动作表现发生于运动员让他的运动系统具备的能力主导动作控制过程，而不是进行过多的意识干预（Gallway，1974）。意识的过多干预会导致对动作的“过度控制”（overcontrolling），就像初学者做动作一样，反而不容易协调。

动作控制方式的选择提示我们，在运动训练和体育教学活动中，务必要在“激活”和“疏通”多种反射调节控制通路的基础上，施加各种练习和专项负荷，并且要充分强化人体的本体感觉和反射调节机制，实现身体环节的精确动作定位、提高动作的协调、稳定、准确和灵活性。

六、骨骼肌的张力调节性收缩与时相性收缩

人体有 650 多块骨骼肌，根据肌肉在人体环节中的部位、结构和功能，它们担负着不同的任务，为我们提供了完成动作和实现各种动作模式的基础。

在人体躯干、骨盆等核心部位和深层的肌肉群，大部分承担着实现人体动作核心部位的稳定性（stability），为肢体动作提供强有力基础和支撑的作用，在人体动作中其收缩形式多为张力调节性收缩（tonic contraction），甚至有赖于由本体感觉触发的各类反射活动，在很大程度上它不能与意识直接联系。肌肉系统支持骨骼系统，并使其运动。我们的骨骼通过稳定肌的持续和协调工作，发挥支撑对抗重力的作用。这些小的深层肌肉，在某个运动的环节上通过产生阻力、稳定性和支撑，提高了原动肌的效率和力量功率，而在另一个环节上又提供了动作的自由度。这种相互作用往往在千分之几秒内发生，而且不受到意识的控制。训练稳定性所采用的练习具有更强的动态性和尽可能高的动作质量，当不能达到动态质量时，就回复到挑战精确定位的静态姿势。在最佳功能状态下，稳定肌的作用犹如

功能互补的缓冲器，优化和控制原动肌的爆发性能量释放，保护我们的关节、使我们的身体环节准确定位，并且平衡我们身体的空间位置。

在人体四肢的肌群中，大部分承担着实现人体快速和大范围动作的灵活性（mobility），满足环境要求和实现人体动作的最终目的，在人体动作中其收缩形式则多为时相性收缩（phasic contraction），在很大程度上它是由动作意识支配的。人体的任何功能性动作都是众多因素巧妙配合和协调的结果。在人体动作的完整运动链中，正是通过骨骼肌的张力调节性收缩与多为时相性收缩的有序组织，以及动作核心部位的稳定性与肢体快速和大范围动作的灵活性之间的协同整合，实现了人体高质量动作表现的和谐之舞。

骨骼肌的张力调节性收缩与时相性收缩的神经生理特性，是我们在体育教学和运动训练中，理解和采用核心稳定性（core stability）训练、支柱力量（pillar strength）训练、快速伸缩复合训练（plyometrics）、肌肉拉伸－缩短周期（stretch－shortening cycle）应用方法和手段的理论基础。通过张力调节性收缩，身体核心区域动作控制能够自发地重新设置，提高髋部灵活性可以使身体核心区域的控制，自发地得到重新设置，但可能需要练习来促进这个过程。动作控制的各种问题通常都是分层次出现的，灵活性问题和稳定性问题也常常相伴而生，它们都需要得到密切监控和解决。如美国持证物理治疗师、整形外科专家、力量和身体训练专家格雷·库克（Gray Cook，2010）所说："中枢神经系统具有使不同肌纤维特性之间产生互补作用的系统。这些时相和张力调节的系统，控制着身体内不同的活动。时相系统控制爆发性和强有力的动作方式，在很大程度上与原动肌有关。张力调节系统专门用于姿势控制、保持身体环节的准确定位和骨骼系统的整体性。张力调节系统支持着身体结构，并且为原动肌有效地发挥功能提供了适宜的稳定性。"

七、人体动作矩阵

人体动作矩阵指：在人体动作的产生与控制过程中最基本要素的整合结构、它们之间的交互作用和匹配模式，以及协同表现的有序功能状态。同时我们理解动作和动作模式的重要基础。人体动作矩阵概念，帮助我们理解人体动作的产生与控制过程，是多环节、多因素、多层次、多信息流协同作用的整合结果。

动作矩阵的概念，提示了我们要有全面、联系和动态的观点观察和分析动作的思想方法，要求我们先把握动作的"质"，再考察动作的"量"。无论是在运动技术分析，还是在运动康复动作诊断中，注意到关于运动或练习的细节，如动作速度、力量、角度、路线等表面特征是重要的，但从人体动作矩阵的观点出发，只有在动作"质"的基本要素，如动作模式得到建立和稳定后，这些关于"量"的细节才有意义。只有在这时，这个动作基础才能够有效地支持其结构和功能的其他部分。我们还需要注意的是，学习和完善动作如同在我们的记忆中"写软件"或"刻录光盘"，如果一味地训练不良的动作模式只能强化质量差的动作，而且也构成了更大的损伤危险性。

八、产生动作的下意识控制与意识控制

格雷·库克（Gray Cook，2010）为我们进行了生动的说明："我们能够在意识支配下产生动作，也可以自动地产生反应性动作。在大多数情况下，前者支持后者，而后者又激发了前者。它们就像硬币的两面，我们不能把他们轻易或实际地分开。我们的行动将反射

和有目的的动作行为结合起来。”结合我们在本章所讨论的人体动作控制信息流程，您也会清晰地理解其中的意义。您可以观察到，通过动作学习和动作发展过程，大脑（执行器）学会了协同地组织肌肉和对熟悉的活动产生作用，具有意识的大脑并不是单独发挥作用的。在每一个有目的的动作情况下，它得到了一个自动的、具有下意识调节作用的、反射活动系统的支持。由于感觉系统不断地监控我们那些没有疼痛、功能不良、动作限制、不对称的真实动作和理想动作模式，才使这种优质动作的有效控制功能成为可能。所以，我们不用真正去想我们的肌肉，我们只想动作，我们的肌肉就会按照我们的意图，与自动支持系统和谐发挥功能。

九、动作控制信息流程与动作实践

（一）动作科学与体育教学和运动训练理念的革新

专项动作训练手段设计历来是体育教学和运动训练大师们的关键技术。他们不仅要对学生、运动员特点和专项教学、训练规律了如指掌，而且还要善于利用各种前沿技术和科技资源，我们先来看一个20世纪70年代运动生物力学手段完善技术的成功实例。美国男子铁饼运动员威尔金斯在1976年突破70米大关打破世界纪录时：在计算机专家艾利尔博士帮助下，利用计算机数学模拟做出的技术诊断，将左膝缠上弹力绷带以增加出手动作的支撑固定能力；将左鞋底脚掌的纹路制成横纹以加强后蹬力；把右鞋底脚掌的纹路制成环状纹以加快落地后的转动速度；把右鞋加重1千克以增加进入旋转右腿摆动的转动动量……。上述在技术创新上的奇思妙想令他在同一天内打破三次世界纪录！他的铁饼运动员生涯长达21年。

然而，在几十年后的今天，随着动作科学的发展，人们尤其高度重视运用人体的神经生理特性，并且得到各国体育教学和高水平运动员训练领域的高度重视和日益广泛的应用。例如，我们从本章所讨论的人体动作控制信息流程中看到，人体的动作程序控制调节和皮层下补偿调节与牵张反射机制，犹如城市的环行交通网。我们在教学和训练实践中，往往要创设环境和练习刺激条件，充分疏通和激发各种反射调节通路，力争让我们的学生和运动员最大限度地搭上“内环线上的早班车”，它们高度依赖于遗传特性，因此这也是上苍给予那些优秀运动员们的意外礼物。

（二）动作过程中的姿势控制与人体环节精确定位

人体运动链为了实现高质量的动作，动作准备和动作过程中人体环节的精确定位及其重要，只有这样才能实现动作控制中最佳的动作效率、时机、对称性、自由度，以及稳定性和灵活性，并有效地降低运动损伤的危险性。例如，全身动作模式训练的重要理念之一就是强调用人体最大环节的髋部控制身体姿势。美国优秀短跑运动员高速跑过程中也突出强调“信用卡规则”，即在脚落地前脚掌处于向上背屈姿势，脚在触底时，在脚跟和跑道之间只留下能插入一张信用卡的间隙，从而有效地激发腿部后群肌肉的牵张反射而加快步频和动作速度（图4－8）。

图 4－8　短跑运动员高速跑脚触地姿势的“信用卡规则”

（三）快速伸缩复合训练与肌肉拉伸－缩短周期

在肌肉缩短之前使肌肉积极、快速地拉伸也能够增加肌肉收缩的力量和速度。快速伸缩复合训练的神经生理基础，就是强化肌肉拉伸－缩短周期的神经肌肉协调互动过程。快速伸缩复合训练，如跳深、跨步跳、快速连续推举、挺举等练习的一个重要作用，也就是通过缩短肌肉从向心收缩到离心收缩的动力性过渡时间，即肌肉收缩形式转换过程，强化神经反射和肌肉快速收缩能力，从而达到发展反应力量、动作速度和爆发力的目的。

（四）静力拉伸与神经肌肉促进练习

人体的骨骼肌包含着本体感受器。在牵拉练习时，肌梭和高尔基腱器官两种感受器十分重要。当肌肉受到牵拉时，肌梭也受到牵拉冲动就会传入脊髓（M1、M2），然后冲动再由脊髓传回到肌肉，引起肌肉反射性收缩，以抵抗牵拉。如果牵拉超过一定时间（至少6秒钟），高尔基腱器官就会发出另一种不同的冲动传到脊髓，引起对抗肌反射性的放松。这种反射性的放松作为一种保护机制，可以使肌肉的伸展性超过紧张时的限度而不被拉伤。静力拉伸与神经肌肉促进练习（proprioceptive neuromuscular facilitation）正是以这两种机制为依据，使肌肉得到更大幅度的伸展和放松效果。

（五）动作的主观控制过程顺其自然

有调查表明，在问及一些世界冠军如何描述他们成功动作表现的特征时，几乎所有的优秀运动员常常会提到感觉动作是自动完成的，动作过程中的有意识控制几乎不存在。运动员的主要注意力集中在使动作顺利发生，或达到一个特定的动作过程目标上。特别是那些快节奏和高速动作的产生过程，常常是“自然、顺畅地奔涌而出”，而非过多地受到主观意识干预。

（六）动作科学与体能训练方法和手段的设计

依照动作科学原理，各个层次体能训练的方法可以主要分为：体能要素空间结构强化法、体能要素时间结构强化法、体能要素时间空间组合法，以及体能训练手段有序组合法。它们分别从方法名称、类别特征和操作要点三个方面反映了体能训练各个要素间的逻辑关系和应用特点。

1. 体能要素空间结构强化法

（1）类别特征

以专项运动技术动作的空间定位及变化特点、角度、方向、幅度、强度，以及神经肌肉控制的空间特点完成的各种练习。可选择采用完整与分解的技术模仿练习、徒手与持器械的技术模仿练习、模拟专项技术动作的各种抗阻力、模拟专项技术动作的各种助力练习等。

（2）操作要点

在许多运动项目多年训练过程早期，运动员处于平衡、灵敏和协调能力发展敏感期，采用这类练习往往可以帮助运动员熟悉专项技术的空间结构，取得专项技术动作的清晰本体感觉。在年度周期的准备期和改进技术结构的训练单元之中需要安排大量此类专门力量练习。

2. 体能要素时间结构强化法

（1）类别特征

以专项运动技术的动作的动力结构、速度、节奏、身体环节用力顺序和时机，以及神经肌肉控制的时间特点完成的各种练习。可选择采用结合专项各种关键技术完整与分解动作、附加阻力或助力的各种徒手与持器械的、具有快速节奏、速度性和反应力量性的练习。例如美国空军在培养战斗机飞行员利用机舱模拟器的训练阶段，给学员提供的操作时限上的难度常常远远高于实战难度。他们有一个重要的成功训练术语，叫做“在真实时限要求之上训练”，目的在于强化专门体能和技能训练操作过程的时间要素。

（2）操作要点

我们这里提出的专项技术时间强化训练主要适用于初、中级运动员的专门体能训练，尤其在多年训练过程的早期运动员掌握技术动作节奏，处于速度、灵敏的协调能力发展敏感期阶段采用最为适宜。

在年度周期的准备期和改进专项技术节奏的训练单元安排也可收到较理想的效果。

3. 体能要素时间空间组合法

（1）类别特征

将专项竞技需要的关键运动技术动作的时间和空间有机组合起来完成的体能和技能练习。选择采用按照专项技术完整动作的时间和空间结构所设计的各种专门竞技能力强化的练习，需要运动员和教练员具有很强的分析、综合和创新能力。

（2）操作要点

专项技术时空组合训练适用于各个年龄阶段运动员的专门体能训练。这也是运动员继续完善专项技术动作程序和技术参量控制能力的重要前提，而且对于促进运动员自身条件和基本技术原理间的“磨合”，形成个人技术特点极其重要。尤其在多年训练过程的专项提高、最佳竞技和竞技保持等高水平训练阶段，年度周期的专门准备期和比赛期，在完善专项技术的单元训练中应该融入大量此类专项体能练习内容。

4. 体能训练手段有序组合法

（1）类别特征

以特定目的和特定体能、技能训练规律设计的练习组合，如把训练手段按照力量性→速度力量性→速度性组合、一般性→专门性→专项性组合、分解性→过渡性→完整性组合的方式，予以安排和实施。

（2）操作要点

把各个相对固定的体能和技能训练手段的基本内容，按训练科学规律设计、围绕特定训练目的进行组织，以及以严格时空秩序组合形成的多种专项体能训练方法的整体效果，往往远远超过单一训练手段的效应。它适用于各个年龄阶段运动员的专项体能训练，也是各个项目高水平运动员专项体能训练安排的一个主要发展趋向。

（七）运动装备的设计制造与人体神经生理特性和人体工程学因素

运动装备的设计制造需充分考虑人体神经生理特性和人体工程学因素。例如，合成跑道、运动服装、运动鞋、乒乓球和羽毛球球拍，以及许多运动装备的设计制造，要准确把握人体神经肌肉反射调节周期和人体支持系统的抗冲击强度，太软了用力不集中，不利于出成绩；太硬了又容易造成运动损伤，或控球效果不佳。

第四节　自学进阶与突破

一、认识基本概念

我们在第四章中讨论了一些人体利用感觉信息控制动作的方式。感觉信息可以来自外部环境（外源信息）和动作执行者的身体内部（内源信息）。闭环控制系统，是理解人体如何控制缓慢、分立的行动，或连续性追踪动作的一个好方式。这个系统对于动作技能表现产生作用的机制，包括做出理想动作的决定（执行器）、执行动作（受动器）、一个传递动作现实状态信息的反馈环路，以及将动作现实状态反馈与所期望的动作理想状态反馈进行比较（比较器）。

闭环控制系统的信息处理过程，包括我们在第四章所讨论的三个信息处理阶段，但它的运行过程相当缓慢。在闭环控制系统中，人体只能在每秒钟进行 3 ~ 5 个纠正动作的活动，但它们具有灵活性、适应性，能够有效地控制随意、缓慢和持续的行动（如追踪动作）。还有其他运行速度更快、不经过三个信息处理阶段的闭环控制系统，但这些系统所产生的反射性反应（如 M1 和 M2 反应），却相对不具有灵活性。

决定动作控制可以使用的反馈环路数量和种类的关键因素，或许是动作的持续时间或动作时机。动作的时间越长，可利用的促进动作控制的反馈环路数量越多。最快的动作几乎不允许进行任何基于反馈的纠正活动，但随着动作时间的延长，就可以利用更多的反馈环路。从开始只能利用最快的反射反应（M1 反应），逐级进展到可利用最慢的、包括三个信息处理阶段的反馈环路（M3 反应）。

人体运动感觉指人体本体感觉、人体各种反射调节、中央视觉、周边视觉、中枢神经与周围神经系统的多重感觉和信息整合系统协同工作所产生的动作信息，而动作控制则是指人体分析、选择和利用这些信息，对人体姿势、身体环节定位、肌肉收缩方式和动作模式所施行的及时和精确的协调和控制。事实证明，人们对于此领域前沿知识体系和方法的掌握，也构成了各个运动专项运动员采用核心力量训练、振动训练、瑞士球训练、悬吊训练等现代训练方法的理论支撑和应用基础。

人体动作矩阵指：在人体动作的产生与控制过程中最基本要素的整合结构、它们之间的交互作用和匹配模式，以及协同表现的有序功能状态。同时是我们理解动作和动作模式的重要基础。人体动作矩阵概念，帮助我们理解人体动作的产生与控制过程，是多环节、多因素、多层次、多信息流协同作用的整合结果。

二、掌握关键术语

为了回答本章中的问题和完成练习，需要我们理解和掌握以下关键术语。

（一）外源信息（exteroception）。

（二）内源信息（interoception）。

（三）本体感觉反馈（proprioceptive feedback）。

（四）动觉反馈（kinesthetic feedback）。

（五）闭环控制（closed – loop control）。

（六）反馈（feedback）。

（七）激发性反应（triggered reaction）。

（八）信息处理阶段（stages of processing）。

（九）“全或无”方式（all or none fashion）。

（十）被动引导过程（passive guidance procedure）。

（十一）神经肌肉促进练习（proprioceptive neuromuscular facilitation）。

（十二）核心稳定性（core stability）。

（十三）支柱力量（pillar strength）。

（十四）快速伸缩复合训练（plyometrics）。

（十五）肌肉拉伸 – 缩短周期（stretch – shortening cycle）。

（十六）过度控制（overcontrolling）。

（十七）动作矩阵（movement matrix）。

三、巩固学习要点

（一）闭环控制是一种使用反馈、发现错误和纠错过程来保持理想目标状态的控制方式，被人用来控制慢速的随意动作。

（二）闭环控制系统有“比较器”“执行器”和“受动器”几个组成部分。

比较器是闭环控制系统中的错误察觉机制，比较理想状态反馈和实际状态反馈。执行器是闭环控制系统中决定采取动作和保持理想目标状态的部分。受动器是控制系统中完成理想动作的部分，例如在投掷动作中，通常手臂是受动器。

（三）受控信息处理是一种缓慢、成序列、需要注意的参与、随意的信息处理类型，在动作技能学习的早期阶段比较普遍出现。

（四）闭环控制系统具有的优势是，能够使人做出还没有经过练习的动作；信息处理过程便于动作控制，使动作具有结构的可塑性和调节的灵活性，允许根据任务需要和环境条件采用多种动作策略和选择；能够产生精确的动作。

（五）闭环控制系统的主要劣势是：需要高度集中注意力执行和纠正动作；耗费时间，尤其是在反应程序阶段；有效性局限于执行相对慢速的动作。

（六）M1 反应指潜伏期为 30 ~ 50 毫秒的单突触牵张反射。M2 反应指潜伏期为 50 ~ 80 毫秒的多突触功能性牵张反射。激发性反应指对干扰动作作出的反应，潜伏期 80 ~ 120 毫秒，它是灵活的，比 M3 反应快。M3 反应指潜伏期为 120 ~ 180 毫秒的随意反应时反应。

（七）通过动作学习和动作发展过程，大脑（执行器）学会了协同地组织肌肉和对熟悉的活动产生作用，具有意识的大脑并不是单独发挥作用的。在每一个有目的的动作情况下，它得到了一个自动的、具有下意识调节作用的、反射活动系统的支持。

（八）感觉系统不断地监控我们那些没有疼痛、功能不良、动作限制、不对称的真实动作和理想动作模式，才使这种优质动作的有效控制功能成为可能。

（九）动作矩阵的概念，提示了我们要有全面、联系和动态的观点观察和分析动作的思想方法，要求我们先把握动作的“质”，再考察动作的“量”。无论是在运动技术分析，还是在运动康复动作诊断中，注意到关于运动或练习的细节，如动作速度、力量、角度、路线等表面特征是重要的，但从人体动作矩阵的观点出发，只有在动作“质”的基本要素，如动作模式得到建立和稳定后，这些关于“量”的细节才有意义。只有在这时，这个动作基础才能够有效地支持其结构和功能的其他部分。

四、强化知识练习

（一）产生技能性动作的感觉信息的基本来源有哪些？并简要说明。

（二）什么是闭环控制？闭环控制系统包括哪些组成部分？

（三）简要说明闭环控制系统的优势和劣势。

（四）反射性动作补偿调节的有哪些种类？各自的特点是什么？

（五）结合动作控制信息流程，谈谈它在指导人们的动作学习与控制实践方面，能够带来哪些启示？

五、推荐阅读文献

张英波，孙南译（2009）：国际田联教练员培训教材——跑！跳！投！。北京：北京体育大学出版社。该书说明了田径运动各个项目的技术和训练方法。

Gallway，T. （1974）. The inner game of tennis. New York：Random House. 该文提出运动员最好的动作表现发生于由他自身能力主导的动作过程，而不是过多的意识干预。

Sherrington，C. S. （1906）. The integrative action of the nervous system. New Haven，CT：Yale University Press. 该文提出动作控制的最终共用通路原理。

Slater – Hammel，A. T. （1960）. Reliability，accuracy，and refractoriness of a transit reaction. Research Quarterly，31，217 – 228. 该文提出产生动作的内部信号发生在反应程序阶段。

第五章　动作的视觉控制

与其他外源信息相比较，视觉在动作控制中占据重要地位。在本章内容中，我们与大家共同讨论和分析人体动作的视觉控制机制及其影响因素，介绍视觉流的作用，认识视觉主导、视觉捕获等因素的作用和影响。

这一章的学习目的是说明视觉对于人类动作技能的贡献，理解中央视觉和周围视觉各自的功能和局限，以及在动作控制中视觉运用的不同情况。

第一节　视觉系统与动作控制

我们知道，来自关节、前庭系统、肌肉和视觉系统的信息，在我们感觉和控制动作的方式上发挥着重要的作用。一方面，这些感觉信息对于动作的产生和控制是共同发生作用的，我们称之为“感觉整合”（sensory integration），另一方面，如果这些系统中的任何一个或几个系统受到削弱，其他系统必须进行补偿。本体感觉能力是人体动作的一个重要方面。实际上就动作而言，本体感觉可以被认为是触觉感觉模式的一个专门变化形式，它包含了对于关节动作和姿势的感觉，而视觉也恰恰具有类似的功能，叫做“视觉本体感觉”（visual proprioception）。视觉本体感觉是由视觉系统提供的关于人体动作本体感觉方面的感觉信息（Lee，1980）。视觉在动作产生和控制中发挥着重要和独特的作用，值得我们认真和深入地研究。

一、视觉在动作控制中的地位和作用

（一）视觉处于动作控制方式发展顺序中的首位

从动作发展的观点来分析，我们的神经系统在一种从头至尾的动作控制方式中得到发展，首先得到视觉动作控制，然后到头部和颈部的动作控制。之后，我们逐渐得到双肩和躯干的相同控制，然后进入到肩带和双髋，最后向外延展到四肢。此外，我们还在一种从身体中央向身体末端的控制方式中得以发展，即从脊柱向外延展到双脚和双手。躯干、双肩和双髋的大环节（粗略）动作能力，优先于随后发展起来的双手和双脚小环节（精细）的灵巧动作能力。

（二）视觉本体感觉对于动作控制产生影响

人体对于运动链每一个环节的意识，必须得到功能上的适宜保障，它是产生各个有效动作模式的基础。同样，当动作功能不良、受限、僵硬、不对称或草率时，本体感觉意识就不能提供正常的反馈。动作影响着本体感觉，本体感觉也影响着动作。从这个观点出发，视觉本体感觉也同样对于动作学习和控制产生影响。

（三）视觉系统采集的图像反馈与人体多重系统整合产生动作控制

从动作矩阵的观点出发，视觉系统采集的基于图像的反馈，主要与以下动作调节因素一起，联合实现对于人体动作的控制。

1. 动觉系统采集的动作感觉，与平衡导向和定位信息。
2. 受到关节力学感受器调节的触觉、压力、振动、姿势和动作感觉，与受到肌梭调节的肌肉紧张度校准。
3. 被有意识动作控制所决定的有意识动作行动和反应，与被反射性动作控制所决定的下意识自动动作行动和反应。
4. 与深沉、缓慢呼吸有关的大脑和身体之间的放松联系，与控制有力的深刻呼吸有关的大脑和身体之间的激励性整合。
5. 骨骼系统静力和坚硬的支持，与筋膜系统动态和柔性的支持。
6. 实现姿势控制进行张力调节性肌肉行为，与产生动作的时相收缩性肌肉行为。
7. 控制单一关节的肌肉，与对于两个或多个关节产生区域性影响的肌肉。
8. 控制人体战斗或逃逸的交感神经系统，与控制人体休息和消化的副交感神经系统。
9. 以氧代谢为主导的有氧系统，与不依赖氧工作的无氧系统。
10. 关节产生的运动环节，与骨所产生的刚性环节。

二、眼睛的构造与视觉系统

（一）眼睛的构造

正常人眼在形状上是球形的，角膜是一层清晰的、圆顶形的薄膜，它覆盖和保护眼内器官，主要包括虹膜、瞳孔和眼内晶体。角膜是眼睛最外层的屈光器官，它是凸形的，进入眼睛的光线的折射和屈光大部分是由角膜完成的。眼内透明的晶体位于虹膜的后面，由睫状肌牵引，它也是凸形的，“微调”通过角膜和瞳孔的聚集光线，使光线在视网膜上聚成清晰的影像。对于正常眼和健康的晶体，这种“微调”是通过晶体的自如伸缩来完成对远方和近处物体的聚焦成像。这个伸展和收缩的过程是睫状肌拉紧和放松将晶体定位的悬韧带来完成的。

虽然控制动作的感觉信息源虽然很多，而事实上，只有视觉在动作控制过程中起主导作用。在过去的二十几年中，科学家们已经清楚地认识到有两种基本上独立的视觉系统影响着人的动作学习和控制过程。视觉信息从眼睛的视网膜发出，沿着两条独立的通路到达大脑的两个不同区域。大量研究结果证实，在控制人的动作行为方面，这两条通路的作用截然不同。确切地说，这两个视觉系统及其功能是：

- 中央视觉——专门确认物体。
- 周边视觉——专门控制动作。

1. 中央视觉确认物体

中央视觉是我们最为熟悉的系统，专门负责有意识地确认物体。中央视觉（focal vision）是位于人的视野中央用来确认物体的视觉系统，它是受意识支配的，受周围物体运动的影响，随光线变暗逐渐消失。

它的主要功能是为问题“它是什么”提供答案。事实上，你现在也正在使用这个系统辨认正在看到的文字。中央视觉使我们能够有意识地感知我们注意所选择的物体，进行确认并做出可能的动作。当光线变暗时，它会受到严重影响。请见下表说明了中央视觉和周边视觉两种系统的特点（表5－1）。

表5－1 中央视觉和周边视觉两种视觉系统的比较

特 点	中央视觉	周边视觉
视野部位	只在中央	中央和周边
意识参与	有意识	无意识
暗光影响	影响很大	影响很小
解决的一般问题	它是什么？	它在哪里？
确 认	观 察	空间和时间预料

（根据 Schmidt & Wrisberg，2000 改编）

2. 周边视觉控制动作

第二个较少被注意到的视觉系统是周边视觉，与中央视觉不同，周边视觉占据了中央和周边的全部视野，而且它的功能不受到光线变暗的严重影响。周边视觉（ambient vision）是人们在环境中用来为身体定向的视觉系统，它是下意识的，占据全部视野，用于动作控制。科学家认为周边视觉专门作用是帮助动作控制，具有发现环境中运动的物体及其位置的功能。周边视觉还为我们提供关于我们的动作及其与周围物体相互关系的信息，所以，我们能够利用周边视觉的帮助回答诸如“它在哪里”和“我的位置和它的关系怎样”等问题。有趣的是，我们的周边视觉还可以在我们没有意识到的情况下，帮助我们进行动作的细微控制。周边视觉在快速捕捉环境和动态变化信息方面具有明显的优势。例如，在篮球比赛中，高水平运动员凭借周边视觉的快速“扫视”，在头脑中就可产生四周环境的动态图像，就像拥有一副“后眼”，帮助他准确地实现时间和空间预料，并且在“不看人”下实现成功传球或战术性快速动作。

二、中央视觉与动作控制

尽管我们主要使用中央视觉确认物体，但它也对动作控制发挥作用。中央视觉与意识相联系，所以这个系统掌握的视觉信息可以通过各个信息处理阶段进行处理。通过对视觉信息处理并产生动作，与对其他任何信息的处理方式非常相似。在认知模型中，视觉是来自环境的另一个外源性信息源。人只有通过各个信息处理阶段，处理视觉信息来控制动作。在光线昏暗的情况下，中央视觉对动作控制起到的作用受到很大影响，比如夜间开车，视觉系统的精确性就大大降低。这也是夜间多发交通事故的原因之一。

三、周边视觉与动作控制

（一）视觉流

当您观察五光十色的外界环境时，所有的影像都是多种光束以不同的角度进入你的眼睛所引起的。当物体和你之间发生相对运动时，这些光线就以各种角度在你的视网膜上流过，这种由于相对运动产生的光线信息在视网膜上的流动，叫做视觉流。视觉流（optical flow）指来自外界环境的光线在人的视网膜上留下的运动形式，使人感知到运动、位置和时机。

视觉流能够提供给人关于动作的如下重要信息：

- 稳定性和平衡。
- 环境中的动作速度。
- 相对于环境中静止物体的动作方向。
- 环境中相对于人的物体运动。
- 直到人和环境中物体相接触的时间。

视觉虽然是一种外源性信息，它也可以提供关于本体感觉的信息，这就是视觉本体感觉，如人在空中的动作控制过程。

（二）视觉流控制动作的作用

1. 提供与物体接触剩余时间的信息

不断接近的物体，如飞来的球，产生的视觉流形式指出了它到达眼前直至接触的剩余时间。这个不断接近的物体在视网膜上的影像不断扩大，影像扩大的速率指出了物体接近人体的速度。

2. 维持身体平衡

视觉在维持身体平衡也发挥着重要的作用。您可以做一个简单的实验，向前直视墙上的一个物体，不要改变您的视线方向，前后移动你的头，注意视觉信息的变化。您可能会注意到在你的周边视野中的物体好像在动，而这个运动错觉取决于您的头部动作方式。由此可见，平衡感觉受到视觉信息的重要影响。因此在运动实际中控制好视线非常重要，比如，在吊环上倒立的体操运动员盯住地面上的某一点有助于维持平衡，铁饼运动员旋转过程中控制和转换好视线的方向有助于完成超越器械和身体扭紧动作。

3. 引导盯住动作目标

运动员盯住他的动作目标很重要，如高尔夫球运动员在挥杆时紧紧盯住球，能够帮助他更好地完成击球动作。原因在于视觉流的作用。在高尔夫球运动员挥杆过程中，保持头部的稳定很关键。头部任何微小的动作变化都可以被视觉流发现，进而下意识地产生了对这些多余动作的反射性肌肉补偿调节动作。这就严重影响了动作的稳定性和准确性。

可以注意到中央系统和周边系统的视觉反馈通过不同的环路。中央系统的信息通过外反馈环路，信息的处理过程是有意识参与、缓慢和需要注意力的，并且通过信息处理的各个阶段。中央视觉信息能够对动作控制产生影响，但需要经过相对较长时间的延迟之后。然而，中央视觉环路具有很强的灵活性。

4. 对程序化的动作进行细微调节

周边视觉的信息传输也有专门环路。由于周边视觉信息的处理是下意识、相对较快和不灵活的方式进行的，信息被送到相对低级水平的中枢神经系统。处于选择和开始动作的完成较高级处理过程的中枢以下，肌肉和脊髓以上。因此周边视觉在信息处理系统的中级水平运作，对已经程序化的动作进行细微的调节。通往肌肉的最终共用通路主要取决于预先编排好程序的动作指令，但这些指令至少受到四个反馈环路控制信息的补充。例如，在射击运动中直接的制胜规律也说明：运动员延长了瞄准时间不利于命中率的提高；人的姿态平衡由于生物因素的影响不可能是绝对的，射击要求在“动中求稳”，把握击发时机；每个运动员都有其“动”的规律；人的整体平衡程度的动态性，会使“动”的规律难以把握或遭到破坏，从而使命中率降低。

在体育教学和运动训练活动中，需要巧妙地运用中央视觉和周边视觉各自的优势，取得理想的练习效果。例如，有研究表明，在射击运动中“在训练中有的视力特别好的运动员故意配戴老花镜降低看靶的清晰度，既达到了瞄区不瞄点的目的，也不会影响身体的平衡稳定性（张秀丽等，2006）”。而这里所说的“瞄区”目的，正是利用快速的皮层下中枢控制的周边视觉调节身体稳定性；“不瞄点”的目的，却是避免与大脑意识相联系、慢速的中央视觉的干扰。

第二节　动作视觉控制的影响因素

一、动作控制信息流程中的视觉因素

现在我们可以把这些关于动作技能控制的视觉信息处理原理加入人体动作控制信息流程。

让我们来观察人体动作信息控制流程，可以看到处理中央视觉信息比通过 M2 环路处理动觉信息需要更长的时间。如果运动员使用中央视觉，以有意识参与的方式（通过外环路）处理信息，这个过程就是缓慢的，而且要求更多注意力。另一方面，如果运动员使用动觉信息，通过 M2 环路，就能够显著提高纠正动作反应的速度（图 5－1）。

二、视觉主导

尽管视觉对动作控制发挥了很大的作用，但它的影响并不总是积极的，有时甚至对运动员的动作控制带来干扰。当然，有许多运动员也采用其他的控制形式，如赛车运动员通过听引擎的声音判断它的运转情况。然而，多数人更倾向于利用视觉，使它成为最具主导性的感觉系统，或者叫做视觉主导。视觉主导（visual dominance）是在感知过程中视觉信息取代其他感觉信息的倾向。

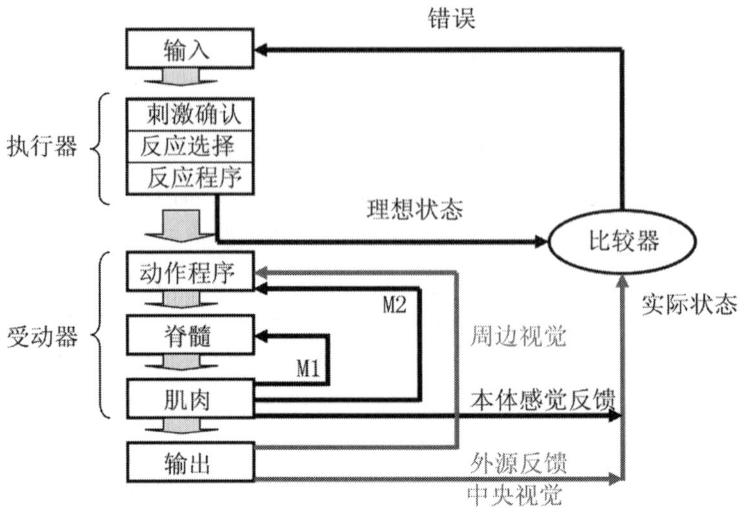

图5－1　进一步扩展的人体动作信息控制流程，加入中央和周边视觉通路

（根据 Schmidt & Wrisberg，2000 资料改编）

三、视觉捕获

视觉有能力，而且不可避免地“捕获”人们的注意力，或者叫做视觉捕获。视觉捕获（visual capture）是视觉信息比其他信息形式更容易吸引人注意力的倾向。在一些情况下，过分依赖视觉信息会引起不理想的动作表现。例如，我国传统武术训练，以及韩国跆拳道运动员的训练中，就有在一段时间内蒙住双眼进行部分多个动作练习的训练方法，来避免视觉捕获带来的负面影响。尽管帆船竞速运动员掌握大量的视觉信息有利于取得好成绩，但他们如果忽视了其他对于速度的感觉信息，如船体切割水面的声音、桅杆的操纵，以及船舵力量的感觉，也会影响成绩。所以，美国参加奥运会代表队的一些队员在训练中也曾采用蒙住双眼的方法，来减少他们对于视觉的依赖。

实践表明，要求运动员有意识地把注意力高度集中在一定的视觉对象上，往往事与愿违，难以作出满意的动作表现。要求学生把视觉控制从相对较快的周边视觉系统转移到了相对较慢的中央视觉系统，其效果是“舍快求慢”。所以，教师和教练员应该注意到，如果不恰当地鼓励学生使用意识控制，或在高度注意的情况下完成动作，往往损害动作表现。因此，必须在此基础上，同时保证学生能够利用多种快速获得的和下意识的信息反馈“跟着感觉走”，才能更加自然地完成动作。

四、动作视觉控制与动作时间与空间准确性

中央视觉和周边视觉在动作控制中各有优势，常常具有互补作用，如果能够在体育教学和运动训练过程中，巧妙地与动作任务和目标相结合，创新性地设计和实施练习，往往能够取得意想不到的良好效果。请见以下实例。

美国跳远运动员鲍威尔在打破世界纪录之前，已具有很强的速度能力和专项起跳动作的爆发力，但最大的问题就是起跳犯规，常常是刘易斯等大牌运动员的手下败将。因此，

人们以他名字"Mr. Powell"的谐音给他一个绰号叫做"Mr. Foul"（犯规先生）。

通过观察和学习，他发现刘易斯等著名选手在助跑过程中的起跳前摆放了第二个距离参照标志，用于起跳前视觉对于步伐的调整和控制，做出准确的起跳位置。经过学习借鉴，他把自己跳远的助跑分成了"稳定动作程序阶段"和"视觉控制阶段"。

在助跑前期的"稳定动作程序阶段"，他在训练中采用各种改变动作时间和空间特点的手段，提高自己抗干扰和稳定控制动作的能力，如在助跑道上摆放小栏架、助跑时用强力电风扇吹风等。而在助跑后期起跳前的"视觉控制阶段"，他用胶带、鞋等，在起跳 3 ~4 步之前标志出一个视觉控制标志。

现在的关键问题是如何准确设置这个视觉控制标志。首先，鲍威尔利用各种训练手段，强化自己在"稳定动作程序阶段"对于时间和空间变化因素的抗干扰和调节能力，以及周边视觉快速信息反馈的准确调节能力，尽量减少助跑过程中起跳脚脚趾至起跳板距离的常数误差。通过练习不断尝试和调整，并经过专门的统计学常数误差分析，确定出起跳前 4 步左右的视觉控制标志的准确位置（图 5 –2）。

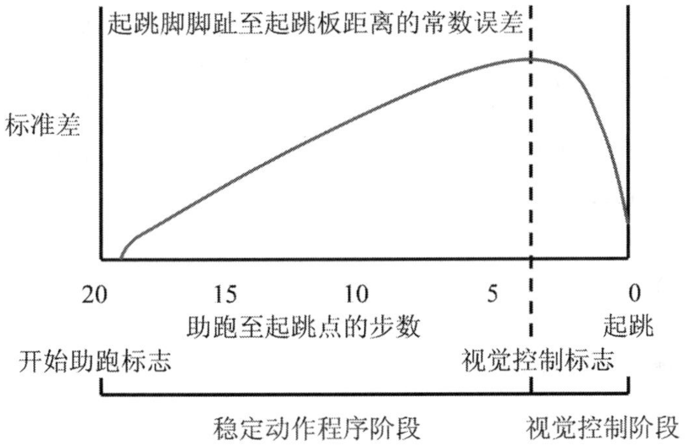

图 5 –2　鲍威尔对于跳远助跑的阶段划分与起跳准确性常数误差分析

（据美国田径协会科技服务组成员、北卡罗莱纳大学于冰博士，2009 年 5 月 27 日，在北京体育大学的学术报告资料整理。）

利用中央视觉察觉到跳远起跳前的视觉控制标志，使人体调整到起跳前的适宜步长、速度和适当降低人体重心，为准确起跳和起跳过程中将人体助跑的部分水平速度转化成垂直速度做出良好准备。鲍威尔巧妙地利用了专项体能和技能训练过程的空间结构强化、时间结构强化、时间空间组合等多种方法，以及运用周围视觉和中央视觉各自优势的交互控制和调节效应，有效地解决了跳远的犯规问题。在 1991 年东京世界田径锦标赛上，以 8. 95 米的优异成绩，战胜刘易斯等强手，打破了由比蒙在墨西哥城创造的保持了 23 年之久的男子跳远世界纪录！

第三节　自学进阶与突破

一、认识基本概念

我们在第五章中，专门讨论与视觉有关的动作控制问题。闭环控制的另一个特殊种类，还包括两个视觉系统的活动。

中央视觉被用来确认物体，它位于视野的中央部位，使用较慢的各个信息处理阶段，进行基于反馈的动作纠正活动。

周边视觉能够以一种更快的下意识方式，促进动作控制。周边视觉使用视觉流的各种方式，取得眼睛位置与环境中物体相互关系的信息。在这种方式下周边视觉为动作执行者，提供了在环境中他们动作的多种信息（如稳定性、平衡、人体与物体接触的时机）。传递视觉流信息的较快反馈环路，不经过各个信息处理阶段，因此对于程序性的行动只能产生较小的调节效果（如花样滑冰运动员在下蹲旋转动作中对于平衡的调节）。

二、掌握关键术语

为了回答本章中的问题和完成练习，需要我们理解和掌握以下关键术语。

（一）感觉整合（sensory integration）。

（二）视觉本体感觉（visual proprioception）。

（三）中央视觉（focal vision）。

（四）周边视觉（ambient vision）。

（五）视觉捕获（visual capture）。

（六）视觉流（optical flow）。

（七）视觉主导（visual dominance）。

三、巩固学习要点

（一）中央视觉是位于人的视野中央用来确认物体的视觉系统，它是受意识支配的，受周围物体运动的影响，随光线变暗逐渐消失。

（二）周边视觉是人们在环境中用来为身体定向的视觉系统，它是下意识的，占据全部视野，用于动作控制。

（三）视觉流指来自外界环境的光线在人的视网膜上留下的运动形式，使人感知到运动、位置和时机。

（四）视觉本体感觉指由视觉系统提供的关于人体动作本体感觉方面的感觉信息。

（五）视觉主导指在感知过程中视觉信息取代其他感觉信息的倾向。

（六）视觉捕获指视觉信息比其他信息形式更容易吸引人注意力的倾向。

四、强化知识练习

（一）请简述视觉在动作控制中的地位和作用。

（二）什么是中央视觉和周边视觉，在动作控制中它们的主要功能是什么？

五、推荐阅读文献

张英波，孙南译（2011）：国际田联教练员培训教材——教练理论入门。北京：北京体育大学出版社。该书阐述了田径运动训练的基础理论。

Lee，D. N. （1980）. Visual – motor coordination in space time. Tutorials in motor behavior（pp. 281 – 285）. Amsterdam：North – Holland. 该文提出了视觉本体感觉的概念。

第六章　动作产生与动作程序

在本章的学习中我们考察开环控制系统，并且介绍动作程序的概念，即对控制快速动作的机制。然后，讨论动作程序是怎样与各种反射通路联合发挥作用，对动作进行更加完整的中央和周边控制。最后，我们学习一般动作程序的概念，由于它的灵活性，允许人体对特定类型的动作进行一定程度的变化和调节，使它成为一种专门的机制。

学习目的包括了解动作的开环控制概念，解释动作程序的原理和特征，了解人们怎样运用基本动作程序做出某种特定动作的不同形式，以及实际运用动作程序原理。

第一节　动作程序理论

一、人体动作发展与动作程序的形成

随着我们的生长，人体动作也具有相应的发展里程碑。我们先从头部和颈部的动作控制开始，逐步发展到滚动、爬动、爬行、跪行、坐立、站立、迈步、走步、攀爬和跑步。缺失某一个主要的动作里程碑，就会不可避免地导致明显的动作限制或动作功能不良，并造成完整动作系统成熟的延迟。感觉信息可以修正预先组织好的动作指令，叫做动作程序，它决定了将要产生动作的形式。动作程序（motor program）是在执行器水平上的执行动作前预先组织好的一系列动作指令，它决定了技能性动作的基本细节，使人能够在没有反馈的情况下完成动作，相当于中枢动作形式发生器。在动作程序支配下，身体运动中各个环节共同工作产生各种动作模式，这种原本的功能代表着基本的动作灵活性和稳定性。而这并不是我们常见的力量、爆发力、耐力或灵敏等“体能”参量问题。基本功能支持着动作灵活性和稳定性属性，基本的动作模式为更高级的动作技能奠定了基础，进而也催生出更加优化的动作程序。大脑提取动作程序和确认动作模式是非常重要的。一方面，因为人的大脑创造和使用这些程序和动作模式，而不是依靠孤立的肌肉和关节活动，来产生对于动作的实际感觉和控制。另一方面，这些动作程序和动作模式创造出和谐、效率和经济性。

二、人体动作程序的不断重新设定

人体的生长发育和身体素质的动态变化过程伴随着动作程序的不断重新设定。人的大脑对于各种习惯还具有一种亲和力。各种重复性的行为可成为各种动作模式，当这些动作模式出现问题或不适应时，它们需要被重新设定程序。身体和它的各个部分犹如一台电脑的硬件，产生动作模式的动作程序就像软件。当一台电脑的硬件方式改变时，软件并不能自动地升级。在使用旧软件的情况下，绝大多数新硬件所带来的益处不能被充分地实现。同理，改变特定身体部位的力量或柔韧性，也同样不能改变动作质量，除非动作程序也得到改善。

三、开环控制系统的动作程序

对于许多动作，尤其是那些在稳定和可预料的环境中执行的短时间快速动作，如投掷、跳跃、踢球和击球动作等，动作执行者通常是预先计划动作，然后激发动作。一旦动作开始，在动作过程中几乎没有修正和调整，也很少有意识参与（图6－1）。

图6－1 快速动作在执行过程中几乎没有意识参与的修正和调整

我们身体的肌肉和关节能够做出大量这样的动作，而且在执行这些快速的动作技能时不可能有意识地进行调整。一个控制系统的所有独立部分（如肌肉和关节）和每一个部分产生动作方式的数量叫做自由度。自由度（degrees of freedom）是控制系统中组成部分的数量和每个组成部分执行动作模式的数量。动作执行者的任务是利用自由度，以最有效的方式做出理想的动作。现在的问题是怎样利用自由度控制快速动作？为了回答这个问题，我们必须了解中枢神经系统是怎样在动作之前和动作过程中组织和控制动作的。

动作程序形成的基础是开环控制（open－loop control）系统。开环控制指采用由中枢神经系统决定的、预先组织好的指令传达到受动器系统的一种动作技能控制形式。这种形式没有反馈调节，用于控制快速的分立动作。它基本由执行器和受动器两部分组成（图6－2）。

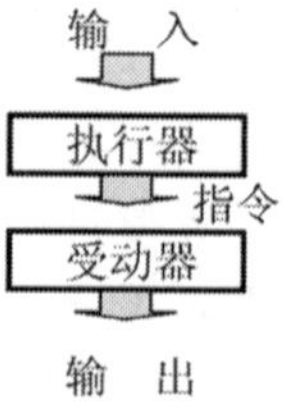

图6-2 “开环控制系统”的动作控制信息流程

（引自 Schmidt & Wrisberg，2000）

控制系统由输入进入执行器开始，输入信息被处理后产生了动作决定，然后再把动作指令传达到受动器输出动作。动作完成的同时，开环系统的工作也完成了。由于没有反馈，系统“不知道”动作是否成功地达到目的，动作过程中无法修正和调整动作。开环控制系统是控制那些在稳定和可预料的环境中发生的，不需要修正和调节动作的最有效方式。它具有如下特性：

- 预先接受了动作专门的方式、序列和时间信息的指令。
- 一旦动作程序开始，系统忠实地执行指令，没有任何修正和调整。
- 由于在完全程序化的动作中没有反馈的参与，实际上不可能发现和纠正动作错误。

把信息处理的各个阶段加入开环控制系统，我们能够更清晰地理解快速和爆发性动作信息处理的过程（图6-3）。

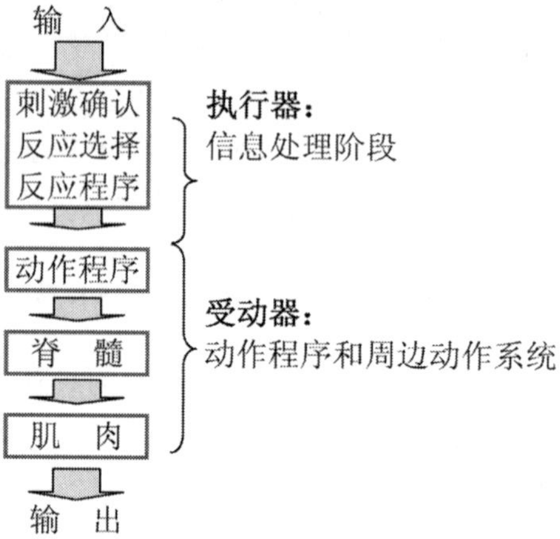

图6-3 扩展的“开环控制系统”动作控制信息流程

（引自 Schmidt & Wrisberg，2000）

我们以棒球的击球动作为例说明动作信息处理过程。在执行器的各个信息处理阶段，任务是评估环境条件（刺激确认），决定是否做出击球动作（反应选择）。如果决定击球，就制定和开始执行一个动作程序（反应程序）。然后控制信息到达受动器实施动作，动作程序先传达到脊髓，然后到达肌肉产生收缩。如果做出的动作（挥棒）取得预期结果（击到球），就对改变环境条件发生作用（球的飞行路线改变）。在开环控制系统中，动作程序决定了应该收缩哪些肌肉，以及收缩的顺序和时间。各个信息处理阶段被用来制定动作程序，决定开始的动作及其最终形式（如击球的速度和动作路线）。动作的执行过程是在没有意识直接参与的情况下完成的。

随着练习的增加，动作程序应用也变得更加广泛，参与控制较长时间的动作，甚至与各种反射活动共同作用，服务于总体动作目标。一旦形成这种机制，这些动作程序就被储存在长时记忆中，在需要时被提取采用。

动作程序的一个主要优点是产生动作不需要很多注意的参与，全部的动作系列不需要额外的组织，就能自然做出。动作程序越复杂，执行动作的时间越长。当这种情况发生时，反应程序阶段的作用变弱，需要一定的注意力参与来执行一些高度有序的活动，如体操和舞蹈中的动作形式监控、网球比赛中战术计划的制订等。

四、动作程序控制的客观证明

结合以上知识的学习，我们在体育教学和训练实践中不难观察到动作程序控制机制的存在，它的客观证明主要表现在以下几个方面：

- 随着动作复杂性的增加，反应时随着增加。
- 传入神经阻断实验证明，肢体动作在没有感觉信息的情况下仍然能够完成。
- 正常执行的动作和执行过程中被人为阻断的动作具有相似的肌电图图谱。
- 人能够做出没有反馈信息参与控制过程的非常快速的动作。

五、开环控制系统的优势与劣势

开环控制机制具有的优势是：它能够使人产生非常快速的动作；很少需要注意力纠正动作。而它的劣势是：在动作环境不断变化和动作需要高度的反应准确性时就丧失了有效性。

第二节　动作控制信息流程中的开环控制

开环控制的概念是怎样与人体动作技能表现模型结合起来的呢？请见下图中左侧的部分（图6-4）。这个更加完整的认知模型能够根据动作任务的性质，以两种基本形式操作。如果产生的动作非常慢，操作就由反馈来主导。相反，如果产生的动作非常快，操作就由开环控制系统来主导。应该注意的是，绝大多数动作行为的控制方式都是开环和闭环控制的组合，它们常常同时，或穿插地发挥作用。有三种独立的研究结果证明和支持了快速动作控制的动作程序学说，它们包括研究动作复杂性对反应时的影响、切除反馈通路的动物实验，以及采用肌电图分析意外突发动作的形式等。

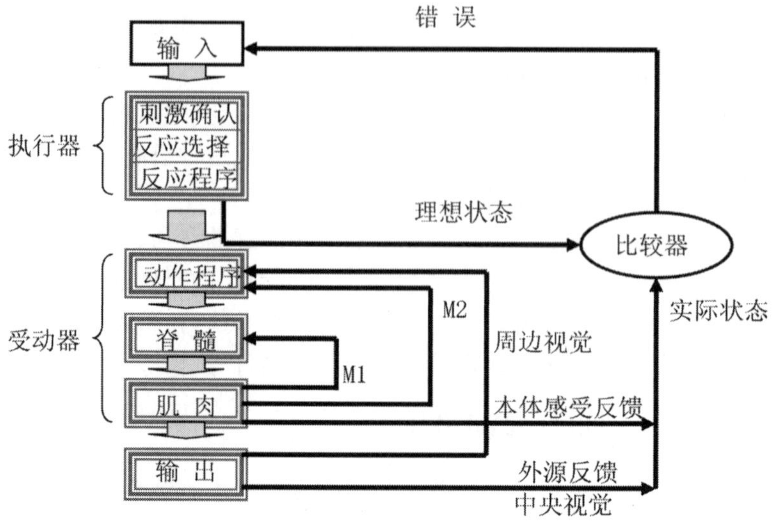

图6－4 进一步扩展的人体动作控制信息流程，将开环控制部分重点表示

（根据 Schmidt & Wrisberg，2000 资料改编）

一、动作程序促进动作产生的方式和时机

在快速动作中，开环控制使动作系统提前组织整个动作。因此，动作的程序化过程必须包括下列因素：

- 产生动作需要的特定肌群。
- 这些肌群被激活参与工作的顺序。
- 各个肌肉收缩的相对力量。
- 这些收缩活动的相对时间和时序。
- 各个收缩活动的时间过程。

大多数研究动作程序的学者认为，动作的提前组织是通过一个建立了某种自然机制或网络，包括时间和内容信息的一个动作方案进行的。在需要做出动作的时候，执行特定动作的基本细节内容就随时间表现出来。有些科学家甚至提出，可以清楚地把动作程序的“运行”，比喻成电脑程序的运行。另一个对动作程序的比喻是把它比做老式唱片，唱片决定了发出什么声音、声音的顺序、持续时间、节奏，以及相对强度。与唱片的比喻不同的是，由于反射活动的介入，动作程序不能决定动作的全部内容。

二、动作前的姿势调整

假设您正在进行一个小实验，先以俯卧撑姿势支撑体重，然后接到指令尽快向前抬起你的右臂与肩同高。您认为做出这个动作的第一个可以觉察到的肌肉活动来自哪里呢？大多数人可能想象是来自于肩部。其实不然，最先收缩的肌群，大约比发生在肩部肌群的肌电活动早 80 毫秒，而是腰部和腿部的肌群（Belen’kii，Gurfinkel & Pal’tsev，1967）。

这种肌肉活动的顺序可能听起来奇怪，但动作系统这样工作是十分“聪明”的。由于肩部肌肉群与身体其他部位连接的力学结构，它们的收缩影响到身体姿势。如果预先不进行身体姿势调整和补偿，抬起右臂会前移身体重心，导致轻微的失去平衡。动作系统处理了这个潜在的问题，在动作程序中先进行适宜的身体姿势修正，而不是先抬起右臂后再进行身体动作调节。在组织上肢动作时，动作程序首先发出指令调整身体姿势，然后才产生上肢动作，使动作成为一个全身协调动作。有趣的是，如果动作执行者在做出上肢动作之前将身体斜靠或躺在支撑物体上，这种预先身体姿势调节活动就消失了。认识这个规律对于我们组织各种投掷技术专门练习具有重要的参考价值。

三、动作程序与动作控制信息流程

动作程序是动作控制信息流程的一个重要组成部分，它们在动作系统中工作，有时与反馈合作灵活地产生技能动作。这些过程的开环部分，负责组织动作和确定动作方式，在必要时也得到反馈的修正。动作程序还能够帮助动作执行者调节动作的许多自由度。自由度与动作系统的组成部分有关，如肌肉和关节，在执行动作过程中每一个部分都发生作用。对于动作执行者来说，一个很大的挑战就是确认产生最有效动作的自由度组合，也就是在动作过程中有效利用那些允许“自由动用”的肌肉和关节。同时，又抑制另一些肌肉和关节参与动作。动作程序的主要作用包括：

- 限定和发出指令，决定哪些肌肉收缩、何时收缩和用力程度。
- 组织肌肉和关节的许多自由度成为一个整体，产生最有效的动作。
- 指定和开始进行预先身体姿势调节，支持人体完成后续动作。
- 调节多种反射通路，确保达到动作目的。

四、自组织动态系统理论

对于动作程序的观点也存在一些争议，一些学者认为动作程序的概念把太多重点放在了每个动作在中枢神经系统的组织、控制和描述上，而忽略了动作的许多动态特点，如肌肉收缩的弹性和肢体环节的习惯性摆动频率（Kelso，1995）。他们认为，动作模式的规律性不是由动作程序来主导，而是自然出现的，并且是无数相关因素复杂的交互作用的结果。这种“自发组织”的例子还包括水从静止到沸腾状态的转化，以及随温度下降从液态到固态的变化。他们认为不需要动作程序控制复杂的人体动作模式。动态系统理论（dynamic systems theory）是对人体控制协调动作的一种解释，着重强调神经肌肉系统特性与环境信息物质特性之间的交互作用。这种动态系统理论，也叫做自组织，认为人类动作系统能够在一定条件下自发地自我调节。例如，您可以自己体验这种自组织现象：把您的双手掌心向下放在桌面上，然后以双手的食指轮流按缓慢和稳定的频率敲击桌面。然后逐渐加快直到最高频率。频率增加到一定程度时，自组织现象出现了，两个食指在高频率下同时敲击桌面，而不是您主观希望的轮流敲击。也许会有一天我们会发现对动作控制最好的解释就在这些不同的观点之间。不过，认为动作系统的运行是被动作程序推动，仍然有助于我们把许多不同的研究发现整合到统一的结构中来。

五、动作表现的协调阈

我们还要认识到，在人体动作技能表现过程中，通过动作程序中各个参量值之间的协调，所表现出的整体适宜动作效益，随着人体内环境、动作要求和外界环境的变化，也存在着一定的“适用范围”。例如，竞走是田径运动中对于运动员在高速运动和疲劳状态技能发挥水平要求非常高的项目，比赛技术动作的略微变形所造成的竞走过程中的“腾空”或“屈膝”，都会对运动员的比赛资格和成绩有效性带来严重的影响。

纽曼等人调查了竞走运动员速度对于他们遵守规则（接触地面和膝关节伸直）程度的影响。他们的研究结果表明，根据运动员的成绩水平，不正确的竞走动作常常发生于竞走速度在2.75米/秒~4.00米/秒之间，出现腾空时间和发生屈膝。为了确定在速度变化和直膝竞走过程中，动作错误发生率的最大程度，纽曼等人（2006）提出了“协调阈”这个新术语。协调阈（coordination threshold）指在动作程序中，各个动作参量之间能够保持协调，产生目标动作技能适宜表现的界限。竞走运动员动作技能表现新术语“协调阈”的提出，也对于其他运动项目运动员的动作速度、频率及疲劳程度等因素，对于专项比赛动作技能表现影响的研究，又打开了一个新窗口。

第三节　一般动作程序

动作程序理论对于我们理解某种动作的功能性组织非常有帮助，但简单的动作程序理论并不能包含动作行为的一些重要方面。它的最大局限性在于无法解释人们是怎样产生新颖动作和表现出灵活多变的动作形式的。

一、新颖动作的产生

在我们欣赏一些世界顶级球星引人入胜的绝技时，他们时常能够表现出令人惊叹的能力，做出各种新颖的特色动作。他们有时似乎处于困境，已经失去了产生正常动作的条件，也能够巧妙地以极其非常规的动作形式出奇制胜，很难想象他们平时在比赛前会专门练习过这些极不寻常的动作。加之比赛中复杂多变的情况，这些“绝活”更难在以往的练习中丝毫不差地加以模仿。所以，对于运动员来说，在很大程度上这些新颖动作是根据临场情况创造性地发挥出来的。除此之外，这些明星还能够以鲜明的个人特点执行这些动作，似乎在完成非常熟悉的动作。

动作程序理论（motor program theory）是对人体控制协调动作的一种解释，着重强调在执行器水平预先组织动作指令的作用。鉴于对上述这种情况的考虑，有学者（Schmidt & Lee，1998）对简单的动作程序理论提出了尖锐的问题。第一个是长时记忆对庞大动作程序的程序储存问题。程序储存问题（storage problem）指简单动作程序理论的一种不足，认为需要庞大的记忆容量储存所有的各种程序，来控制人们产生的几乎无限数量的不同动作。由于动作根据外界环境的灵活可变性，几乎可以产生无穷尽的变化形式，难以满足每个动作都有专门程序“对号入座”。

第二个是新颖动作问题。新颖动作问题（novelty problem）指简单动作程序理论的一种不足，认为人们不能够产生新颖动作，或者已经学习过（但没有练习过）的动作的变化方式，因为他们还没有发展出产生这些动作的动作程序。为了说明这个问题，您可以先进行一个小实验：从站立姿势跳起向左转身四分之一圈。当您还在空中时用右手摸头，用左手摸腿。尽管您以前可能没有做过这样的动作，但只需试1~2次您就能够顺利地做出这个动作。现在的问题是：这个动作的程序从何而来？如果您以前没有练习过，它不可能存在于您的长时记忆中。而且这个动作程序也不太可能是遗传决定的，因为它没有什么生物学意义，不像行走和咀嚼动作属于生存技能的一部分。因此，动作程序理论难以解释这种新颖动作。

二、动作程序输出的修正

以上两个问题激发科学家研究以另外的方式理解动作控制问题。一个非常有价值的观点出现于20世纪70年代，以一个更广义的方式提出了动作程序问题，也就是提出了基本动作程序的概念。一般动作程序（generalized motor program）是一种限定了动作模式而非专门动作的动作程序，这种灵活性使动作执行者利用一般动作程序，适应某种动作模式并产生多种动作变化，来满足不断改变的外界环境要求。一般动作程序把程序看作是一个储存的动作方式，与简单动作程序的方式不同的是，一般动作程序在执行时能够进行稍微的修正，使动作执行者针对变化的外界环境调整动作。在一个一般动作程序中，可调整的动作特点包括：

● 动作时间的变化。一个动作（或动作系列）的完成可快可慢，例如你可以用不同的速度投掷标枪。

● 动作幅度变化。一个动作（或动作系列）的幅度可大可小，例如你可以在纸上用很小的字签名，也可以在黑板上用很大的字签名（图6－5）。

● 肢体和使用肌肉的变化。采用不同的肢体或身体部位执行一个动作（或动作系列）方式，同样具有相似的时间和空间特征。例如，一个人无论用手拿笔，还是用脚夹住笔，或者用牙咬住笔写同一个字，都是写下他自己特有的笔迹。

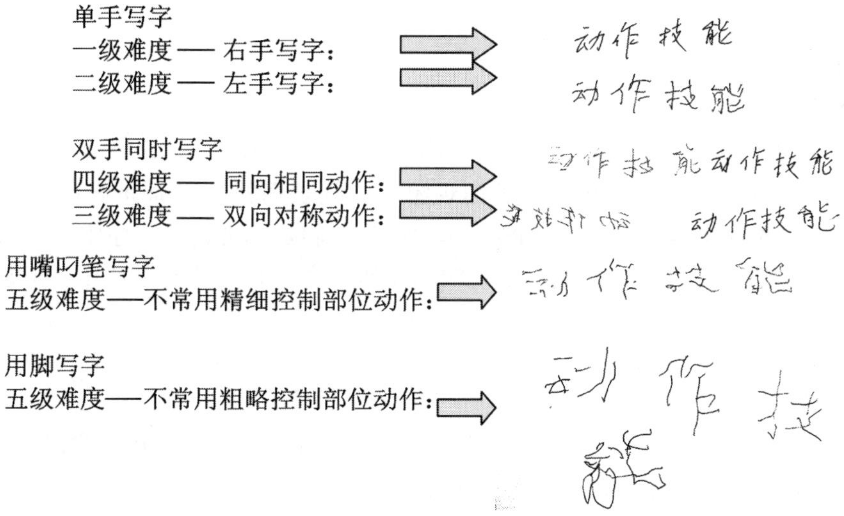

图6－5 一个人写字的特有笔迹及动作难度分级

三、动作程序输出与动作难度分级

现在我们以一个人书写汉字“动作技能”为例，来考察动作程序输出在不同身体部位的动作难度分级情况（图6－5）。

四、身体双侧肢体动作限制的层次

您如果尝试上述写字方式，会获得以下由低到高不同级别动作难度的体会，结合我们前面所学习的动作技能学知识，可分析出其中可能的原因，进而我们提出身体双侧肢体相同动作任务执行过程中动作限制（movement restriction）的递增层次（表6－1）。

表6－1 身体双侧肢体相同动作任务执行过程中动作限制的递增层次

动作限制层次	部位与动作	动作信息处理特征
一级	单侧优势上肢动作（右手）	动作信息自动处理
二级	单侧非优势上肢动作（左手）	动作信息受控处理
三级	双侧上肢双向对称动作（双手）	大脑左右半球便于控制动作信息支配双侧肢体，执行器与受动器信息兼容性高。
四级	双侧上肢同向相同动作（双手）	大脑左右半球不便于控制动作信息支配双侧肢体，执行器与受动器信息兼容性低。
五级	不常用精细控制部位动作（头）	一个运动单位所支配的肌纤维少，传入与传出神经元控制精度高，大脑感觉和运动皮层体积大，动作准确。
六级	不常用粗略控制部位动作（脚）	一个运动单位所支配的肌纤维多，传入与传出神经元控制精度低，大脑感觉和运动皮层体积小，动作粗略。

五、确认动作参数

根据一般动作程序理论，动作时间、动作速度、动作幅度，以及产生动作的肢体和肌肉这些特点都是一般动作模式相对的表面现象。这些表面特征（surface features）是动作的易变部分，也被称为参量（parameters），意味着它们是基本动作程序中可以被修正的组成部分。在本章的最后面部分，我们来说明动作执行者在特定情况下使用一般动作程序时怎样选择参量值。

让我们来分析棒球运动员的投球动作。运动员首先接受和分辨感觉信息（刺激确认阶段），然后选择（反应选择阶段）一个一般动作程序投球。运动员从长时记忆中提取程序与他提取一个朋友电话号码的方式非常相似，然后他准备开始动作的程序（反应程序阶段）。最为重要的是，运动员需要决定他怎样根据临场情况来修正这个投球动作的一般动作程序。根据动作前所得到的即时环境信息，他决定了最适宜的投球动作（如快慢、远近、高低），以及使用的肢体等。在运动员作出这些决定时，估计出他做出理想动作所需要的参量值。参量值（parameter values）是动作执行者为一般动作程序参量确定的估价值（如快速动作时间、小动作幅度、右臂），使他能够调整动作形式满足专门客观环境的要求。例如，如果运动员决定在尽量短的时间内把球投远，运动员就需要选择迅速和大幅度的动作。假如他习惯于用右手投球，他就倾向于选择更有力的右臂和右手执行动作。一旦运动员确定了这些参量值，就对执行动作作好了准备。

通过使用一般动作程序，动作执行者能够修正已经掌握的动作模式来满足多变的外界环境需要。人们对这个“参量化”（parameterization）过程练习越多（增加或减少时间或动作幅度等），就更善于决定参量值做出成功的动作。

第四节 自学进阶与突破

一、认识基本概念

在第六章我们讨论了人体在开环控制方式下，用来控制动作的动作程序机制。在动作程序支配下，身体运动中各个环节共同工作产生各种动作模式，这种原本的功能代表着基本的动作灵活性和稳定性。而这并不是我们常见的力量、爆发力、耐力或灵敏等“体能”参量问题。

基本功能支持着动作灵活性和稳定性属性，基本的动作模式为更高级的动作技能奠定了基础，进而也催生出更加优化的动作程序。

大脑提取动作程序和确认动作模式是非常重要的。一方面，因为人的大脑创造和使用这些程序和动作模式，而不是依靠孤立的肌肉和关节活动，来产生对于动作的实际感觉和控制。另一方面，这些动作程序和动作模式创造出和谐、效率和经济性。

人体的生长发育和身体素质的动态变化过程伴随着动作程序的不断重新设定。人的大脑对于各种习惯还具有一种亲和力。各种重复性的行为可成为各种动作模式，当这些动作模式出现问题或不适应时，它们需要被重新设定程序。

有时人体执行非常快速的动作，在行动过程中无法使用反馈和信息处理阶段进行纠正。对于这种动作，动作执行者使用了另一种与较慢的闭环控制所不同的控制方式。在动作执行者没有足够的时间处理来自动作的信息和进行动作纠正时，就必须提前做出动作计划，才能在几乎不需要反馈的情况下执行动作，这种动作控制类型叫做开环控制。

存在动作程序的实验证明来自几方面的研究。首先，人体在产生一个复杂动作时，与产生一个简单动作相比，对于一个刺激的反应时间更长。对于这种结果的一种解释是，系统需要更长时间来整合和执行一个更加复杂的程序。第二，对于动物的研究也证明，在完全去除来自运动肢体的感觉信息时，动物仍然能够产生相对有效的动作。显然，动物是在使用动作程序的一些形式，使它们在不存在感觉信息反馈的情况下产生随意动作。第三，有证据说明，即使肢体动作被意外地阻止时，在动作的前 100 毫秒仍然存在肌肉活动的相同形式。对于这种结果的解释是，当一个动作程序被动员时，就向肌肉传达了一种动员方式，系统在明确了不可能做出动作之前，仍然试图做出动作。

虽然动作程序决定了一个动作模式的主要因素，但它执行理想动作的有效性，有时也是由较低水平的感觉过程所决定的。在发生意外干扰时，这些过程仍然能够纠正动作。例如，反射机制能够立即使肌肉活动增加，使人体在遇到突然阻力时完成动作（如在高尔夫挥杆击球动作过程中，意外地把球杆打在地面上）。

目前的观点是，为了做出某一种动作（如投、接、击和跳的动作）的不同形式，人体所使用的动作程序在性质上更加具有普适性。这些具有普适性的基本动作程序都具有它们的不变特征，如保留了特定类型动作“签名”的动作相对时间方式。一般动作程序也保留了变量参数，使动作执行者为了达到不同的环境目标而调节动作（如用不同的力量投掷物体，可达到不同的距离）。一般动作程序的三个变量参数是动作时间、动作幅度，以及（在一些情况下）用来产生动作的受动器（如用右手或用左手投掷）。经过大量的练习，一般动作程序的不变特征被巩固下来，动作执行者也变得更加善于调节参量值，也使他们能够使用同一种动作程序，产生大量的动作输出结果。

相对于动作程序理论的另一种理论是动态系统理论。这种理论倡导者的不同论点是，动作程序概念过多强调了中枢对于动作的组织。持有动态系统理论观点的人相信，人体大量的动作行为只不过是系统趋向于达到一种被称为“自组织”现象的稳定状态。他们提出只要有不稳定状态存在（如从走到跑的过渡中），系统就利用肌肉和重力的简单力学特性，调节肢体行动的动态结构（自组织）。虽然动态系统理论似乎准确地说明了动作控制的一些形式（特别是节奏性和周期性行动），但它仍然不能完全解释动作技能表现或学习。就目前而言，动作程序概念，仍然是对于人体控制动作最适宜的理论说明。

二、掌握关键术语

为了回答本章中的问题和完成练习，需要我们理解和掌握以下关键术语。

（一）闭环控制（closed - loop control）。

（二）开环控制（open - loop control）。

（三）动作程序（motor program）。

（四）一般动作程序（generalized motor program）。

（五）不变特征（invariant features）。

（六）参量（parameters）。

（七）参量化（parameterization）。

（八）参量值（parameter values）。

（九）信息处理阶段（stages of processing）。

（十）动态系统理论（dynamic systems theory）。

（十一）动作限制（movement restriction）。

三、巩固学习要点

（一）动作程序是在执行器水平上预先组织好的一系列动作指令，它决定了技能性动作的基本细节，相当于中枢动作形式发生器。

（二）开环控制是指，采用由中枢神经系统决定的、预先组织好的指令传达到受动器系统的一种动作控制形式。这种形式没有反馈调节，用于控制快速的分立动作。

（三）开环控制系统是控制那些在稳定和可预料的环境中发生的，不需要修正和调节动作的最有效方式。

（四）开环控制机制具有的优势是：它能够使人产生非常快速的动作；很少需要注意力纠正动作。而它的劣势是：在动作环境不断变化和动作需要高度的反应准确性时就丧失了有效性。

（五）动作的程序化过程包括的因素有：产生动作需要的特定肌群、这些肌群被激活参与工作的顺序、各个肌肉收缩的相对力量、这些收缩活动的相对时间和时序，以及各个收缩活动的时间过程。

（六）动态系统理论是对人体控制协调动作的一种解释，着重强调神经肌肉系统特性与环境信息物质特性之间的交互作用。

（七）一般动作程序是一种限定了动作模式而非专门动作的动作程序，这种灵活性使动作执行者利用一般动作程序，适应某种动作模式并产生多种动作变化，来满足不断改变的外界环境要求。

（八）在一个一般动作程序中，可调整的动作特点包括：动作时间的变化、动作幅度变化、肢体和使用肌肉的变化。

（九）表面特征指动作的可变部分，如动作时间或幅度，也被称为参量。

（十）参量值指动作执行者为一般动作程序参量确定的估价值（如快速动作时间、小动作幅度、右臂），使他能够调整动作形式满足专门客观环境的要求。

四、强化知识练习

（一）什么是动作程序？它的主要作用是什么？

（二）什么是开环控制？它适合于控制什么类型的动作？并简要说明原因。

（三）开环控制机制具有的优势和劣势是什么？

（四）什么是一般动作程序？在一般动作程序中可以调整的动作特点包括哪些？

（五）请简述人体动作发展与动作程序形成之间的联系。

（六）人体动作程序为什么需要不断重新设定？

五、推荐阅读文献

杨桦，池建（2006）：竞技体育实战制胜案例。北京：北京体育大学出版社。该书讨论了竞技体育不同运动项目的比赛制胜方法和规律问题。

Belen’kii，V. Y.，Gurfinkel，V. S.，& Pal’tsev，Y. I.（1967）. Elements of control of voluntary movements. Biofizika，12，135 – 141. 该文指出了身体动作肌电活动顺序的特点。

Kelso，J. A. S.（1995）. Dynamic patterns：The self – organization of brain and behavior. Cambridge，MA：MIT Press. 该文提出了动作的“自组织”现象。

Schmidt R. A.，& Lee，T. D.（1998）. Motor control and learning：A behavioral emphasis. Champaign，IL：Human Kinetics. 该书对简单的“动作程序理论”提出了质疑。

第七章　动作技能控制与准确性原理

在本章学习中，我们继续讨论开环控制和一般动作程序。首先，我们了解每一个一般动作程序是怎样表现出它的特征和拥有基本时间结构的。然后，我们讨论一些最基本的产生动作的原理，它们决定着动作速度、动作距离和动作准确性之间的关系。最后，我们来分析一些产生错误动作的内在原因，并且探讨减少动作错误出现的途径。

这一章的学习目的包括：了解动作技能控制中的固定性概念，解释动作速度与用力程度对动作准确性的影响，理解快速动作中出现不准确性的基本原因，以及认识相关的例外情况，是如何启发人们提高快速动作中的时间和空间准确性的。

第一节　动作的相对时间

进入20世纪70年代，科学家开始研究一般动作程序中的固定特征。固定特征（invariant features）指在动作执行者改变动作的表面特征时，动作中保持不变或固定的组成部分。他们发现动作形式的时间结构是一个重要的固定特征，也叫做相对时间。相对时间（relative timing）指动作的时间结构，即一个动作各个环节的时间除以总动作时间。相对时间是动作形式基本的时间、组织或节奏的结构，即使动作执行者决定改变动作中那些灵活可变的特征（如动作时间），但时间结构仍然保持不变。例如，武术运动员可以快速完成一系列成套动作，也可以慢速完成这一系列成套动作。这是因为这一系列成套动作的相对时间是相同的。与动作执行者可以随意改变的一个动作的表面特征或参量不同，相对时间是动作的深层结构（deep structure）部分。深层结构指一个动作的基本结构，包括决定动作形式的时序和相对时间（或节奏）。即使动作执行者以不同的速度或用力程度完成全部动作，这个深层结构仍然以一种时间组织或不变的相对时间为特征。

一、把动作看作一套时间比率进行比较

看待相对时间的一个更准确的方式是把它看作一套时间比率，这个比率决定着动作中几个时间间隔的长度。例如，在田径运动中的推铅球动作中，运动员可以加快或减慢完整的连续动作速度，但需要基本上保持各个动作阶段之间的相对的时间比例。

再请见以下两个投掷动作肌电图的例子（图 7－1），第一个动作的动作时间比第二个短。我们能够计算出它们的时间比率（或相对时间），首先测量参与动作的三块主要肌肉活动（肌电图）的时间长度，然后除以测量出的总动作时间。计算出的一套比率代表了这个投掷动作的深层结构或时间组织。在以相同的一般动作形式，但以不同的总动作时间做出两个动作时，如果它们的时间比率是相同的，我们就能够认为动作的相对时间是固定的。根据基本动作程序理论，下图中两个动作的深层时间结构是相同的，因为动作的所有部分都是作为一个整体减慢或者加快。两个投掷动作只是存在表面特征的不同（如动作时间）。

动作控制的一个最重要的原理之一就是，动作的相对时间基本上保持固定，无论何时动作执行者只能改变以下参量：

- 一个快速动作的速度（如快速踢球和慢速踢球）。
- 动作幅度（如写大字和写小字）。
- 产生动作的力量（如投网球和投篮球）。
- 动作的轨迹（如跳过一块砖和跳过一只栏架）。

因此，一个动作的相对时间可以被看作是一类动作中它区别于其他动作的特有“指纹”，这使人们能够在保持各种动作形式（如跑、跳、踢球和写字）的情况下，任意改变它们的表面特征。当然对于相对时间是否完全固定也存在一些争议（Gentner，1987），但毫无疑问，至少对于短时间内完成的两个动作间的相对时间是基本固定的。

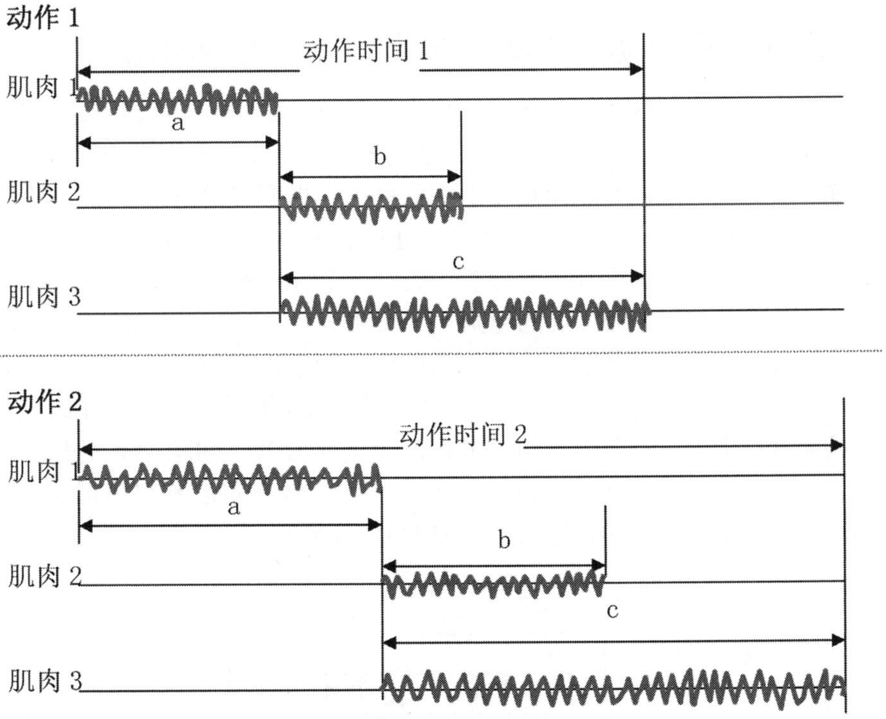

图 7－1　两次投掷动作中三块主要肌肉的肌电活动时间可以用来计算相对时间，具有相同的时间比率

（引自 Schmidt，1988）

二、动作种类及其固定的相对时间

投掷动作可能被看作是一类包括无数变化方式的动作（如肩上投掷、肩下抛掷、体侧抛掷、投掷不同重量和体积的物体、采用不同距离投掷等）。这里，我们需要从一般动作程序的观点出发，来讨论动作的固定相对时间问题。一般动作程序理论（general motor program theory）是对人们控制协调动作模式的一种解释，重点强调一个由一个固定相对时间结构和若干可变因素（如动作时间、幅度和力量）组成的一般动作程序的作用，从而使人能够做出一类动作的多种方式。一般动作程序理论认为，特定种类的动作都由一个单一的，具有专门的明确相对时间结构的一般动作程序控制。这个程序可以具有各种灵活改变的参量，如动作时间、幅度和力量等，使人表现出无数不同的投掷动作方式。但是，所有的这些投掷动作，都具有几乎相同的相对时间。有经验的教师和教练员能够相对容易地发现动作的这些固定因素，根据动作的相对时间结构方便地对它们进行分类。一般动作程序理论认为一类动作的相对时间是固定的（如走），而每一类动作的相对时间有所不同（如走与跑）。许多研究结果证明，人们在走、慢跑和快跑过程中采用完全不同相对时间结构的一般动作程序。

第二节　快速动作准确性的决定因素

一、连续性快速动作中动作速度与准确性的权衡

人们对动作技能表现规律的认识由来已久，例如，我们中国人们自古就知道“慢工出细活”、“欲速则不达”的道理。在西方早期的人类动作技能研究中，人们也发现了动作速度与动作有效性和准确性之间相互牵制的关系。根据资料记载，早在19世纪末，就有研究人员（Woodworth，1899）研究了动作速度和准确性的“互犯”现象，发现受试者如果同时增加划线动作的速度和线的长度，他们动作的准确性就逐渐丧失。

关于人体动作技能表现最基本的原则之一来源于揭示动作速度与准确性相互关系的原理。例如，心理学家保罗·菲兹（Fitts，1954）为我们认识这种动作速度和准确性的相互制约关系（Speed－Accuracy Trade－Offs）作出了一项重要的贡献。他在组织的实验中要求受试者按照耳机中的声音节奏，用铁笔在两个宽度为W，间距为A的目标钢板上尽量快地点击，手从目标钢板中间的原点按钮出发，不断快速重复地点击两个钢板（图7－2）。通过变化钢板宽度W和间距A的大小控制实验难度。

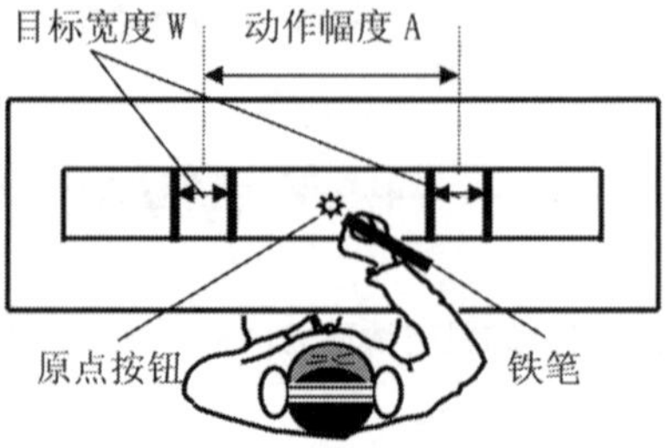

图7－2　保罗·菲兹的铁笔快速点击实验

保罗·菲兹根据实验的结果，首次提出了关于动作速度和准确性的数学原理，并且发现了动作时间与动作难度之间具有线性关系（图7－3），用数学公式表示为：

$$MT = a + b\ [\log_2\ (2A/W)]$$

其中MT为动作时间，a和b为常数，A为动作幅度，W为目标钢板（目标）的宽度。这个原理后来被人们称为菲兹定律。菲兹定律（Fitts' Law）是关于控制有目的快速动作的动作定律，指出动作时间与动作难度指数呈线性关系。

菲兹定律指出了我们在追求既快又准的动作技能表现过程中一个不可避免的现象，即动作速度与准确性的权衡。速度与准确性的权衡（speed－accuracy trade－off）指人在执行动作时以准确性取代速度（或相反）的倾向，取决于动作任务要求。它是人动作行为的一个最基本的原理，指人在执行动作时以准确性取代速度（或相反）的倾向，这取决于动作任务的要求。这个原理已经在实践中得到广泛证实。有理由相信，较慢的动作会更加准确，至少动作执行者能够有更多时间发现错误和进行纠正，菲兹定律也适用于各种开环和闭环控制相结合发生作用的动作。

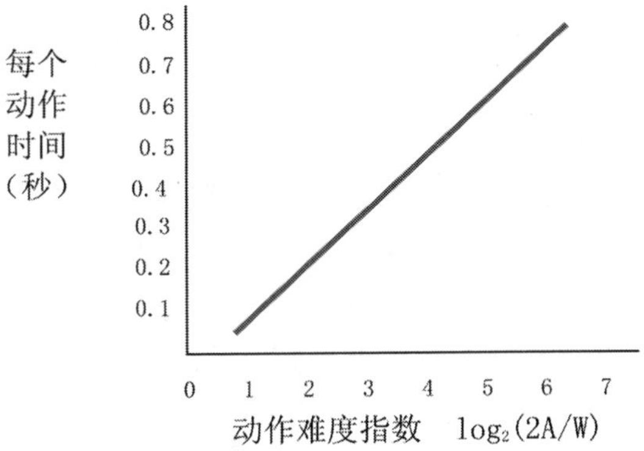

图7－3 动作时间与动作难度指数呈线性关系

（根据Fitts，1954资料改编）

二、一次性快速动作中动作速度与准确性的权衡

假设您必须手持一个物体（如球拍或球棒）向一个目标（飞来的球）做出一个快速动作，主要目的是要求目标性动作在空间上的准确性。当您改变动作时间和动作距离时，准确性会怎样变化呢？科学家通过实验研究目标性动作，对这些因素进行了研究。实验中，受试者手持铁笔从开始位置移向目标做出动作，要求每次动作在一定时间内完成，在每次练习后接受实际动作时间的反馈。在实验中系统地改变动作时间要求和动作距离。一组实验结果在下图中表示出来，我们可以看到动作准确性变化（空间分布的不一致性）很大（图7－4）。

这些动作都是以开环过程或动作程序控制快速做出的，几乎没有反馈过程，持续时间在200毫秒以下。随着动作距离的增加，动作结束点的分布范围或变化性也逐渐增加。同时，随着动作时间从200毫秒减少到140毫秒，分布范围也逐渐增加。这意味着动作目标错误受到动作距离增加和动作时间缩短的影响，通过缩短动作距离和增加目的性动作的时

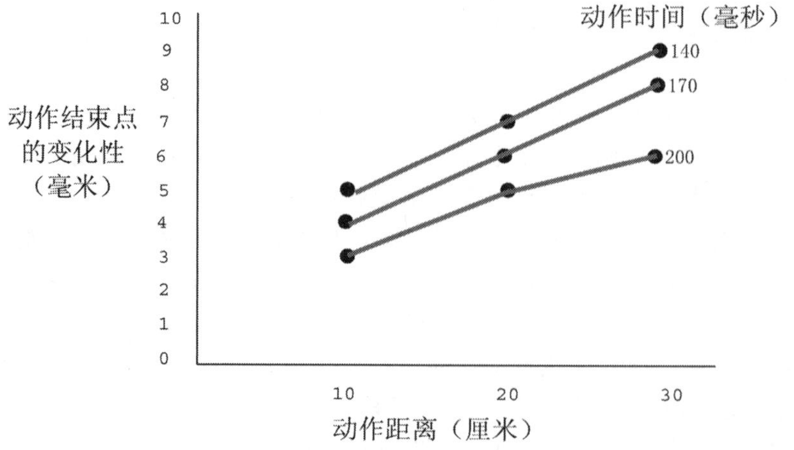

图7－4　在一定动作时间和距离下执行目的性快速动作任务时的动作结束点

（引自 Schmidt，1979）

间能够保持动作的准确性。

三、快速动作中动作错误的来源

为什么人们在增加动作距离或减少动作时间情况下，做快速的有目的动作时会出现更多的错误呢？我们需要认识中枢神经系统的信息处理过程，把动作程序输出转化为身体动作。前面我们已经学习过，动作程序负责决定肌肉收缩的顺序和需要产生的力量，发生这些活动的部位在以下动作控制信息流程中重点标出（图7－5）。

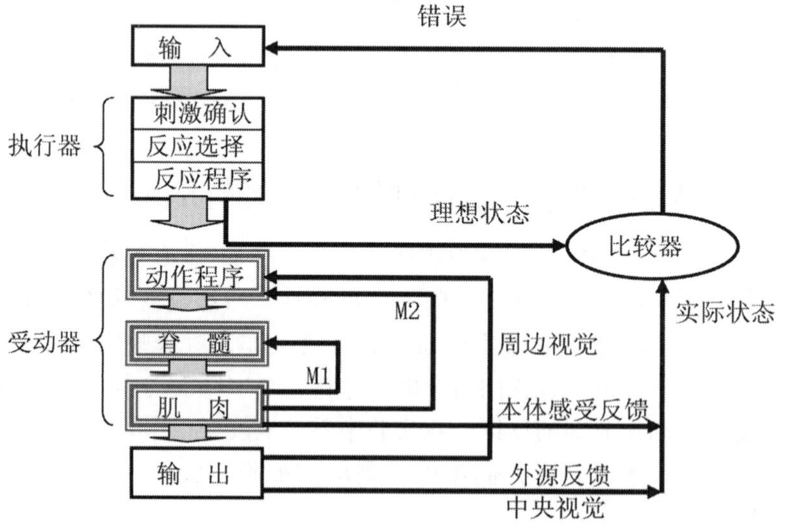

图7－5　人体动作控制信息流程，将肌肉收缩的动作程序活动部分重点表示

（根据 Schmidt & Wrisberg，2000 资料改编）

这部分的活动是怎样在人的快速动作中影响动作准确性的呢？目前，科学家相信动作的这种变化性是由中枢神经系统信息处理过程中的相对“噪音”（如不一致性）造成的。这些过程负责把神经冲动转化成肌肉运动单位的激活状态，通过肌腱对骨骼发挥力量。此外，单突触牵张反射（M1）和多突触牵张反射（M2）反应也造成肌肉收缩一定的变化性。

当然，系统中发生的这些（噪音）过程意味着肌肉收缩产生的力量并不总是系统希望的那样。情况更加复杂的是，神经系统的这些噪音过程的干扰程度也是不一致的。随着收缩力量的增加，信息处理过程产生的噪音也增加，进而导致最终产生力量变化性的加大。有研究表明，随着力量增加到个人最大力量的70%，噪音所引起的动作变化性也随着增加。当力量超过个人最大力量的70%以后，噪音引起的动作变化性保持稳定。当力量接近个人最大力量时，噪音引起的动作变化性稍微下降（Sherwood，Schmidt，Walter，1988）。

这些相信怎样帮助我们理解实际运动中产生错误动作的方式呢？例如，我们在打网球时需要用身体环节和手臂带动球拍完成击球动作。为了达到这个目的，髋部、躯干和肩部的许多肌肉都要收缩产生力量作用于骨骼，使手臂执行带动球拍，以适宜的时间准确性和空间准确性完成理想的击球动作。有些肌肉用力的方向与动作方向一致，有些肌肉的用力方向则与动作方向存在一定的夹角。另外在许多动作中，重力也是一个影响因素。

四、动作功能不良和自身限制因素

动作功能不良、疼痛、补偿动作，以及自身动作限制因素会严重地影响动作的时间和空间准确性。从这些因素的严重性和康复的优先次序来观察和分析，为了恢复和优化动作的时间和空间准确性，一般会采取这样的纠正动作模式和恢复动作控制的顺序：第一，与一个虽呈现出补偿动作，但仍是一个成功的动作模式相比，不能执行一个动作模式是一个更加严重的问题。第二，必须在解决各种补偿动作问题之前，先解决各种动作限制和不能执行动作模式的问题。第三，不对称的或单侧的动作限制问题，比对称的或双侧的动作限制问题更加重要。第四，与身体两侧同样的都不能执行一个动作模式相比，身体只有一侧不能执行一个动作模式，则是一个更大的潜在问题。第五，与对称性补偿动作问题相比，不对称性补偿动作问题是一个更大的问题（格雷·库克，2010）。

五、动作速度与准确性权衡的例外情况

与动作行为中动作速度与准确性权衡现象一样普遍，也存在其他一些例外，包括做出一些极其快速和用力动作的情况。

（一）时间性错误的减少

空间准确性（spatial accuracy）是对于执行动作任务表现至关重要的一种目的性动作结束点空间位置的准确性。我们已经讨论过，实现动作的空间准确性是一个重要的动作目的。时间准确性（temporal accuracy）是对于执行动作任务表现至关重要的一种快速动作的时间准确性。还有许多技能把动作的时间准确性作为重要的动作目的，这些时间技能的动作执行者必须在特定的时刻完成动作，或与外界物体运动的时间相重合，如拳击运动员的保护性防守动作。

有些技能同时需要动作的空间和时间准确性，如飞碟射击的扣动扳机动作和棒球运动员的击球动作。在此，我们专门讨论快速动作中影响时间准确性的因素。有研究结果指出，以时间准确性为目的的动作技能，所遵循的原理与那些以空间准确性为目的的动作技能有所区别（Schmidt，Zelaznik，Hawkins，Frank & Quinn，1979）。

当人在一定的距离内以不同的时间（如300毫秒和150毫秒）做出一个快速动作时会出现什么情况呢？人们可能会认为，如果动作速度更快，出现的时间性错误更多。事实与人们想象的正好相反，动作时间减少导致了动作的时间性错误减少，使动作在时间上更加准确。在一定限度内，动作时间成倍增加，动作错误也成倍增加（图7－6）。

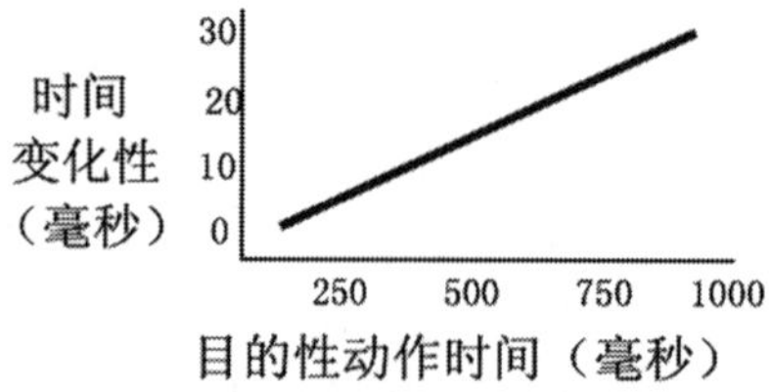

图7－6　动作时间与时间变化性（不稳定性）的关系

（引自 Schmidt，1979）

研究人员还发现，当增加动作距离、动作时间保持不变时，增加动作速度也几乎不会引起时间性错误的增加，除非动作时间极其短（Newell，Carlton，Carlton，& Halbert，1980）。因此，对于以减少时间性错误为目的的动作技能，动作时间是一个主要决定因素。运动员在更短的时间内完成动作，比在更长时间内完成动作更准确。

（二）做出非常用力的动作

许多人体动作，包括运动动作（如踢足球或打网球），常常需要非常用力地收缩肌肉，来产生接近最大的动作速度。以接近个人最大速度做出动作也许只是一方面的挑战，运动员还必须以高水平的空间和时间准确性完成动作。在这些大强度用力的动作中，改变动作速度产生的效果与我们已经讨论过的，对于许多用力程度较小动作产生的效果有所不同。研究证明，在一定用力程度区间内，人在执行非常用力的快速动作时，空间准确性不会下降，甚至会提高。

在一个相关的实验过程中，研究人员要求受试者手持一根木棒坐在椅子上，以侧平举姿势开始，做出一个向胸前的快速水平摆臂动作（幅度约90°），动作逐渐加快直至非常用力，打击在面前的一个固定小球（直径16毫米）。我们知道有多块肌肉决定着肢体动作方向，当力量非常大时（大于70%的个人最大力量），力量的变化性（不一致性）下降。因此，非常用力的动作具有更高的空间准确性（图7－7）。当然，这些发现是基于对于上肢简单动作的实验，在应用于复杂动作时，还必须考虑到其他更多因素的影响。

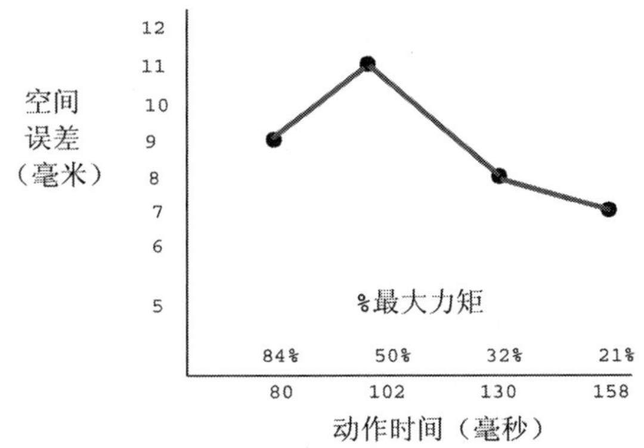

图7－7 动作时间与动作空间误差的关系

（引自 Schmidt，1982）

第三节 自学进阶与突破

一、认识基本概念

许多动作具有在任何时候都保持基本相同的特征。这些特征叫做不变特征，它们代表着动作的深层结构或“指纹”。也许最突出的动作不变特征就是它们的相对时间结构，它是在一个行动中各个时间间歇的相对持续时间。理解相对时间现象的另一个方式是把它看作动作的节奏。

许多动作的类别（如投、踢、慢跑和快跑），都具有它们的一般动作程序；而每一种一般动作程序，也都拥有独特的相对时间方式和其他不变特征（如它的空间结构）。处理这些不变特征以外，一般动作程序还包括各种参量（如动作的时间、幅度和力量等）。这些参量可以被调节，达到不同的环境目标和结果（如使用不同的力量投掷物体，达到不同的距离）。参量值可以随着动作情景的不同而变化，但一般动作程序的不变特征（如相对时间）却保持相同。例如，无论人体怎样改变投掷力量，把物体投到不同的距离，投掷动作的“指纹”却总是相同的。

在本章中我们讨论了动作准确性的一些原理，其中大部分原理是关于人体在试图产生快速和准确的动作时，所存在的速度与准确性之间的抵消关系的。对于持续的目标性动作来说（如尽量快地在两个目标之间往复点击），增加动作速度或减少动作时间，常常会造成空间准确性的下降。由菲兹定律所描述的这种动作速度与准确性之间的关系，符合许多种类持续的目标性动作的表现情况。

对于分立的目标性动作来说（如对准目标的单个快速动作），似乎还可以运用其他的一些原理解释。随着产生动作所使用力量的增加（直至达到最大用力程度的大约70%），空间准确性呈现出接近线性方式的下降。这些误差的增加，被认为是发生于脊髓和肌肉的低水平信息处理过程，它们所产生的肌肉收缩活动与预想的结果之间出现了偏差。这种力量-准确性之间的关系，有时被称为线性速度-准确性权衡。然而，还有两个关于动作准确性的原理"违犯"了速度-准确性权衡现象。对于那些极其快速的目标性动作来说，随着动作力量的增加超过了人体最大用力程度的大约70%，动作空间准确性的下降趋势似乎被稳定下来，甚至还会提高。对于那些必须在特定时机产生的动作来说，随着动作速度的增加，动作的时间准确性也有所增加（如以更快速度完成的动作，比较慢动作的时机控制更加准确）。

二、掌握关键术语

为了回答本章中的问题和完成练习，需要我们理解和掌握以下关键术语。

（一）一般动作程序（generalized motor program）。

（二）不变特征（invariant features）。

（三）参量（parameters）。

（四）参量化（parameterization）。

（五）参量值（parameter values）。

（六）相对时间（relative timing）。

（七）速度-准确性抵消（speed - accuracy trade - off）。

（八）线性速度-准确性抵消（linear speed - accuracy trade - off）。

（九）菲兹定律（Fitts' Law）。

（十）持续性动作技能（continuous skill）。

（十一）分立动作技能（discrete skill）。

（十二）空间准确性（spatial accuracy）。

（十三）时间准确性（temporal accuracy）。

三、巩固学习要点

（一）固定特征指在动作执行者改变动作的表面特征时，动作中保持不变或固定的组成部分。

（二）相对时间指动作的时间结构，即一个动作各个环节的时间除以总动作时间。

（三）在以相同的一般动作形式，但以不同的总动作时间做出两个动作时，如果它们的时间比率是相同的，动作的相对时间也就是固定的。

（四）一类基本的动作模式中，动作的相对时间基本上保持固定，无论何时动作执行者改变一个快速动作的速度、幅度、力量和轨迹。

（五）深层结构是一个动作的基本结构，包括决定动作形式的时序和相对时间（或节奏）。

（六）一般动作程序理论是对人们控制协调动作模式的一种解释，重点强调一个由一个固定相对时间结构和若干可变因素（如动作时间、幅度和力量）组成的一般动作程序的作用，从而使人能够做出一类动作的多种方式。

（七）菲兹定律是关于控制有目的快速动作的动作定律，指出动作时间与动作难度指数（数学方法表示为 $\log_2$（2A/w），A=动作幅度，W=目标宽度）呈线性关系。

（八）速度与准确性的权衡指人在执行动作时以准确性取代速度（或相反）的倾向，取决于动作任务要求。

（九）随着收缩力量的增加，信息处理过程产生的噪音也增加，进而导致最终产生力量变化性的加大。随着力量增加到个人最大力量的70%，噪音所引起的动作变化性也随着增加。

（十）当力量超过个人最大力量的70%以后，噪音引起的动作变化性保持稳定。当力量接近个人最大力量时，噪音引起的动作变化性稍微下降。

（十一）空间准确性指对于执行动作任务表现至关重要的一种目的性动作结束点空间位置的准确性。

（十二）时间准确性指对于执行动作任务表现至关重要的一种快速动作时间准确性。

（十三）对于以减少时间性错误为目的的动作技能，动作时间是一个主要决定因素。运动员在更短的时间内完成动作，比在更长时间内完成动作更准确。

（十四）在一定用力程度区间内，人在执行非常用力的快速动作时，空间准确性不会下降，甚至会提高。

四、强化知识练习

（一）什么是相对时间？它是怎样计算出来的？

（二）一类一般动作的相对时间有什么特点？

（三）简要说明一般动作程序理论。

（四）请解释动作速度与准确性的权衡现象。

（五）什么是动作空间准确性？要求动作空间准确性项目的运动员能够利用它的哪些特点？

（六）什么是动作时间准确性？要求动作时间准确性项目的运动员能够利用它的哪些特点？

五、推荐阅读文献

Fitts，P. M. （1954）. The information capacity of the human motor system in controllingthe amplitude of movement. Journal of Experimental Psychology，47，381 –391. 该文讨论了动作速度和准确性的相互制约关系。

Gentner，D. R. （1987）. Timing of skilled motor performance：Tests of the proportional duration model. Psychological Review，94，225 –276. 该文讨论了动作的相对时间问题。

Newell，K. M.，Carlton，L. G.，Carlton，M. J.，& Halbert，J. A. （1980）. Velocity as a factor in movement timing accuracy. Journal of Motor Behavior，12，47 –56. 该文提出当增加动作距离、动作时间保持不变时，增加动作速度几乎不会引起时间性错误的增加。

Schmidt，R. A.，Zelaznik，H. N.，Hawkins，B.，Frank，J. S.，& Quinn，I. T. （1979）. Motor –output variability：A theory for the accuracy of repid motor acts. Psychological Review，86，415 –451. 该文提出以时间准确性为目的的动作技能，所遵循的原理与那些

以空间准确性为目的的动作技能有所区别。

Sherwood, D. E., Schmidt, R. A., & Walter, C. B. (1988). The force/force – variability relationship under controlled temporal conditions. Journal of Motor Behavior, 20, 106 – 116. 该文提出由于噪音引起的动作变化性问题。

第三篇

动作学习原理与实践

在大自然中的生存竞争和依照“丛林法则”的物种演化过程中，许多生命体刚刚来到这个世界时，在动作先天能力上都超过我们人类。例如，蝉脱壳羽化后就能飞翔，小鸡啄破蛋壳就会奔跑，鱼儿孵化后就可以独自游泳寻觅食物。在后天的高水平动作表现方面，猎豹奔跑和海豚游泳的速度也远远超过我们。然而，在借助科学技术的终极运动效能上最杰出的“万物之灵”最终还是我们人类：宇航员已经成功登上月球，潜水员可以下潜到寂静的深海，人们能够方便地选择搭乘各种交通工具准确、高速地抵达目的地。这一切在很大程度上都应该归功于人类特有的知识积累、理性学习和实践创新能力。大家可曾想到，在体育领域的现代奥运会和众多国际大赛上，我们可以欣赏到运动员各种精彩的身体动作表现，这也同样是那些具有运动天赋运动员正确和高效地学习动作的结果。本篇的内容更加侧重于原理与实践的结合，指导具体的人体动作学习过程。

本篇在第八章与大家探讨动作学习的具体准备过程和各种影响因素，主要内容包括确立动作学习目标的标准和种类，如何运用动作学习迁移原理，如何为学生创设最适宜的动作学习环境和引导学习过程，探讨动作学习指导技术，以及熟悉一些常用的身体和心理动作学习演练技术。在第九章的学习内容中，我们结合人体动作学习与控制机制，专门探讨合理的动作练习组织结构问题。主要内容包括学习不同的动作任务所对应的有效练习组织形式，介绍在相同的动作任务中采用不同练习方式的作用，以及动作学习过程中组织各种练习应该注意的一些重要技术问题。本教材的最后三章专门讨论动作学习实践中各种操作技术的运用。第十章介绍动作学习实践反馈技术，第十一章讨论动作学习实践指导技术，第十二章学习动作学习实践评价技术。

在本篇每一章的最后一节为“自学进阶与突破”，结合各个层次的教学过程，适宜匹配和分别设计了灵活多样的自学指导内容，包括“认识基本概念”“掌握关键术语”“巩固学习要点”“强化知识练习”和“推荐阅读文献”的内容，以便同学们独立学习和掌握动作学习与控制的重要概念和关键术语，培养和提高大家在动作教学和训练中分析问题和解决问题的实际能力。

第八章　动作学习准备与过程

在本章第一节的学习中，我们讨论教师和教练员在准备对学生提供指导和帮助时需要考虑的一些概念，主要内容包括确立目标、学习迁移和学生特征。我们还要了解影响动作学习的因素，介绍动作学习环境、指导和演练技术。在第二节中，我们学习教师和教练员可以使用的许多动作学习指导技术和方法。首先思考如何为学生创设开放、亲切和适宜的学习气氛的问题，然后讨论帮助学生达到动作学习目标的指导方法。最后，我们介绍一些教学中可以采用的身体和心理练习的形式。

学习目的包括使学生了解动作学习计划的概念，认识教师和教练员在制订学生学习计划中的作用，说明教师和教练员应该注意的一些学生特征和动作学习阶段，动作学习指导技术，介绍注意力控制和唤醒水平调节的概念与运用，认识训练课中和课间练习和恢复时间的均衡问题及其意义，解释指导、示范的作用及其原理，说明教学步骤的优势与不足，讨论动作学习过程中的身体和心理练习技术。

第一节　动作学习准备

一、确立目标和学习迁移

学习是我们生存和发展的必备能力。可以想象，如果我们被迫只能具备遗传获得的先天能力，我们的生活将会是多么可怕：人也只能是一种低等动物，不能走路、说话、写字和读书，更不用说掌握复杂的运动技能了。

有许多因素影响着人的动作表现能力。随着儿童的生长发育，他们的动作表现能力也随着提高。同样，随着人不断强壮和心血管耐力的提高，就能够有效地执行更高要求的动作技能，如举重和体操等。然而，人的成熟和体能水平并不总是与技能水平有关。与技能水平最为直接相关的因素是针对动作任务练习的结果，也就是动作学习的经历。

教师和教练员在准备对学生提供指导和帮助时，需要考虑的一个重要问题是学生获得学习经历的目的。学习经历（learning experiences）是人们有目的地提高特定动作表现水平所进行尝试的情况。大家需要记住，学习经历属于学生，每一位学生进入新技能的学习环境，都在一定程度上带着自己想要达成的愿望。所以，教师和教练员应该把学生的学习视为师生之间的交互作用过程，把着眼点放在成功实现学生的学习目标上。有两个概念对为学生提供帮助很重要，它们是确立目标和学习迁移。

（一）确立目标

教师和教练员应该能够帮助学生实现他们的学习目标，首先需要了解学生的学习目的是什么。有些学生心中有明确的目标，有些则不是很清楚。教师和教练员应该鼓励所有学生确立目标，帮助学生认识他们将要学习的专门技能。同时，了解学生情况，为评价学生的进步过程提供参考。确立目标（goal setting）是为将来的动作技能学习和表现水平设立目标的过程。在大多数情况下，确立目标具有高度的个性化特点。在学生参与确定目标的过程中，他们会为达到目标作出更大的努力，通常也会更好地理解不同学习活动的目的。

1. 确立目标的标准

关于学生确立目标的研究成果（Gould，1998）指出，如果希望目标对于动作表现产生良好影响，成功确立目标的标准是，目标要具有挑战性（challenging）、可达性（attainable）、现实性（realistic）和专门性（specific）。达到这些标准的目标才能为学生提出了适宜的努力方向，并且有效提高他们学习经历的质量（图 8－1）。

图 8－1　成功确立目标的标准是目标具有挑战性、可达性、现实性和专门性

2. 确立目标的种类

（1）结果目标

结果目标（outcome goals）是注重与他人动作相比的最终判定或测量结果的动作表现目标。有时学生会确立结果目标与他人的动作表现进行比较，如取得比赛冠军、提高篮球投篮的命中率等。如果他们的目标合理的话，应该鼓励他们再确立几个其他方面的目标。

（2）表现目标

表现目标（performance goals）是与自己过去水平相比，需要提高的动作表现。动作表现目标把重点放在动作表现水平与过去水平相比的提高上，如篮球运动员的投篮命中率从 70% 提高到 80%。

（3）过程目标

过程目标（process goals）是注重动作产生质量和过程的动作表现目标。动作过程目标把重点放在动作执行过程的一些方面，如强调 100 米赛跑中的正确摆臂动作。请见以下动作结果目标、表现目标和过程目标的示例（表 8－1）。

表 8-1　动作结果目标、表现目标和过程目标的示例

项目	结果目标	表现目标	过程目标
射箭	在比赛中取得冠军	把命中靶心的百分比从 50% 提高到 60%	放箭前慢慢呼气
铁饼	取得参加锦标赛资格	10 次投掷平均成绩从 55 米提高到 57 米	下肢动作更加迅速
篮球	获得比赛名次	把投篮成功率从 60% 提高到 70%	加强假动作的运用

3. 目标技能、目标行为和目标情景

（1）目标技能

确立目标的一个重要作用是使人在学习经历中确认他们想要发展的技能，我们把这些技能叫做目标技能。目标技能（target skills）是人希望获得的能够执行特定动作任务的能力，即人为了能够达到目的而执行实际动作的能力，如熟练地掌握田径运动跑、跳、投各个项目的运动技能，它们都是运动员多年训练的重要目的之一。

（2）目标行为

一旦目标技能被确认，教师和教练员必须决定与这些技能成功表现有关的、可以被观察的动作行为，我们把这些行为叫做目标行为。目标行为（target behaviors）是人在目标情景中成功地执行目标技能而必须做出的动作，如短跑的积极趴地动作、跳高过杆的背弓姿势、铅球滑步和最后用力的紧密衔接等。在教学和训练中，教师和教练员应该鼓励学生把注意力集中在一个或几个目标行为上，直到它们成为学生连贯和稳定技术动作的各个部分。

（3）目标情景

教师和教练员还必须考虑学生希望能够表现出他们目标技能的目标情景。目标情景（target context）是人所希望的能够执行他（她）所学习动作的环境条件，如参加世界锦标赛的实际赛场情景。下面我们以田径运动项目为例说明不同项目的目标技能、目标行为和目标情景（表 8-2）。

通过鼓励学生遵循确立目标的标准决定他们动作的结果目标、表现目标和过程目标，教师和教练员就能够清楚地了解学生的学习愿望。然后，就能够帮助学生确定他们需要发展的目标技能和目标行为，保障他们在目标情景中做出有效的动作和取得理想的成绩。

表 8-2　不同田径项目的目标技能、目标行为和目标情景的示例

项目	目标技能	目标行为	目标情景
铅球	动作过程紧密衔接	滑步后迅速形成身体扭紧和双腿支撑姿势	世界田径锦标赛
跳远	高效的起跳技术	起跳腿强有力的踏板动作和全身协调配合	亚洲田径锦标赛
110 米栏	连贯的栏间跑	摆动腿的积极攻栏和下压	全国田径锦标赛

（二）学习迁移

教师和教练员在对学生提供指导和帮助过程中需要考虑的另一个概念是学习迁移。学

习迁移（transfer of learning）是指由于以前对一个动作任务的练习或经历，造成了对目前完成另一个动作任务熟练性的提高或下降。

1. 正迁移和负迁移

如果以前完成动作任务的经历对目前的动作学习有帮助，就叫做正迁移（positive transfer）。例如，有短跑动作学习经验的运动员所获得的速度能力，可以正迁移成为跳远助跑的加速能力。

如果以前完成动作任务的经历对目前的动作学习有损害或无影响，就叫做负迁移（negative transfer）或无迁移（no transfer）。篮球运动员在学习推铅球时，常常难以适应身体大环节带动小环节发力的沿直线推出铅球的出手动作，就是负迁移的例子。

2. 近迁移和远迁移

教师和教练员应该记住关于学习迁移的最重要方面是近迁移的概念。近迁移（near transfer）是执行两种非常相似动作任务或情景之间发生的一种学习迁移。在动作学习过程的设计中，可以利用动作学习环境之间的近迁移提高不同条件下的动作表现水平，如从训练环境到比赛环境的转换，学生可以使他们掌握的目标技能适应比赛特定环境的要求。

教师和教练员可以运用学习迁移概念的另一个方式是帮助学生发展更加多种的运动能力，使他们将来能够做出大量多种多样的动作，发生的这种动作迁移叫做远迁移。远迁移（far transfer）是执行两种非常不同动作任务或情景之间发生的一种学习迁移。也许体育教育中最常见的发展动作运用远迁移的情景是小学的体育课，老师鼓励孩子们尝试大量的一般性基本动作，如跑、跳、投和滑等。为他们以后参与和执行更加专门的动作打下一个广泛和坚实的基础。

3. 双侧迁移

双侧迁移（Bilateral Transfer）是人的身体一侧的动作学习效果，向身体另一侧转移的倾向。双侧迁移在体育教学和运动训练过程中也具有广泛的运用领域，人体某一侧身体取得的动作学习效果和控制能力，对另一侧身体具有显著的加强和补足作用。例如，乒乓球、羽毛球和网球运动员采用非优势手持拍练习，可以强化动作程序，优化动作信息在“执行器”部分的处理过程，从而进一步提高优势手持拍打球的各种动作技能。

对于学习迁移概念还有一种应用方式，即关于是否需要修正动作，使学生容易练习，促进完整动作表现和学习。例如，有些相对较长时间执行的序列技能的学习过程中，如武术套路动作，可能会分解成单个动作单独进行练习。在决定这样做之前，教师和教练员需要考虑如果把整体动作分解进行练习，是否会对将来把它们组合起来时的整体动作有好处。

二、影响动作学习的因素

所有学习过程的主体都是学生。为了给他们创造最有效的动作学习过程，教师和教练员必须意识到影响学生学习进展的一些主要因素，这些因素包括学习动机、以往经历、先天能力、学习类型和目前所处的学习阶段。

（一）学习动机

现在我们着重与同学们讨论激发和保持动作学习动机的一些教学技术提示。

1. 诱发学生的成就动机

影响动作学习效果的一个关键因素是学生的学习动机。高度的动机水平能够使人投入更大的努力专注于学习任务，具有更强烈的学习意识和更高的自觉性。动作技能学习过程是一个掌握动作的目标导向过程，所以学生的学习动机与他们对成功达到目标的认识有关，也叫作成就动机。成就动机（achievement motivation）是人为达到动作表现目标进行努力的指向和强度，目标可以是完成动作任务或超越他人。学生可以采用两种方法判断学习努力的成功：一种是自身动作表现水平的进步，另一种是与他人比较动作表现水平的提高。当看到自己的学习成绩时，学生的自信不断增加，使进一步提高动作学习动机水平。当学生了解到学习目标对自己人生发展需要的重要性时，动作学习动机也会加强。

2. 把学生的能力和自尊心与学习的动作技能联系起来

有时学习内容不能激发学生的学习热情，在这种情况下为了提高学生的动机水平，教师和教练员可以创造性地设法把学生的能力和自尊心与学习的动作联系起来，例如采用录像、小组讨论、课堂报告、鼓励和表扬等教学手段。

3. 让学生参与确立动作学习目标的过程

提高学习动机的一个有效方法是让学生参与他们确立目标的过程，其中的关键因素是强调目标对学生本身发展的重要相关程度和学习过程导向。当学生有机会自己选择学习目标，并且在鼓励之下自我评价他们为达到目标所进行的成功努力时，他们就能够逐步认识到自己能力的提高，并且进一步加强了学习动机。

4. 满足学生追求自身完美的身体和精神需要

随着现代社会物质生活水平的提高，大家通过参与动作学习不仅可以强健体魄、愉悦身心，还可以满足学生追求美感的精神需要，这也是支持动作学习动机的重要因素之一。

（二）以往经历

1. 动作因素、感知因素和概念因素

教师和教练员需要利用学习迁移原理设计教学过程。所有学生都把他们过去的一些动作经验带到目前的学习情景中，如果这些以往的动作经验在动作因素、感知因素和概念因素方面与将要学习的动作任务相似，教师和教练员就应该在对学生提供动作指导和帮助时突出这些相似性（表8－3）。

表8－3 不同运动项目的相似动作因素、感知因素和概念因素示例

项目	动作因素	感知因素	概念因素
乒乓球和网球	击球前转肩	视觉追踪球的运动	变化击球动作
保龄球和台球	沿目标方向用力	目标位置的准确判断	出球的有效位置
曲棍球和冰球	保持动作的平衡	准确预料对手动作	与队友保持适宜距离

动作因素（movement elements）是动作任务中动作方式与产生正确动作表现的相关因素。动作因素指动作任务中相似的动作方式，如手球或棒球运动员的投球动作。感知因素（perceptual elements）是动作任务中人对刺激的感知、处理与产生正确动作表现的相关因

素。感知因素指动作任务中有关的、需要处理的相似刺激，如球类项目中对球的视觉追踪。概念因素（conceptual elements）是动作任务中原理、规则、战略、战术或概念等与产生正确动作表现的相关因素。

2. 最好的学习经历发生在目标技能和目标情景最为接近的情况下

学习的专门性（specificity of learning）是一种观点（Henry，1968），认为最好的动作学习经历发生在与目标技能（动作组成部分）和目标情景（环境条件）最为接近的情况下。这就要求教师和教练员需要注意利用动作之间共同因素的迁移效果，例如，在开始学习一个新动作时，要把目标技能的学习过程，尽量安排在目标情景中、或接近目标情景的条件下进行练习。

3. 把潜在的负迁移减小到最小程度

有时在动作教学中教师和教练员担心，学生以前的动作经验会对学生目前的动作表现或学习新技能产生负面影响。实验研究指出，实际上这种负迁移现象在动作学习领域几乎是不存在的。只有在动作学习的早期阶段，那时学生的技能水平的性质更加具有一般性（泛化动作），可能会受到以前动作经验的负面影响。即便如此，教师和教练员也可以通过强调要学习的新动作与学生过去经验过动作之间的区别，把潜在的负迁移减小到最小程度。

（三）先天能力

先天能力也是决定动作学习进程和效果的一个重要因素。一般情况下，有不少人都抱有这样的观念，错误地认为人的许多基本运动能力都可以通过参与各种练习来提高，例如，一些教练感觉，即使是最优秀的运动员也能够从为加强某种能力而设计的练习中受益，最常见的就是设计和采用许多快速动作练习，希望提高运动员的快速动作能力。这样的练习真的有效吗？如果练习效果的确是这些教练员希望的那样，那么它对于怀有同样观念，希望提高平衡、视觉和快速动作能力的运动员的确是一个好消息。不幸的是，现有的研究证据表明，这些练习除了提高运动员在本身练习进行中的动作表现之外，对于目标技能没有其他更大的作用。因此，如果希望提高动作学习效果，教师和教练应该鼓励学生投入大量的时间练习专门达到动作目的的目标技能。

（四）学习类型

教师和教练员在主导动作学习过程中，需要认真观察和注意的一个重要因素是学生的学习类型，在这里我们把这些类型主要归纳为：执行者、思想者、感受者和观察者四种学习类型。每一个运动队都拥有这些类型的队员，而一些队员可能都具有一种类型以上的倾向。每一位学生都是唯一的，具有独特的品质特征。教师和教练员必须找出使学生取得的动作技能最佳学习效果的途径，并帮助学生形成一种以上的学习类型，这将帮助他们提高学习新技能的能力。

1. 执行者

这种学习类型的学生只是希望执行技能，通过探索获得最佳动作学习效果。教师和教练员可以提供的帮助需要重视以下教学内容。

（1）对技能进行良好的描述。

（2）提供真切的动作示范。

（3）在学生的练习时间提供鼓励和反馈。

（4）多让他们自己独立地做动作。

2. 思想者

这种学习类型的学生善于从以下方面思考动作、考虑动作表现的所有方面：我们为什么要做这个？目的是什么？理论是什么？它是怎样与动作中的所有其他步骤产生联系的？教师和教练员可以提供的帮助需要重视以下教学内容。

（1）充分说明技能的原理。

（2）说明它是怎样与动作的“大体画面”发生联系。

3. 感受者

这种学习类型的学生可通过体验技能、获得技能感觉和刺激取得最佳的动作学习效果。他们需要通过感觉与动作技能建立联系。教师和教练员可以提供的帮助需要重视以下教学内容。

（1）帮助学生形成适宜感受状态。

（2）帮助学生并向他们提供可通过感官获得全面动作体验。

4. 观察者

这种学习类型的学生能够通过观察某种动作表现，然后自己再次演练技能取得最佳的学习效果。对于这样的学生，视觉观察是极其重要的。教师和教练员可以提供的帮助需要重视以下教学内容。

（1）采用多人提供多角度的技能示范。

（2）可以多采用录像或 DVD 演示动作方式。

（五）动作学习阶段

学生所处的学习阶段是需要认真考虑的另一个因素。我们已经在前面的学习中讨论过学习阶段，这里我们从教师和教练员为学生提供指导和帮助的需要出发，谈一谈需要注意的问题。

1. 认知阶段

学生在认知阶段面临完全不熟悉的动作任务，他们面临的挑战是对于学习的动作技能有一个大致的了解。这时，教师和教练员要允许学生做出的大量不熟练，甚至错误动作。教学中需要大量运用讲解、示范和其他视听手段配合动作练习，帮助学生认识新动作的特点，并且帮助用学生自己的理解和能力尝试新动作。这个阶段的一个任务是利用学习迁移的原理，指出新动作与学生已经掌握动作之间的相似之处，帮助学生把正在学习的新动作，与他们以往学习过动作的相似之处联系起来。

2. 联系阶段

这个阶段学生的注意力转移到动作的自我调整和提高上，组织更加有效的动作方式完成动作。这个阶段的持续时间一般比认知阶段长，可能几个星期，甚至几个月，学习任务也极其复杂。学生的动作变得熟练和省力，他们逐渐发现动作环境变化的规律，形成了自己较准确的预料能力和动作时机。学生这时能够利用自身反馈监控动作和发现错误。这个阶段，重点在于创设适宜的练习条件和提供学生发挥主观能动性的空间，使学生把自己的能力与正在学习的新动作任务要求联系起来。教师和教练员讲解和提供反馈的作用有所减弱。在提供反馈时，要注意反馈要更加准确，有的放矢地针对学生正在改进的动作，才可能收到理想的效果。

3. 自动阶段

在经过前一个阶段的大量练习之后，有一些学生或运动员能够进入自动阶段。这时，高度发展的动作程序使人能够在更长的时间内控制动作技能。人能够在需要很少注意、或不需要注意的情况下自动完成动作。这个阶段人的自信和发现错误的能力高度发展。另外，在这个阶段人已经逐渐接近能力水平的极限，所以也更加难以看到动作表现水平的进一步提高。但这并不意味着动作学习过程的结束，教师和教练员难以清楚地界定在什么时候学生达到了动作学习的自动阶段。

第二节　动作学习过程

一、创设适宜的动作学习氛围

许多教师和教练员非常注意运用一些动作技能学习指导技巧，为学生创设最适宜的动作学习氛围和条件，为提高教学和训练效果提供了很大帮助（图 8－2）。下面我们就从以下几个方面来讨论这个问题。

图 8－2　为学生创设最适宜的学习氛围和条件

（一）熟悉学生和开始交流

动作教学环境为学生提供了许多体验成功的机会，并且使他们得到激励。可是正规和严肃的学习过程可能会给学生带来害怕动作犯错误的恐惧。造成他们在动作学习中谨小慎微，恐怕出现动作错误引起的尴尬局面。只有当学生熟悉了学习环境，并且开始感到他能够从老师或教练那里得到鼓励和帮助时，才更加愿意放心大胆地挑战新动作，真正地学习动作和提高动作表现水平。因此，师生之间的熟悉和信任是学习与合作的前提，只有这样才能打开师生间的双向信息沟通渠道，学生才能无拘无束地与老师和教练交流学习信息，教师才能根据学生提出的问题和需要提供最适宜的帮助。教师和教练员应该记住的是，提供更多的信息不一定会收到好的效果。由于学生注意容量的限制，在向学生提供指导时，要注意不要超出他们的理解和接受范围。例如，一边做示范提供视觉信息、一边讲解提供听觉信息，往往会超出初学者当时的接受能力。

（二）引导注意焦点

注意焦点（attentional focus）是引导注意指向信息源的活动，或人注意的目标。人不但能够引导他（或她）的注意焦点指向外部或内部信息源，而且还能够缩小或扩大注意焦点接受更少或更多的刺激。我们知道，人的注意容量是有限的，而且在焦虑状态下更是大幅度减少。所以，教师和教练员必须帮助学生把他们的注意焦点时刻引导到最为相关动作任务的信息源上。

有学者（Nideffer，1995）指出，人控制注意的能力表现在两个方面。第一个方面是注意焦点的指向，外部焦点（external focus）把注意指向环境中外部信息源的活动，用来注意环境线索或信息；内部焦点（internal focus）把注意指向身体内部信息源的活动，用来注意自己的思想或感觉。第二个方面是注意焦点的宽度，窄焦点（narrow focus）把注意一次指向小范围信息的活动，接受少量的信息；而宽焦点（broad focus）把注意一次指向大范围信息的活动，同时对大量线索和信息具有敏感性（图 8－3）。

		注意的宽度：窄	注意的宽度：宽
注意焦点的指向	内部	右手的感觉	全身动作配合
	外部	对手的视线	对手移动方向

图 8－3　注意的指向和宽度

（根据 Nideffer，1995 资料改编）

在实际教学和训练中，教师和教练员可以指导学生把注意指向任何内部和外部信息源，如跳远运动员把注意集中在起跳脚踏上起跳板的感觉（内部窄焦点），铁饼运动员把注意力集中在最后用力器械的轨迹和身体动作配合上（内部宽焦点），乒乓球运动员把注意力集中在对手的握拍姿势上（外部窄焦点），足球运动员把注意力集中在对手的方位上（外部宽焦点）。

对于教师和教练员的要求和挑战是为每个不同的动作任务确定适宜的注意焦点。对于开式动作技能的学习，老师应该把学生的注意引导到重要的环境信息，然后激发必要的动作反应。老师和教练还可以鼓励学生在不同时间把他们的注意指向目标技能的不同方面。例如，指导高尔夫球运动员先把注意集中在环境上（评估），以便决定下一次击球的动作条件（分析）；然后把注意转移到选择击球动作方式上；然后缩小注意范围在头脑中形成击球的准确动作过程（心理演练）；最后把注意集中在球面接触球杆的打击位置上（执行）。通过帮助学生确认与动作有关的线索，然后鼓励学生时刻把注意指向最重要的相关信息，就能够有效培养学生控制注意的能力。通过练习，学生就能够更加善于运用他们的注意能力，更加顺利地达到动作学习目标。

（三）控制唤醒水平

一般情况下，人在接受别人评价自己的动作表现时焦虑水平显著升高。尤其在动作学习的早期阶段，升高的焦虑和唤醒水平可以导致多余和无效动作的发生。幸运的是，有两种方法可以帮助学生保持他们的唤醒水平在一定程度上，不致严重地损害他们的动作表现。

首先，教师和教练员需要强调动作过程目标，而不是动作结果目标。也就是说，让学生把注意集中在正确技术动作的过程，而不是成绩结果的某个标准上，可以有效降低他们的焦虑水平。第二，教师和教练员需要确保每位学生确立的动作学习目标都是现实的，而且在目标要求上要因人而异、区别对待。当学生感到他们自身的能力能够满足对他们的动作学习要求，在执行动作时的焦虑水平也可以下降。

（四）平衡练习和休息时间

练习的时间安排是教师和教练员需要关心的另一个重要内容，如每周的训练日数、训练课的时数，以及练习和休息时间的比例。研究结果证明（Baddeley & Longman，1978），较短时间和练习内容分散开来的训练课，比较长时间和练习内容集中在一起的训练课的学习效果更加突出。也就是说短时间、多次数的训练课效果较好。

人们付出了许多时间和精力考察训练课的练习和休息时间适宜比例，根据课中练习量和休息时间的分布特点，把训练课分为集中练习课和分散练习课。集中练习（massed practice）是动作练习间或训练课间的休息时间比练习时间相对较短的一种练习安排方式。分散练习（distributed practice）是动作练习间或训练课间的休息时间比练习时间相对较长的一种练习安排方式。其实这两种训练课的区分并没有明确的界限，只是一般来说，集中练习课动作练习间休息时间较短、次数较少，而分散练习课动作练习间休息时间较长、次数较多。一般来说，分立动作任务和持续动作任务所要求的练习和休息时间比例不同。分立动作任务，如篮球投篮、乒乓球击球等，减少每次动作间的休息时间对动作表现只有很少影响或没有影响，在一些情况下休息时间短甚至还有益处。而持续动作任务，如赛跑、游泳、骑自行车等，练习过程中容易出现疲劳状态，如果减少练习间的休息时间会严重影响动作表现和学习效果。

我们可以从以上研究结论中得到以下提示：由于分立动作任务即使在练习间的休息时间很短的情况下也不会明显影响动作学习效果，所以训练课中出现的疲劳不会成为严重的问题。在持续时间不长的训练课中，教师和教练员应该鼓励学生尽量多次地重复动作任务。但是这种强调动作多次重复的练习不能使学生产生厌烦情绪和以机械动作方式进行，教师和教练员可以通过组织练习的合理结构加以避免。

我们将在后面的学习内容中专门讨论这个问题。决定有效的练习和休息时间比例的一个重要因素是动作任务的体能要求。教师和教练员应该根据学生正在学习动作任务的体能要求和学生具体能力，适宜地组织练习。

二、动作指导技术

教师和教练员的一个重要任务是选择和运用正确的教学指导方法，对学生学习动作提供有效的帮助。可以采用多种技术帮助学生掌握动作，主要分为讲解、示范和引导三类。

（一）讲　解

讲解内容包括了动作技能最基本的信息，如动作的使用环境、动作方式、使用器械的方式、需要注意的对象，以及需要做什么动作等内容。

教师和教练员可以运用讲解强调动作技能间的相似之处，及其动作相同的力学原理，举一反三地帮助学生借助已经取得的动作经验学习新动作。

教师和教练员还可以运用讲解为正在学习动作的学生提供正确动作结果方面的信息，这样可以帮助初学者提高对动作的认识，促进动作学习和加强自信。所以我们说，讲解是动作学习的重要基础活动之一（图 8 –4）。

图 8 –4　讲解是动作学习的重要基础活动之一

但是，讲解的作用有时也受到局限，其中一个问题是语言有时不能表达动作的一些微妙的方面。如描述非兹定律、动量传递和动作反应等概念，并不总是用语言就可以表达清楚。只有学生完全理解这些原理时，讲解才能起作用，才能帮助学生把它们运用到新动作的学习过程之中。有时也可能因为教师和教练员提供的语言信息太多，使学生难以记住讲解的全面内容。尤其是学生听到动作技能的语言要求后，就必须做出动作时，“老师说”和“学生做”之间的时间间隔不能太长。这时由于短时记忆容量很小（只能保留几个信息）、持续时间很短（大约 30 秒），而且还非常容易受到其他刺激信息的干扰。尤其对于初学者来说，讲解内容如果过多、时间过长就更容易遗忘。

正因为如此，教师和教练员的讲解必须简单扼要，每次讲解不超过 1 ~ 2 个要点。对于少年儿童或老年学生，由于他们处理信息的注意容量更加有限，为了最大程度地减少遗忘，可以在动作练习的前几分钟把讲解分散开。首先提供最基本的信息，然后再补充细节要求。

（二）示 范

讲解的有效辅助手段就是获取各种形式的视觉信息，如观察正确技术动作的图片、动作技能的CD光盘和录像，以及教师、教练员、高水平运动员和优秀同学提供的动作示范，有时这个过程也叫做样板学习。样板学习（modeling）是为了对动作技能学习提供帮助而进行示范的一种学习过程。

在动作技能学习中，形象的视觉信息的作用胜过语言信息，所以动作信息更容易通过示范被学生接受（图8－5）。在许多情况下，动作学习效果的许多方面来自模仿我们所看到的动作。在试图做出动作之前先观察动作，叫做观察学习。观察学习（observational learning）是通过观察其他人动作表现的过程而获得的动作能力。

图8－5 动作信息更容易通过示范被学生接受

尤其在动作学习的早期阶段，学习和模仿其他人的动作能够收到显著的效果。同时，任何示范必须能够准确地反映技术动作的基本特征，并且尽量和学生的能力和兴趣相吻合。由于在讲解的同时采用示范和样板学习方式有时会超出学生的信息接受能力，因此教师和教练员可以采用引导技术，把他们的注意导向示范或样板动作的重要方面。

（三）引 导

引导方法（guidance methods）是使用身体、语言或视觉过程引导学生执行动作任务，减少错误或消除执行危险性动作时恐惧心理的方法。教师和教练员在学生学习动作技能的早期，在不同情况下会经常采用各种引导方法，以各种方式帮助他们体会学习的动作。每一种引导方法的设计目的，都是为学生提供一些临时的学习帮助，并且希望学生的动作学习水平得到提高，在将来没有帮助的情况下能够做出满意的动作表现。

遗憾的是，目前已知的研究结果表明，身体动作引导并不是非常有效地提高动作学习水平的教学技术。首先，在老师或教练帮助下的身体动作引导与学生自己主动执行动作的感觉完全不同，如在学习推铅球最后用力动作中，学生被人用手带动引导做出“蹬腿转髋”，与自己主动发力的动作感觉相差甚远（图8－6）。第二，学生主动和独立作出动作决定的过程与被老师或教练要求完成动作的过程也有很大差别。第三，无论是在进行慢速动作练习，还是在引导下完成快速动作，动作引导都削弱了学生体会动作错误的经验。当然，身体动作引导技术不会构成严重的问题，但必须与学生的独立动作练习结合使用。原因在于许多动作任务在比赛中的目标情景，不可能在老师或教练帮助下进行动作引导，学生必须培养出独立完成动作的能力。

图8-6　在引导下被动地做出动作与自己主动发力做出动作的感觉相差甚远

身体动作引导技术只有在两种情况下可以对动作学习有帮助，一种情况是在学习新动作早期的练习过程中，如在教授学生的跳跃腾空技术的早期阶段，可以在同伴辅助支撑下体会空中动作感觉（图8-7）。另一种情况是存在学生受伤的危险之下。当在学生有能力自己独立完成动作之后，要尽快摆脱有关动作引导的帮助。对于有危险的动作学习任务，在学生的动作逐渐熟练起来时，要逐步减少动作引导的帮助。但在有些情况下，老师或教练员也应该在场保护，在必要时提供及时帮助。

图8-7　身体动作引导在学习新动作的早期有所帮助

三、动作演练技术

任何学习活动都需要一定形式的演练，技能的概念本身也反映出学生在掌握动作要领之前需要有一段时期的练习作为基础。动作技能的演练可以发生在许多不同的时间和地点，并且伴随人的一生。当然，在目标情景下练习动作始终是动作学习过程最直接和有效的方式。以下的演练技术也可以为我们提供一些帮助，现在就来和大家讨论动作演练技术的专门问题。

（一）身体动作演练技术

我们常说的一句话叫做“熟能生巧”，早就知道不断地重复和熟练动作能够发展动作的熟练性。可是，现代有关动作学习的研究结果证明，动作重复本身只能形成更加持久的动作行为习惯，并不能保证动作技能水平的持续提高。所以，就动作技能学习效果而言，如果把这句古老的成语意思表达成“合理设计的练习才能生巧”，就更加准确了。我们先讨论动作学习有效身体动作演练的一些技术，它们包括：模拟练习、分解练习、慢动作练习和发现错误练习。

1. 模拟器练习

模拟器（simulator）是模拟真实情景特点的训练设备。动作学习模拟器练习技术的形成借鉴于训练飞行员的驾驶舱模拟器采用的原理。常见的形式如高尔夫球场景模拟和各种发球器的运用。

动作情景模拟的目的是采用模拟器把动作学习效果迁移到目标技能中，所以模拟练习提供的环境条件要尽可能接近真实动作情景，而且模拟的动作任务中要尽量包括目标技能的动作、感觉和认知因素。它的优点是投入使用周期短和便于操作和调整，不需要经常奔波于不同的训练场地之间。当然，动作练习模拟器一般情况下比较昂贵，在决定使用时要考虑“投入产出比”和动作练习的实际学习效果。一般来说，在动作学习的早期阶段，采用模拟器练习对于学生学习目标技能的概念、规则、战术等认知因素能够收到较好的效果。随着学生动作学习与控制水平的提高，模拟器练习的效果就大幅度下降，除非模拟器练习与真实情景下目标技能练习的形式几乎完全相同。

2. 分解练习

对于初学者来说，有些动作技能相当复杂，如体操、撑竿跳高和掷标枪等。所以，在多数情况下，教师和教练员常常把完整动作过程分解成各个部分进行教学。分解练习（part practice）是以更简单的形式练习某项复杂的动作，主要包括单独分解练习、渐进分解练习和简化分解练习三种形式。当学生能够熟练地完成分解练习动作后，再进行完整动作的练习。分解练习可以有效减小动作学习中复杂动作任务对于学生的难度。

（1）单独分解练习（fractionization）是把复杂动作分解成两个或更多部分各自单独练习的一种方法。

（2）渐进分解练习（segmentation）是先练习目标技能的第一部分，掌握第一部分之后再加上第二部分共同练习，依次类推，直到能够进行完整的目标技能练习的一种方法。

（3）简化分解练习（simplification）是把目标技能某些方面难度降低进行练习的一种方法。

在进行分解练习时需要注意的重要问题是，如何把完整动作技能进行分解，以及如何进行分解练习才能最大程度地把学习效果迁移到完整动作技能中去。因此，在使用分解练习之前，教师和教练员需要思考以下问题：

- 将目标技能简化的练习形式可以产生向完整目标技能表现的积极迁移吗？

- 学生应该花费多长时间进行分解练习？
- 学生采用完整目标技能的练习会更加有效吗？

分解练习对于动作学习效果的差异取决于学生正在学习的目标技能的性质。首先，分解练习对于学习相对独立的动作任务最有效，其中一部分的动作或错误并不会影响下一部分动作任务。例如，接力赛跑的传接棒动作与跑步动作基本上是独立的，学生可以花费较多时间练习较复杂的部分（如传接棒动作），而不必每次练习都学习较容易的部分（如跑步动作）。

有些序列动作技能各个部分之间却存在较大影响，如田径运动中的大部分跳跃和投掷动作技能。如果动作任务各个部分之间影响大的话，学生或运动员一旦发现动作前期部分的分解练习效果不理想，就必须能够尽快补偿和调整好后续的完整动作。然而，对于完整动作目标技能各个部分之间的这种补偿和调整能力，在学生独立进行分解练习过程中是不可能学习和提高的。因此掌握序列动作技能的单独部分并不能保证能够有效地执行完整动作。除非做出调整，把后一动作部分的分解练习建立在前一部分动作的基础上（图 8 - 8）。请见采用分解练习对于完整动作目标技能表现的效果，与完整动作各个部分之间相互作用程度关系的示意图（图 8 -9）。

图 8 -8　有时掌握序列技能的单独部分不能保证能够有效地执行完整动作

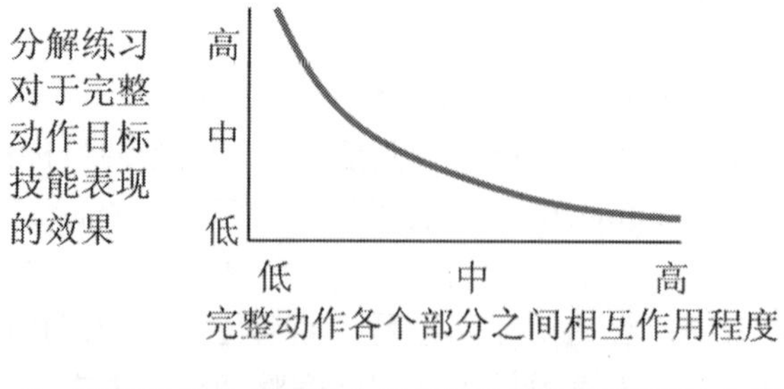

图 8 -9　完整动作各个部分之间相互作用程度提高时分解练习对于完整动作目标技能表现的效果显著下降

（引自 Schmidt & Wrisberg，2000）

研究表明，把快速的分立动作强行分解成各个部分，会使它们与实际动作任务的情景要求相差很远，所以对于完整动作技能水平的提高没有什么作用（Schmidt & Young，1987）。我们曾经学习过动作程序的概念，快速动作基本上以开环控制形式为基础，专门动作决定和结构是预先组织好的。如果只单独地练习程序化动作的一部分，相当于使用另一种程序，这也只能对学习这个被割裂的动作部分起作用，当然不会对目标技能的完整动作的学习有所帮助。

3. 慢动作练习

在动作目标技能的学习中，教师和教练员为学生简化练习的另一种方法是慢动作练习（图8－10）。慢动作练习的理论依据来源于基本动作程序的观点。基本动作程序的可变参量之一是完整动作的速度，动作速度的快慢取决于由练习者决定的动作执行方式。尤其在动作技能学习的早期，采用慢动作练习能够帮助学生更有效地控制动作，因此在他们的基本动作形式练习中可以减少错误。

图8－10 简化练习的另一种方法是慢动作练习

可是，在长期采用慢动作练习，或经常采用非常缓慢的练习时也应该格外小心，因为它会严重地改变动作的基本动力和时间结构。如果学生习惯和沉溺于慢动作练习，他们可能会逐渐背离实际动作目标情景的动作速度要求，最终损害动作学习效果。这就要求我们在采用慢动作练习时要根据动作学习任务，尽量趋利避害。

4. 查错练习

伴随着学生进入不同的动作学习阶段，他们发现动作错误的能力不断提高。学习查错与学习动作有许多相似之处，尽管它们的过程有所区别。一名能够自我查错的铁饼运动员必须敏感地感受与执行动作有关的大量信息。例如，动觉信息包括肌肉和关节的动作速度和力量、投掷臂持握铁饼的感觉、动作过程中旋转轴身体重心的移动等；视觉信息包括身体在投掷圈中的相对位置、动作过程和投掷方向、风向标的方向和裁判的旗示等。听觉信息包括自己动作步法与地面摩擦发出的动作节奏声音和风声等。这些都能够为运动员提供反馈，使运动员了解自己的动作质量。查错能力（error detection capability）是人通过学习获得的善于利用各种动作反馈来发现自己动作错误的能力。为了提高查错能力，教师或教练员必须引导学生或运动员，敏锐地自己感知相关动作反馈与动作技能表现结果之间产生的联系。例如，在掷少儿标枪中腿部用不上力，教师要使学生自己察觉到，这可能是由于投掷动作开始前身体重心太高或太靠前，或腿部蹬伸动作太被动造成的（图8－11）。

图8－11　教师要引导学生体会动作感觉和提高自我查错能力

教师和教练员可以通过鼓励学生感觉和评价动作反馈的方式提高他们的查错能力，如果老师或教练没有专门对学生强调这些反馈信息的重要性，学生往往注意不到它们。例如，老师或教练可以在提供动作学习指导之前，要求学生描述和评价他们在执行动作过程中的感觉。要求学生主动地描述和评价自己动作的各个方面很重要，这个过程能够使学生熟悉利用各种反馈，提高他们的查错能力。

但是，教师和教练员不要在学生执行动作的过程中提示学生注意动作反馈，这样会造成他们注意的内部冲突，受到与达到动作目的不适宜信息源的干扰。例如，正在集中注意力于投掷动作左腿积极用力支撑的铁饼运动员，在动作过程中没有更多的注意力集中在用力的方向上。在运动员完成动作之后，才可以要求运动员说明实际动作感觉的各个方面，给学生自己控制动作技能学习过程更大的主动空间。在运动员学会发现错误之后，面临的问题就转移到学习纠正错误方面。因此，教师和教练员不仅要培养学生的查错能力，还要帮助学生提高他们的纠错能力，才能保障动作学习过程的顺利进行。

（二）心理动作演练技术

心理演练（mental rehearsal）是人在没有明显运动的情况下思想动作技能的执行过程，它是动作学习的另一种练习技术。它是人在不实际进行动作练习的情况下，思想或想象正在学习的动作的各个方面。无疑，动作的实际身体演练在动作技能学习过程中所起到的作用远远大于心理演练的作用。但是，在有些特定情况下，心理演练也能够取得和身体演练几乎相同的动作学习效果。对于动作技能学习效果来说，采用心理演练技术比不采用心理演练会收到明显的动作技能学习效果，原因在于心理练习能够对人体动作产生过程的许多方面发生影响（图8－11）。

心理练习（mental practice）是人在没有明显运动的情况下思想动作技能执行的认知、特征、过程等各个方面的心理演练过程。心理表象（mental imagery）是人想象自己或他人执行动作技能的心理演练过程。在心理演练过程中，学生不断提醒自己动作技能的过程和各个细节，有时这个过程就叫做心理练习。有时，学生试图想象实际执行动作技能的感觉，这个过程就叫做心理表象。

1. 心理练习

研究人员发现（Feltz & Landers，1983），不管学生的动作技能水平如何，心理练习对于包含大量认知性、象征性和过程性因素的动作任务更加有效。这些因素包括战略、战术、注意焦点，以及一般指导性信息，所有学生对它们进行心理练习时一般都不会遇到太大困难。

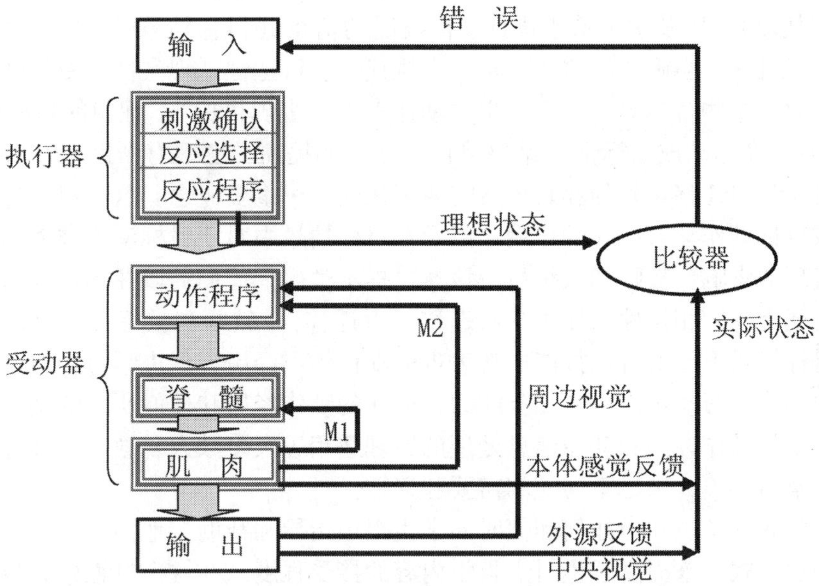

图 8－12 人体动作控制信息流程，将心理练习产生作用的主要过程重点表示

（根据 Schmidt & Wrisberg，2000 资料改编）

动作任务认知性、象征性和过程性因素的心理练习不需要专门器材，可以使许多人共同练习。很多证据表明，对于初学者来说，将心理练习和身体练习轮流变换地采用，能够有效地提高学生的动作表现水平。教师和教练员应该找到这两种练习最佳的结合方式，最大程度地获得动作学习效果。

2. 心理表象

另一种专门的心理演练技术叫做心理表象。在心理表象练习过程中，学生试图体会和感觉他们实际执行动作的过程。这种动作体会可以来源于身体内部，如体会执行身体动作时对动作和动作环境感觉。动作体会也可以来源于身体外部，如采用录像信息体会自己的动作。

心理表象训练对于动作学习的作用在于：人在进行心理表象练习过程中，肌肉的运动单位就处于执行动作的准备状态。这种准备状态的适宜程度，取决于这个人以往执行这个身体动作的练习量和动作经验。所以有学者提出，高水平运动员采用心理表象训练，对于完善动作的作用要远远超过初学者，原因在于优秀运动员更加熟悉动作任务的肌肉和本体感觉，所以他们的心理表象练习才能更加真切和有效。

第三节　自学进阶与突破

一、认识基本概念

人体能够以多种方式获得学习经历。教师和教练员必须实现确认学生希望掌握的动作技能（目标技能），以及学生希望执行动作技能的情景（目标情景），然后才能帮助学生动作学习确立目标。当确立的这些目标具有挑战性、可达性、现实性和专门性时，学习经历才更加有效。这些目标对于评价学生的动作表现（表现目标）、理想的目标行为（过程目标），以及外在运动成绩标准（结果目标）水平的提高，也很有帮助。在对学生提供指导和帮助时，学习迁移是教师和教练员需要记住的一个重要概念。这个概念包括以往动作表现经历或目标动作学习所起的作用，以及在目标情景中对于目标动作技能的练习，对于以后动作表现的影响。教师和教练员应该通过提示学生，他们的以往动作经历，与正在学习的目标技能之间的相似性，促进学习迁移（近迁移）。教师和教练员也可以通过创造和组织，在目标情景下导致目标技能成功表现的动作学习经历，促进学习迁移（正迁移）。

学生的动作学习动机水平、先天能力、以往的动作经历和他们所处的动作学习阶段都是不同的，虽然动作控制和动作信息处理的原理适用于大多数人，教师和教练员有时也需要修正动作学习环境，满足不同人的需要和兴趣。

好的教师和教练员知道如何和何时向学生提供指导和帮助。他们可以通过建立一个开放的双向沟通方式，来提高学生对于教学内容的接受程度。在这个过程中，教师和教练员需要得到关于学生需要和各种教学形式有效性方面的信息。教师和教练员还可以通过使学生熟悉学习环境，使他们做好获得学习经历的准备。当学生了解教师和教练员期待他们学会什么，以及他们能够从学习环境中学到什么的时候，他们就能够以更大的热情和较少的忧虑投入到经历中。在教学过程中，帮助学生控制他们的注意焦点有助于促进学习过程。人体的注意范围是有限的，教师和教练员可以帮助学生识别，与执行目标技能最为关切的注意焦点。对于闭式动作技能来说，引导注意焦点包括对于动作重要组成部分的注意（如掷标枪的鞭打出手动作路线）。对于开式动作技能来说，引导注意焦点包括对于环境方面因素的识别（如乒乓球中来球的速度和旋转）。在动作技能学习的早期阶段，应该鼓励学生在外部环境信息和内部身体信息之间，不断变化他们的注意焦点（如观察预料中的网球发球目标、预料动作感觉、观察球的飞行路线等）。

焦虑是影响学生注意焦点的一个重要因素。当一个人处于焦虑状态时，就不能有效地控制他的动作。教师和教练员可以帮助学生减少焦虑的一个方式，是协助他们确立可以达到和现实的动作技能表现目标。当学生感到能够达到他们的目标时，就会感到较少的焦虑。确立一个过程目标，往往能够增强学生对于他们自己能力的自信。这是因为关于一个行动组成部分的过程目标，是在学生的能力所及范围内的（如在短跑高速跑动作过程中，目视前方并保持头部的稳定）。通过鼓励学生确立各种过程目标，教师和教练员就能够帮助学生体会到自己的控制能力，减少焦虑。减少焦虑的另一个好处，是能够使学生进行更加有效的注意焦点控制。在提供教学指导帮助时，需要思考的另一个因素是学生身体和心理的疲劳程度。教师和教练员应该根据学生的身体素质水平、动作的能量需要、受伤的危险性、动作信息处理的要求，来确定训练课的时间长度和练习密度，并随着学生技能表现和身体能力水平的提高，循序渐进地进行调节。

在教授目标技能时，教师和教练员通常需要确定，能够最好地传达动作一般信息的一些指导和示范组合方式。最有效的动作技能指导方式是那些简短的指导。它们强调了学生所熟悉的概念，或提醒学生他们能够从过去的动作经历吸取什么，来执行目标技能。更加有效的示范是那些能够传达动作关键特征的示范。有时学生在理解动作的关键特征之前，需要教师和教练员指出这些特征。起初，教师和教练员可能需要对学生提供身体动作引导。但当学生能够基本做出技能性动作，或不存在受伤的危险性时，就应该停止使用动作引导。其他修正的身体练习形式，还包括使用模拟器、动作技能的分解练习、慢动作练习和发现错误练习。另外，教师和教练员还要鼓励学生在心理上演练动作策略，或目标技能的过程，以及使用包含理想动作关键特征的心理表象练习。

二、掌握关键术语

为了回答本章中的问题和完成练习，需要我们理解和掌握以下关键术语。

（一）确立目标（goal setting）。

（二）学习阶段（stages of learning）。

（三）表现目标（performance goals）。

（四）过程目标（process goals）。

（五）结果目标（outcome goals）。

（六）学习迁移（transfer of learning）。

（七）近迁移（near transfer）。

（八）远迁移（far transfer）。

（九）正迁移（positive transfer）。

（十）负迁移（negative transfer）。

（十一）双侧迁移（Bilateral Transfer）。

（十二）目标技能（target skill）。

（十三）目标行为（target behavior）。

（十四）目标情景（target context）。

（十五）注意焦点（attentional focus）。

（十六）宽焦点（broad focus）。

（十七）窄焦点（narrow focus）。

（十八）外部焦点（external focus）。

（十九）内部焦点（internal focus）。

（二十）有限注意容量（limited attentional capacity）。

（二十一）示范（demonstration）。

（二十二）模范（modeling）。

（二十三）观察性学习（observational learning）。

（二十四）双向交流（two - way communication）。

（二十五）目标技能（target skill）。

（二十六）相关提示（relevant cues）。

（二十七）分解练习（part practice）。

（二十八）单独分解练习（fractionization）。

（二十九）渐进分解练习（fragmentation）。

（三十）简化分解练习（simplification）。

三、巩固学习要点

（一）成功确立目标的标准是，目标要具有挑战性、可达性、现实性和专门性。结果目标指注重活动最终结果的动作技能表现目标。表现目标指与一个人过去的动作技能表现相比，动作技能表现水平提高的目标。过程目标指把重点放在动作产生质量上的动作技能表现水平提高的目标。

（二）目标技能指人希望能够执行的动作任务。目标行为指人在目标情景中成功地执行目标技能而必须做出的动作。目标情景指人所希望的能够执行他（她）所学习动作技能的环境条件。

（三）学习迁移指由于以前对一个动作任务的练习或经历，造成了对目前完成另一个动作任务熟练性的提高或下降。近迁移指执行两种非常相似动作任务或情景之间发生的一种学习迁移。远迁移指执行两种非常不同动作任务或情景之间发生的一种学习迁移。双侧迁移是人的身体一侧的动作学习效果，向身体另一侧转移的倾向。

（四）影响学生学习进展的因素包括学习动机、以往经历、先天能力和目前所处的学习阶段。成就动机指人为达到动作表现目标进行努力的方向和强度，目标可以是完成动作任务或超越他人。

（五）动作因素指动作任务中动作方式与产生正确动作表现的相关因素。感知因素指动作任务中人对刺激的处理与产生正确动作表现的相关因素。概念因素指动作任务中原理、规则、战略或战术与产生正确动作表现的相关因素。

（六）学习的专门性是一种观点，认为最好的学习经历发生在目标技能（动作组成部分）和目标情景（环境条件）最为接近的情况下。

（七）注意焦点指引导注意指向信息源的活动，或人注意的目标。人不但能够引导他（或她）的注意焦点指向外部或内部信息源，而且还能够缩小或扩大注意焦点接受更少或更多的刺激。外部焦点指注意指向环境中外部信息源的活动。内部焦点指注意指向身体内部信息源的活动。窄焦点指注意一次指向小范围信息的活动。宽焦点指注意一次指向大范围信息的活动。

（八）动作学习有效身体动作演练的一些技术包括：模拟练习、分解练习、慢动作练习和发现错误练习。分解练习指以更简单的形式练习某项复杂的动作，主要包括独立分解练习、渐进分解练习和简化分解练习三种形式。单独分解练习是把复杂动作分解成两个或更多部分各自单独练习的一种方法。渐进分解练习是先练习目标技能的第一部分，掌握第一部分之后再加上第二部分共同练习，依次类推，直到能够进行完整的目标技能练习的一种方法。简化分解练习是把目标技能某些方面难度降低进行练习的一种方法。

（九）心理练习对于包含大量认知性、象征性和过程性因素的动作任务更加有效。这些因素包括战略、战术、注意焦点，以及一般指导性信息。对于初学者来说，将心理练习和身体练习轮流变换地采用，能够有效地提高学生的动作表现水平。

四、强化知识练习

（一）简要说明成功确立目标的标准是什么？

（二）什么是动作学习迁移？

（三）简要解释影响学生动作学习进展的因素有哪些？

（四）请说明动作学习专门性的观点。

（五）什么是注意焦点？它的主要作用是什么？

（六）简要说明教师和教练员帮助学生控制唤醒水平的方法。

（七）什么是分解练习？它有哪些形式？

（八）结合实际举例说明分解练习的不同形式。

五、推荐阅读文献

张力为（2002）：体育科学研究方法。高等教育出版社。该书对体育科研方法进行了详细的介绍。

张英波，孙南译（2010）：国际田联教练员培训教材——教练入门。北京：北京体育大学出版社。该书讨论了田径运动员培养的基础理论和基本原理。

张英波（2007）：现代体能训练方法。北京：北京体育大学出版社。该书比较系统地说明了不同运动项目的体能训练方法和知识体系。

Baddeley，A. D.，& Longman，D. J. A.（1978）. The influence of length and frequency of training session on the rate of learning to type. Ergonomics，21，627 –635. 该文讨论了训练课中练习的时间长度和频度对学习打字速度的影响。

Feltz，D. L.，& Landers，D. M.（1983）. The effects of mental practice on motor skill learning and performance：Ameta analysis. Journal of Sport Psychology，5，1 –18. 该文讨论了心理训练对动作学习和表现的影响。

Gould，D.（1998）. Goal setting for peak performance. Applied sport psychology：Personal growth to peak performnce（pp. 158 –169）. Mountain View，CA：Mayfield. 该文提出了确立目标的标准。

Henry，F. M.（1968）. Specificity vs. generality in learning motor skill. Classical studies on physical activity（pp. 331 –340）. Englewood Cliffs，NJ：Prentice –Hall. 该文提出了动作学习一般性和专门性问题。

Nideffer，R. M.（1995）. Focus for success. San Diego：Enhanced Performance Services. 该书提出人控制注意的能力表现在注意焦点的指向和注意焦点的宽度两个方面。

Schmidt，R. A.，& Young，D. E.（1987）. Transfer of motor control in motor skill learning. Transfer of learning（pp. 47 –79）. Orlando，KL：Academic Press. 该文提出如果把快速的分立动作强行分解成各个部分，对于完整动作技能水平提高的作用不明显。

第九章 动作学习的练习结构

在本章的学习中，我们将集中讨论体育教学或训练课的练习结构，学习内容包括将开式动作技能中两种或两种以上动作任务结合起来练习提高动作学习效果的方法。还要学习适合于闭式动作技能的采用同一动作任务的不同练习方式，提高学生适应新动作环境要求能力的方法。最后，我们讨论针对环境需要组织各种方式的动作练习的方法。

这一章的学习目的包括以下方面：第一，认识练习结构的概念，解释它对掌握动作和在理想的目标情景中表现目标动作的重要性。第二，说明群组、随机的练习在学习执行多种不同动作任务中的区别。第三，解释随机练习在学习不同动作中的优势。第四，说明不同目标情景下为了适应特定动作，采用固定和变化练习的区别。第五，解释如何在动作学习中把随机和变化练习的结合方式。第六，解释固定和变化的刺激-反应模式的区别及其运用。

第一节 开式技能动作学习的高效练习结构

一、群组练习与随机练习

毫无疑问，任何人要想把任何某项运动技能掌握得炉火纯青，都需要大量的练习和花费大量的时间。可是，花费大量时间进行练习并不是学习动作唯一的方式，提高训练课的质量却起到更为关键的作用。因此，为了取得事半功倍的练习效果，教师和教练员必须设法把训练课组织得更加合理与科学。对于教师和教练来说，有无数组织身体练习的方式可以采用，而对于他们最大的挑战却在于深入了解不同练习结构的利弊，以及它们对于动作技能学习质量的影响。在开式动作技能学习的实际教学和训练中，一次教学或训练课的任务常常要在一定时间内学习和掌握一个以上的动作技能。例如乒乓球运动员常常需要练习正手和反手击球、接球和发球，更不必说许多的转身和改变站位等伴随动作。人们在长期的体育教学和运动实践中发现，主要有两种练习安排顺序对开式动作技能的动作学习效果产生着重要的影响。它们是：群组练习与随机练习。

（一）群组练习

群组练习（blocked practice）是人不断重复地执行同一动作任务的练习方式。假设一个同学在一次课中要学习 A、B、C 三个动作任务，而且这三个动作是不同的，如举重中三个不同的动作。最常见的方法是让学生在一定的时间内练习第一个动作，接着练习第二个，依次类推。这种练习安排方式被称为群组练习。它在学习某个动作的练习中尤为多见，学生不断地进行动作重复。这种安排似乎有利于提高学习效果，学生可以不被干扰地专心学习某个动作，他们能够巩固、调节，甚至可以在学习下一个动作前纠正目前学习的动作。

（二）随机练习

随机练习（random practice）是人不按一定顺序随机地执行多种不同动作任务的练习方式。在另一种情况下，学生在一次课中要学习多项动作任务，是以随机练习的练习方式进行的。所谓随机练习也就是说，在一定时间的练习过程中，许多不同的练习是相互混合和交叉在一起的。学生不停地轮流完成不同的动作任务，而且在极端的情况下，他们从不连续完成相同的动作任务，如跆拳道运动员的比赛模拟训练课。

（三）群组练习与随机练习效果的区别

群组练习与随机练习这两种安排方式究竟具有哪些效果上的区别呢？这可能与你的想象的结果有所出入。研究人员已经从大量的实验结果中，得到了与许多人实际教学和训练经验截然不同的惊人发现。希亚和摩根（Shea & Morgan，1979）指出，随机练习的动作学习效果比群组练习更优越（图 9－1）。随后，他们的发现被更多高度控制的实验室研究、教学研究，甚至康复研究所证实。

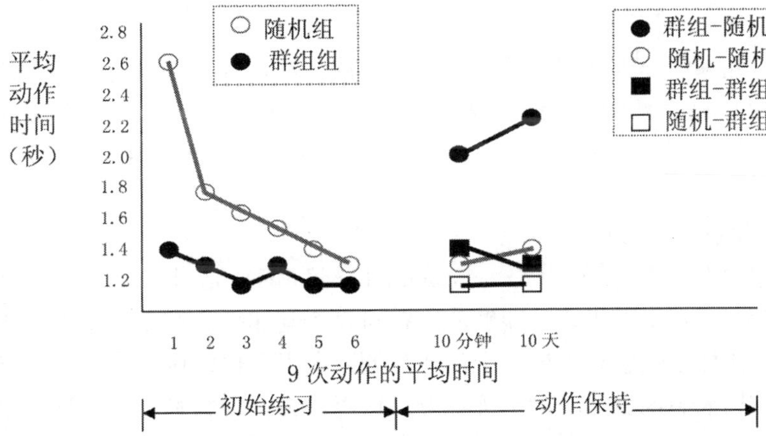

图 9－1 在随机和群组练习条件下的动作表现，在每组初始练习中的动作学习效果（左侧）和动作保持效果测试结果（右侧）的比较

（引自 Shea & Morgan，1979）

二、随机练习更加有效的原因

绝大多数的研究结果表明，采用随机练习方式的学生或练习者在执行多种动作任务时，在练习过程中的动作表现不如采用群组练习方式好。可是，当他们在练习以后再执行这些相同的动作任务时，那些采用随机练习方式练习者，却表现出更加优越的动作保持程度。因此，通过对运动练习之间相互作用和影响的研究，科学家们发现了一个人类学习动作过程中与人们的一般直觉相反的现象：起初练习时较差的动作表现却能够导致更好的动作学习效果。

（一）关联干预效应

关联干预效应（contextual interference effect）是在实验中比较随机和群组练习的效果时发现的一种现象，学生在学习执行不同动作任务的过程中，虽然在学习初期阶段群组练习比随机练习能够产生较好的执行动作表现，但在比较学习后期阶段的动作保持测试结果时，随机练习比群组练习产生了更好的动作学习效果。关联干预效应对人们的传统认识提出了有力的挑战。为了解释关联干预效应，科学家针对随机练习方式的特点提出了以下两个有趣的假说。

1. 深刻和有区别地强化学习假说

精心执行动作假说（elaboration hypothesis）是对于关联干预效应的一种解释，指出在初期的练习中随机练习能够使人体验执行不同动作任务的区别，而群组练习使人错过了这种自动比较和执行不同动作任务的机会。随机练习方式的优点在于，它强化了执行动作本身的深刻性和与其他动作的区别性。当人在训练课中采用随机练习方式，从完成一种动作任务转换到完成另一种动作任务时，他们就开始体验各种动作任务之间的区别，这就使每一种动作任务在他们的长时记忆（long - term memory）中留下的痕迹更加深刻。而对动作的长时记忆越深刻，或者它的区分性越强，动作记忆就越持久，动作技能也就越容易在练习之后重新被追忆出来使用。

另一方面，在采用群组练习方式的情况下，同一动作的重复执行过程，却或多或少地被“自动化”了。显然，在训练课的某一段练习过程中对单一动作的不断重复，容易误导练习者忽视各种不同动作的内部、动作之间，以及与其他相似动作之间的共同点和差异。

2. 遗忘或间隙加大假说

遗忘或间隙加大假说（forgetting or spacing hypothesis）是对于关联干预效应的一种解释，指出在初期的练习中随机练习能够使人针对每个动作任务产生或重建动作计划，因为人在执行其他动作任务时遗忘了前一个动作计划，所以它也叫做动作计划重建假说。

遗忘或间隙加大假说也是对随机练习方式优点的另一种解释。根据这种观点，采用随机练习方式的情况是：在练习者从执行前一种动作任务转换为执行后一种动作任务期间，他们不但要忘记前一种任务的动作执行过程，而且还要分析出后一种动作任务的执行方法。因此，当他们又重新遇到执行前一种动作任务的情况时，他们也必须重新作出完成这个动作任务的计划。正是由于这个原因，遗忘假说有时也被称为是动作计划重建假说（action plan reconstruction hypothesis），它是由李和马吉尔（Lee & Magill，1985）首次提出的。由于随机练习方式，练习者们接受着根据不同的动作任务不断地制订适宜执行计划的挑战，因此他们在执行练习之初的动作表现自然也会稍差一些。而在随机练习之后重新再演练曾经学习过的许多动作时，他们却能够从这种费力的练习方式中获益匪浅。

另一方面，在群组练习方式下，练习者在一大组练习中记忆和完成同一项动作任务，所有的重复练习都可以执行为完成第一次动作任务而制订的同一个动作计划。确定无疑，练习者在练习过程中的同一动作表现自然会相当满意。遗憾的是，动作的长期学习效果却大打折扣。原因在于，采用群组练习方式的这些练习者，在不同动作任务的演练过程中无法得到灵活和随意地制订不同动作计划的充分体验。

（二）提高了信息处理过程制订动作任务解决方案或动作计划的能力

需要多次架构完成动作任务的解决方案或制订动作计划的事实，是理解随机练习方式能够比群组练习方式更有效提高实际学习效果的一个重要根据。提取练习（retrieval practice）是通过随机练习发生的从长时记忆中提取动作程序和参量的活动。从这个意义上说，随机练习有时也被称为提取练习。这是因为练习者被迫训练了，那些需要重新从长时记忆中提取必要动作信息的技能。大量进行诸如此类的提取练习，对学生在未来的动作学习中提高多种运动技能的表现，能够收到很好的效果。

我们还可以采用人体动作控制信息流程来说明人体不断制订动作计划，或提取完成动作任务解决方案的机制（图9－2）。我们需要记住的是，人无论在任何情况下决定完成一个快速、有目的的动作时，都需要从长时记忆中选择提取一般动作程序，也就是大致的动作时间和空间模式（进入图中粗框部分的反应选择阶段）。一旦完成这个过程，就要选择参量，如动作速度、力量和幅度等因素的大小（图中粗框部分的反应程序阶段），进而决定做出什么样的专门性动作。选择适宜的基本动作程序和决定使用理想的参量决定着执行动作任务的类型。

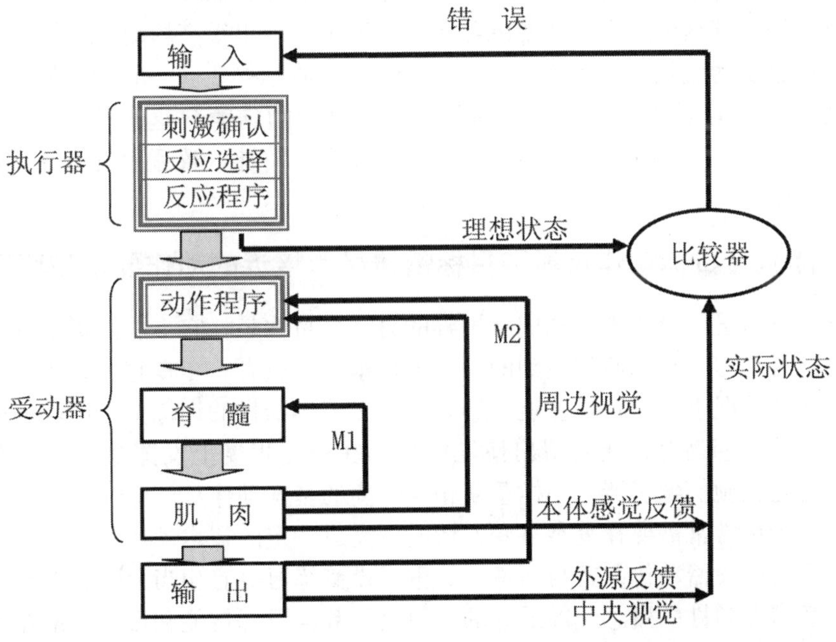

图9－2 人体动作控制信息流程，将心理练习产生练习效果的过程重点表示

（根据 Schmidt & Wrisberg，2000 资料改编）

练习者在采用随机练习方式的情况下，他在完成每一次动作练习之前必须提取一个动作程序，并把它参量化。这是因为他们的每一次练习都在执行不同的动作任务，具有不同的动作理想状态和需要不同的动作程序。在采用群组练习方式时，练习者在众多动作的重复练习中能够只使用同样的动作程序和动作参量，所以丧失了提取动作程序和使动作参量化的自身努力过程。而这些过程对于动作技能学习又是非常重要的。

三、群组和随机练习的应用提示

在人们对于群组练习和随机练习效果的研究过程中，所取得的一个最重要提示，涉及到它们对于动作技能学习的影响问题。

（一）群组练习方式不利于动作技能的长期掌握

您可能经常听到有些体育老师或教练对学生说："为了正确掌握这个动作，您需要不断重复练习直到做对为止。"似乎通过大量的重复练习就能够把正确动作"印"在学生的脑子里。重复练习的概念也深深地根植于许多传统的训练方法中。为了掌握正确动作，有不少运动员常常在一次训练课中数百次地重复练习某个技术动作，如篮球的投篮、网球和乒乓球的发球等等，这类练习典型的操作方式就是采用群组练习。现在我们知道，从长期动作学习效果的角度看，这样安排练习不一定会取得满意的效果。

群组练习方式可以使练习者在起初的练习中展示良好的动作表现，但不利于动作技能的长期掌握。练习者表现出的良好动作效果，是因为他们在稳定的和可预见的环境下练习，而且还可以在每一次重复练习中对动作进行"微调"和完善。群组练习方式还可以借助一些细微的临时因素提高练习中的稳定动作技能表现，如理想的心理唤醒水平和适宜地集中注意力等。其结果是人为地使练习者在训练中表现出很高的动作表现水平，误导他们产生虚幻和错误的成就感。俗话讲："种瓜得瓜，种豆得豆。"所以对待在实际训练和比赛中常常遇到的运动员是"训练中的英雄，比赛中的狗熊"这类使人失望的情况时，不要把问题完全归咎于运动员和学生的心理品质和敬业精神，教师和教练要多从自己的训练安排上找原因。

（二）体验与目标动作技能和目标情景最为接近的动作要素和环境条件

从对群组练习进行分析中，我们所了解的另一个特性是，它不能使练习者充分体验目标技能，也就是练习者自己希望达到的动作表现水平。或者，至多它也只能使练习者在与目标情景不同的情况下练习目标技能。例如在艺术体操项目的训练中，运动员的动作韵律不但要与音乐节奏相吻合，还要留出使她们自己在一定程度上发挥个人动作表现力的空间，而不能总是让她们像机器人一样重复相互分离的基本动作。

比赛时运动员常常需要在复杂多变的情况下完成特定的技术动作，例如在篮球比赛结束前 2 秒钟完成的投篮动作，就与训练中的重复投篮练习具有相当大的区别。因此，我们提出了动作学习专门性的概念，即最好的练习是体验与目标技能和目标情景在大体上最为接近的动作要素和环境条件。也就是我们常说的"区别对待"和"从实战出发"。而动作学习专门性原则常常在许多群组练习的情况下被忽视了。许多动作任务需要练习者在目标情景中完成，而只采用群组练习方式是达不到要求的。在表 9－1 中，表示出在目标情境和群组练习方式下完成动作的不同特点，可以为我们的教学和训练设计练习方式提供参考。

表 9－1　在目标情境和群组练习方式下完成动作的特点

目标情景	群组练习
多种环境条件不断变化。	固定环境条件基本不变。
需要为每一次动作做出行动方案。	只需要为第一次动作做出行动方案。
只有一次成功机会。	有多次成功机会。
一些动作不能在随后的练习中重复。	在随后的练习中重复同样的动作。
不能在下一次练习中纠正错误。	能够在下一次练习中纠正错误。

（引自 Schmidt & Wrisberg，2000）

（三）结合动作学习的阶段特点运用群组和随机练习

有研究表明，在学习一项新技能的前几次动作练习中，练习者只是处于动作学习过程的语言认知阶段（verbal－cognitive stage，动作学习的初级阶段，这时语言信号和认知过程占主导地位），此时采用群组练习比随机练习更有益（Shea，Kohl & Indermill，1990）。这也许是由于他们需要许多次重复才能在一组练习中成功地完成动作。可是，一旦练习者大致上掌握了动作，就应该把他们的动作练习转换成随机练习方式，这时就再也不适宜采用群组练习了。

当练习者的动作学习过程达到联系阶段（或叫做动作阶段 motor stage，动作学习的第二个阶段，这时动作程序已经发展起来，动作表现也越来越稳定和一致）时，他们则应该尽量多地避免采用群组练习的重复性方式。一种方法是在同一次课中训练完成几个不同的动作任务，不断轮流地从执行一个动作转到执行下一个动作。如跳板跳水运动员在一个训练日中，他的每次试跳都轮流采用不同的动作进行练习。篮球、排球、足球和手球等项目的运动员也应该练习不同的战术、阵容和打法，而不适宜只反复练习其中某一种。

（四）加大相邻动作练习间的差别有助于提高动作学习效果

现在看起来，好像采用随机练习方式尤其对学习相互不相似的动作任务更加有效。事实上，在随机练习方式下，加大相邻动作练习间的差别有助于提高动作学习效果。例如，在篮球运动员的训练中，教练课安排运动员在一组练习中完成不同战术动作，有助于提高运动员的实战能力和技术动作质量。

然而，教师和教练还需要记住，学生可能会对这样的练习产生抵触情绪，因为他们不能像进行群组练习那样立竿见影地体验动作“成功”的喜悦。现在我们理解，真正成功练习的关键是让动作学习者在目标情景的条件中体验他们需要完成的动作任务，即使这样做可能意味着练习者要在练习过程中出现更多的动作错误和缓慢的动作表现进展。所以练习者只要了解了其中的道理，就知道了出现动作错误是完全正常的现象。更重要的是他们需要确信，在随机练习方式的练习过程中动作表现可能不理想，而在目标情景下他们就能够做出更高质量的动作。

第二节 闭式技能动作学习的适宜练习结构

在闭式动作技能的学习过程中，有时学生希望学习以许多方式完成的某一项动作任务，例如田径运动中的投掷项目这一类动作任务就可以用许多种方式完成。如果练习者的目标是提高投掷动作的技能，他必须发展投掷不同体积、形状、重量的各种物体和不同距离的能力；采取抛物线和低平物体飞行轨迹练习；采用静止和移动的目标等等，更不用说利用其他可能的变化形式。

我们在前面已经提到，练习者对同类动作的不同表现方式的控制是采用一般动作程序来实现的。不变特征（invariant features）指那些在练习者变化动作的表面形式时，仍然保持不变或一贯的动作要素。而一般动作程序具有许多基本的不变特征。例如，投掷动作程序可以包括抓握物体的方式、步法和转髋配合动作、臂部动作、手腕动作、物体出手后的惯性动作和维持平衡等。所以，我们只能说任何一个动作技能都是一类特定关联动作的组合，在人执行同一类动作的一个动作形式时（如投掷标枪），同时也包含着此类动作另一个动作形式中的不变特征（如投掷棒球）。此外，一类动作的不变特征（如投掷动作）与其他种类动作的不变特征有所区别（如踢腿、跳跃、打击和接抓动作）。

一旦练习者学会了一般动作程序，比如说投掷动作，他就能够在许多不同的情况下运用它。人体动作控制信息流程可以帮助我们更好地理解一般动作程序的机理。在执行任何一项投掷动作任务时，练习者首先需要在刺激确认阶段评估目前的环境条件，然后进入反应选择阶段决定采用哪一种投掷动作模式，最后进入反应程序阶段决定需要完成的投掷动作的力量、速度和方向等参量。

现在我们已经意识到，体育教师和教练需要面对的一个重要问题就是采用什么样的练习结构对学习一般动作程序最有效。以下我们专门讨论这个问题。

一、固定练习与变化练习

在帮助学生学习一般动作程序的过程中，决定采取什么样的练习结构，提高学生从一类动作中（例如投掷）成功完成多种动作形式的能力，是教师和教练们面临的基本问题。如果让学生重复练习一个单个动作（如采用群组练习），这种练习的科学术语也叫做固定练习。固定练习（invariant practice）是在训练课中人执行一种动作任务特定动作模式的练习序列。如果练习的目的是让学生在一类动作的基础上体验多种动作方式，这种练习就叫做变化练习。变化练习（variant practice）是在训练课中人执行一种动作任务多种动作方式的练习序列

变化练习的一个特别优势在于，它能够促进学生完成不同力度、速度、幅度和方向的动作，也就是提高动作参量化的能力。我们以投掷动作为例（图9－3），说明动作参量化的基本含义。横坐标表示出学生在课中可能达到的几个物体投掷距离范围，无论学生选择多大的投掷距离，他都要采用同样的一般动作程序。

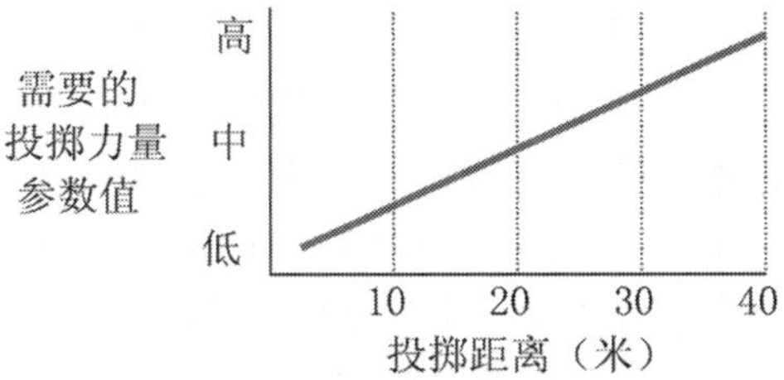

图9－3　物体不同飞行距离对应的假设投掷力量参数

（引自 Schmidt & Wrisberg，2000）

学生对于任何一个投掷距离范围都要选择使用对应的力量和速度等参量。如果选择参量出现错误，则不是投得太近，就是太远。所以动作技能好的学生也正是由于他们善于选择和使用与动作任务相匹配的对应参量。由此，我们知道训练课的练习安排和结构应该尽可能接近目标情景。例如在对足球守门员的训练中，应该让他练习和体验封住任何类型攻门的动作。

练习中让学生体验多种多样的动作，还有助于他们提高完成那些从未经验过的新颖动作的能力，而不仅仅只是把练习拘泥于特定的专门动作中。同时，也能够帮助他们“活学活用”某一类动作的一般动作程序，创造性地表现丰富多彩的动作形式。这里，我们需要进一步认识运动科学家提出的，提出关于动作结果、程序与控制参量的动作纲要概念。动作纲要（schema）是人体动作的各种结果（如投掷距离近），与人为了取得这些结果所选择的参量值（如使用力量小）之间联系的一系列规则。

二、形成动作程序与参量的动作纲要

我们先看这样一个例子（图9－4），当一个运动员投掷标枪进行各种不同投掷距离的练习时，这就使他体会到投掷标枪在不同飞行距离下的动作经验。把这种动作学习现象概念化，运动科学家就把它称为动作纲要（Schmidt，1975），指人体不同的动作结果（如投掷距离近），和为取得这些动作结果（如使用力量小），而选择的参数值之间相互联系的一系列规则。依据动作纲要理论，当学生练习某一类特定的动作时，他同时也获得了一系列动作纲要，来决定完成不同动作方式的必要参量值（parameter values），如以不同的距离投掷器械。

图9－4　运动员投掷标枪的不同投掷距离可以体会到不同的动作经验

我们现在还以这位标枪运动员的练习为例，来说明练习者是怎样利用动作纲要，来决定为完成不同的器械投掷距离，所需要采用的力量参数情况。假设他开始时使用参数 A 的力量把标枪投出 18 米。在下一次练习中，他使用参数 B 的力量把标枪投出 36 米。随后的练习中他使用参数 C 的力量把标枪投出 26 米，诸如此类。每一次投掷练习，标枪运动员都把他所专门选择的用力大小（力量参数值）与标枪的实际飞行距离联系起来。随着练习的进行，这种联系过程就成为形成一系列动作纲要的基础，支配着运动员用力大小与标枪飞行距离之间的因果关系。运动员每一次的练习，都是对动作纲要的进一步丰富和更新，当他进行千百次的投掷练习之后，自然就能够建立起一系列关于用力程度和投掷距离之间牢固和稳定的动作纲要。

一旦形成动作纲要，它是怎样被练习者使用的呢？假设运动员要把标枪投掷到 40 米左右的距离，这时他就需要使用投掷动作纲要（进入认知模式的反应程序阶段），来估计需要多大的力量才能把标枪投到需要的距离。从图 9 -5 中表示的运动员形成的动作纲要，我们看到 40 米左右的距离大约对应的力量参数是 D。然后他决定使用 D 程度的力量进入基本动作程序，最后完成投掷动作。

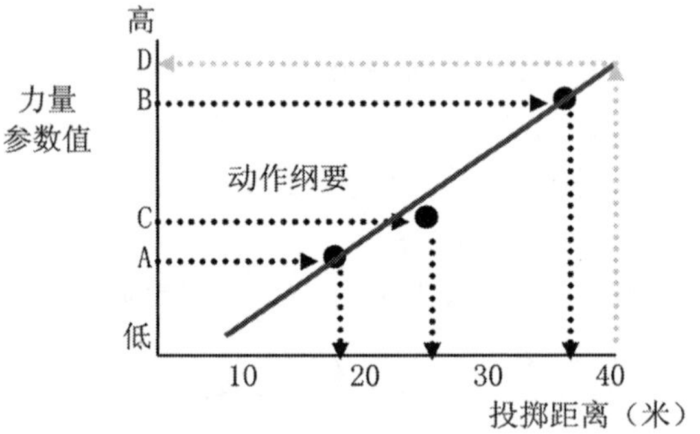

图 9 -5　运动员形成的力量参数和投掷距离之间的“动作纲要”

（根据 Schmidt & Wrisberg，2000 资料改编）

通过这个过程，这位运动员根据他的经验，运用各种力量、速度、时间、方向等各种参数，完成了他的动作。当然，如果运动员的身体能力达不到力量参数 D 的要求，他还需要进行必要的体能训练才可能如愿。这里我们只是借用这个例子来帮助我们理解动作纲要的作用。从上述我们已经讨论的观点来看，也不难理解在一些情况下，人为什么能够有效完成和表现出他以往从来没有专门练习过的动作技能。

三、动作纲要形成过程中变化练习的作用

已经有相当多的研究结果表明，变化练习在动作纲要的形成过程中发挥着重要的作用。在研究这个问题的典型实验中，采用两组人数相等的受试者在不同的条件下练习。一组受试者采用固定练习，完成一类动作包括的许多动作方式中的某一种动作方式（如 20 米、30 米或 40 米投掷距离中的一种）。另一组受试者采用变化练习，完成一类动作中选择的全部动作方式（如练习全部 20 米、30 米和 40 米投掷距离）。两组受试者练习的数量完全相同，但他们取得的动作经验区别在于，练习的变化和每一种动作方式的练习次数

上。例如，两组受试者都完成75次投掷，固定练习组的人只采用三种动作方式之一，把这个动作方式练习了75次。而变化练习组的受试者练习了所有三种动作方式，每一种动作方式各练习了25次。

这些研究结果表明在前几次练习中，固定练习的动作表现比变化练习好。这并不奇怪，因为在每一次的固定练习中受试者只是执行一种动作形式，自然比那些执行三种动作形式交织在一起的、变化练习的受试者动作表现好。对成年人的研究结果（Catalano & Kleiner，1984）表明，当进行一个新动作的转换练习时（如采用25米或35米的投掷距离），采用变化练习实验组的动作表现普遍优于采用固定练习的实验组，至少也不会比采用固定练习的实验组差。对于少年儿童的研究也表明（Kerr & Booth，1978），在进行新动作的转换练习时，采用变化练习实验组的动作表现更加出色。

对这些研究结果的一种解释是，人在动作练习过程中获得了动作纲要，而变化练习促进了这些动作纲要的形成和发展。因此，采用变化练习的人在执行新动作任务时，比采用固定练习的人动作表现更加有效和出色。也就是说，变化练习提高了动作产生的可变性和适应性，能够使练习者运用他在变化练习中学到的动作经验，成功地完成以前他们没有专门练习过的相似动作。

第三节　动作学习练习结构的优势整合

在实际体育教学和运动训练中，开式技能动作学习的高效练习结构与闭式技能动作学习的适宜练习结构，也可以根据运动项目和运动员的实际情况，结合运用，力争实现动作学习效果的优势互补。这在很大程度上也取决于体育教师、教练员、学生和运动员们的聪明才智和创造性。

一、群组、随机练习与固定、变化练习的区别

现在，表面上看起来好像变化练习与固定练习之间的区别，与随机练习与群组练习之间的区别大同小异，然而，这两类练习方式之间存在着重要的区别，它们所依据的影响动作技能学习过程的机制也有相当大的差别。

（一）练习的动作任务和组织方式不同

随机练习与群组练习通常是对几个不同动作任务的演练，如投、踢和接等动作。随机练习与群组练习之间的主要区别只是存在于练习中完成动作的顺序（order）不同。在随机练习中，练习者不是对上一次动作任务在随后的动作任务中进行重复。而在群组练习，练习者需要对一个动作任务重复练习许多次，才开始练习下一个动作任务。

变化练习与固定练习是对同一种动作技能中的多种动作方式的演练，这些动作方式是一类特定动作的不同表现，如踢的动作可以采用不同的力量、速度、方向或距离等。例如，在采用变化练习的训练课中，学生选择许多不同的动作方式练习，如以10米、20米或30米的距离投掷铁饼。另一方面，在采用固定练习训练时，学生则只采用三个之中的一个距离练习掷铁饼。

（二）获得动作技能学习效果的机制不同

随机练习和变化练习对学习动作都会产生良好的效果，但其中的原理有区别。在随机练习中，获得学习效果的机制，是针对多种不同的动作任务，通过一次又一次地遗忘上一次完成动作的问题解决方案，建立和发展起更加深刻和清楚的动作记忆。而在变化练习中获得动作学习效果的机制，是由于它促进了一系列动作规则（如动作纲要）的建立和发展，使学生根据不同的环境要求，有效地决定采用什么样的力量、速度、方向等动作参量做出各种程度的动作形式。

二、随机练习与变化练习的整合

把随机练习对于群组练习和变化练习对于固定练习双方面的优势叠加整合，能够进一步提高动作学习效果。例如，练习者采用变化练习方式学习投球的动作，只进行 100 次随机练习，或者 100 次群组练习。进行群组练习时，练习者可能练习 20 次 20 米距离、20 次 30 米距离、20 次 40 米距离……。而在进行随机练习时，练习者可能第一次练习采用 20 米距离、第二次采用 30 米距离、第三次采用 40 米距离……，直至连续练习完要求的所有投掷距离。李、马吉尔和韦克斯（Lee，Magill & Weeks，1985）的研究结果表明，学生采用随机练习顺序进行变化练习的动作技能学习效果，要远远好于采用群组顺序的变化练习。其原因也许还是存在于学生需要在随机顺序下执行几种方式的动作任务，这迫使他在产生动作之前选择和提取不同的动作参量，所以提高了他们运用动作参量的能力。

随机练习和变化练习还可以进一步整合。例如，练习者需要以随机练习顺序，进行一系列某一类动作中不同完成方式的练习，如采用不同距离的投球练习。如果在这些投球练习之间再穿插其他某类动作，如接球练习，动作技能学习效果就更好。在这种条件下，练习者不仅需要为每一次动作练习选择和产生不同的动作参量，还要必须提取和运用不同的动作程序（如投球和接球）。我们认为，这种动作技能的学习过程极其有效。因此，在运动训练实践中把变化练习与随机练习顺序整合起来，与单独采用一种练习方式的动作技能学习效果相比，具有事半功倍的学习效果。

三、固定与变化的刺激 - 反应模式练习

（一）针对目标情景要求组织固定与变化的刺激 - 反应模式练习

有些运动技能需要学生或运动员对各种感觉信息作出快速的反应。例如，汽车拉力赛运动员如果在比赛中看到有儿童跑到车前，就必须把脚从油门迅速移动到刹车踏板。赛车选手也必须根据激烈的比赛中其他车手的战术变化，有时刹车、有时加速、有时跟随。网球、羽毛球和乒乓球运动员也必须根据赛场情况不断变换挥拍动作。

对于一些技能来说，每次接受一个刺激只需要作出相同的反应。例如，听到手机铃响就按键接听通话、驾车接近十字路口前见到红色交通灯亮就停车等待等，都属于这类动作任务。

（二）固定刺激 - 反应模式

固定刺激 - 反应模式（consistent stimulus - response mapping）是一种特定刺激形式总

是需要同样反应的动作技能表现条件。对于这种动作技能，练习中表现的高水平动作技能，就能够比较直接地促进目标技能动作表现水平的大幅度提高。在这类动作任务的早期练习中，刺激与反应之间的联系并不牢固，所以练习者需要经过信息处理阶段和其他外部神经环路来完成动作。自然，这个动作过程有可能是缓慢、费力、间断、有意识和需要集中注意力的，尤其当是它和其他动作过程的“反应选择”和“反应程序”阶段发生干扰时就更加难以进行。从这个意义上说，这些动作任务需要经过“受控处理过程”（controlled processing）。然而，经过数百次的大量练习后，情况就会发生显著的变化，也就是出现所谓的“自动化处理过程”（automatic processing）。与“受控处理过程”相比，“自动化处理过程”更加迅速、省力、能够与其他动作任务同时进行和下意识地完成动作，而且不需要很多的注意力。练习中的高水平动作表现伴随着固定刺激－反应模式的作用，好像形成了一种达到专门目的的信息处理器，具有对特定的刺激条件作出非常迅速和便捷反应的功能。例如，你可以毫不费力地大声朗读你现在看到的书上的句子，这里印刷在纸上的文字符号刺激信息可以被你迅速地转换成汉语的连贯口语发音，并且不需要很多的注意力。而这个技能对于一位小学二年级的儿童来说，就可能是对一个困难任务的“受控处理过程”，因为他的“达到专门目的的信息处理器”还没有很好地形成和建立起来。

（三）变化刺激－反应模式

变化刺激－反应模式（varied stimulus－response mapping）是一种需要在不同时间或不同情况下作出不同反应的动作表现条件。如果刺激对于它所要求的反应没有完全专门化地对应起来，或不能保持一贯性，就无法形成动作反应的自动化。这种情况下，刺激－反应模式不但在每次的练习中都是变化的，而且还随着执行动作的条件改变。在完成这种动作任务的许多情况下，执行和完成什么样的动作取决于必须同时考虑的若干其他因素。例如在足球比赛中，带球队员是否决定把球传给场中的对友，取决于附近双方队员的人数、阵容和拦截自己对手的情况。所以这种情况下就不可能出现我们前面所谈到的动作反应自动化。

因此，在教师和教练员设计和安排练习时，首先需要意识到学生学习和练习的动作任务是否具有变化的，或固定的刺激－反应模式的结构，针对目标情景要求组织固定与变化的刺激－反应模式练习。

一些运动项目的教练还需要在他的训练活动中加入“格局识别”（pattern recognition）的内容，例如篮、排、足和橄榄球队的教练需要经常给他的队员放对手球队的录像，通过观察这些录像，队员就能够研究和熟悉对手动作的战术特点，帮助他们在实战中根据平时掌握对手的相对稳定的规律，针对他们的阵容类型和战术动作，作出较为准确的反应。在一定程度上，对抗性项目运动员如果破解了对手在比赛中打法和动作的一贯性，即认识到对手的相对固定的刺激－反应模式，他就能够通过训练，根据对手表现“自动”和迅速地做出反制动作赢得先机、出奇制胜，而不需要自己再笨拙地经过执行生疏动作任务的受控处理过程，理想情形可谓“知己知彼，百战不殆”。然而“天有不测风云”，在实际训练和比赛中的情况并不总是符合以上的结果。例如，我们的老对手出于新战术需要，突然改变了他的一贯比赛打法和习惯动作方式，表现出完全出人意料的新动作形式，这种情况就可能使我们自己的队员由于判断失误而在比赛中遭受严重损失。

因此，体育教师或教练都应该清楚地理解，总会有一些情况迫使学生或队员不适宜展示出自动化的动作反应。当他们无奈地表现了缓慢的受控处理过程时，老师或教练最好还是“理解万岁”为上策，不需要大惊小怪，更不值得产生失望情绪。

第四节　自学进阶与突破

一、认识基本概念

有效的练习结构能够促进学生发挥自己的能力，在目标情景中执行目标技能。为了帮助学生达到他们的目标，教师和教练员必须提供能够最大程度地提高学生的学习经历质量的练习结构。

有时人们需要学习在一种体育运动项目或活动中，不同组成部分的动作任务（如网球的迎击地面反弹球、截击和发球等）。已经得到证明的有助于在这种情况中，获得动作技能学习效果的练习结构是随机练习。在随机练习中，学生按照混合或随机的顺序，执行若干个不同的动作任务。与不断重复地执行同一动作任务的群组练习结构相比，随机练习具有更加优越的动作技能保持和向目标情景的迁移效果。当目标情景要求以随机的顺序执行动作任务时（如在网球发球后，接着迎击地面反弹球或截击），这种效果就更加突出。运动科学家相信，随机练习更加有效，是因为它需要动作技能执行者频繁地做出执行动作的解决方案，并且强化了动作本身所代表的意义。学生有时不愿进行随机练习，是因为与群组练习相比，在随机练习情景下他们不能看到动作技能表现水平的立刻提高。所以，教师和教练员必须鼓励学生要有耐心，提醒学生在随后要求他们在目标情景中执行动作技能时，将会实现和体会到随机练习的效果。

在有些情况下，人们希望学习一种动作技能，能够在不同情景下满足各种环境要求（如篮球中在不同距离、角度和身体姿势下投篮）。对于这种动作任务，包括这种动作技能的多种变化方式的练习结构，就要比只包括这种动作技能的同一种方式而进行重复的练习结构更加有效。第一种练习方式叫做固定练习，第二种练习方式叫做变化练习。变化练习的主要优势是它有助于发展或强化基本动作程序。通过练习一种基本动作方式的多种变化形式，学生就发展出调节基本动作程序中各种参量（如力量和动作时间）的能力，并达到不同的结果目标（如近距离和远距离投篮、在多种角度和各种身体姿势下投篮等）。

随机练习包括不同动作任务的练习，而变化练习是对同一种动作任务的不同形式的练习。教师和教练员在提供教学指导和帮助时，可根据学生的动作技能学习目标和最终的目标情景，将随机练习、变化练习、固定练习和群组练习，以不同的方式结合起来。

有时人们必须学习针对各种类型的环境刺激，产生快速的反应。在固定刺激 - 反应模式情景下，人体对于一种特定的刺激总是产生同一种动作反应。而在变化刺激 - 反应模式情景下，人体可能会产生任何种类不同的动作反应。无疑，与变化刺激 - 反应模式情景相比，在固定刺激 - 反应模式情景下，更容易发展出动作信息的自动处理方式。

二、掌握关键术语

为了回答本章中的问题和完成练习，需要我们理解和掌握以下关键术语。

（一）群组练习（blocked practice）。

（二）随机练习（random practice）。

（三）变化练习（varied practice）。

（四）固定练习（constant practice）。

（五）关联干预效应（contextual interference effect）。

（六）精心执行动作假说（elaboration hypothesis）。

（七）遗忘假说（forgetting hypothesis）。

（八）间隙加大假说（spacing hypothesis）。

（九）动作计划重建假说（action plan reconstruction hypothesis）。

（十）提取练习（retrieval practice）。

（十一）方式识别（pattern recognition）。

（十二）动作纲要（schema）。

（十三）动作纲要的发展（schema development）。

（十四）目标技能（target skill）。

（十五）目标情景（target context）。

（十六）固定刺激－反应模式（consistent stimulus－response mapping）。

（十七）变化刺激－反应模式（varied stimulus－response mapping）。

（十八）自动应答（automatic responding）。

三、巩固学习要点

（一）群组练习是人不断重复地执行同一动作任务的练习方式。随机练习是人不按一定顺序随机地执行多种不同动作任务的练习方式。

（二）关联干预效应是在实验中比较随机和群组练习的效果时发现的一种现象，学生在学习执行不同动作任务的过程中，虽然在学习初期阶段群组练习比随机练习能够产生较好的执行动作表现，但在比较学习后期阶段的动作保持测试结果时，随机练习比群组练习产生了更好的动作学习效果。

（三）提取练习指通过随机练习发生的从长时记忆中提取动作程序和参量的活动。

（四）固定练习指在训练课中人执行一种动作任务特定动作方式的练习序列。变化练习指在训练课中人执行一种动作任务多种动作方式的练习序列。

（五）动作纲要是关于人体动作的各种结果（如投掷距离近），与人为了取得这些结果所选择的参量值（如使用力量小）之间联系的一系列规则。

（六）在随机练习中，获得学习效果的机制，是针对多种不同的动作任务，通过一次又一次地遗忘上一次完成动作的问题解决方案，建立和发展起更加深刻和清楚的动作记忆。在变化练习中获得学习效果的机制，是由于它促进了一系列动作规则（如动作纲要）的建立和发展，使学生根据不同的环境要求，有效地决定采用什么样的力量、速度等动作参量做出各种程度的动作形式。

（七）学生采用随机练习顺序进行变化练习的动作学习效果，要远远好于采用群组顺序的变化练习。其原因也许还是存在于学生需要在随机顺序下执行几种方式的动作任务，这迫使他在产生动作之前选择和提取不同的动作参量，所以提高了他们运用动作参量的能力。

（八）固定刺激－反应模式指一种特定刺激形式总是需要同样反应的动作技能表现条件。变化刺激－反应模式指一种需要在不同时间或不同情况下作出不同反应的动作技能表现条件。

四、强化知识练习

（一）请举例说明。什么是群组练习和随机练习？

（二）请举例说明。什么是固定练习和变化练习？

（三）请解释动作纲要的概念。

（四）随机练习获得学习效果的机制是什么？

（五）变化练习获得学习效果的机制是什么？

（六）为什么采用随机练习顺序进行变化练习的效果要好于采用群组顺序的变化练习？

五、推荐阅读文献

Catalano，J. F.，& Kleiner，B. M.（1984）. Distant transfer and practice variability. Perceptual and Motor Skills，58，851－856. 该文指出成年人在进行一个新动作的转换练习时，采用变化练习的动作表现优于采用固定练习。

Kerr，R.，& Booth，B.（1978）. Specific and varied practice of motor skill. Perceptual and Motor Skills，46，395－401. 该文指出少年儿童在进行新动作的转换练习时，采用变化练习的动作技能表现更好。

Lee，T. D.，& Magill，R. A.（1985）. Can forgetting facilitate skill acquisition? Differing perspectives in motor learning，memory and control（pp. 3－2）. Amsterdam：North－Holland. 该文提出了“遗忘假说”。

Lee，T. D.，Magill，R. A.，& Weeks，D. J.（1985）. Influence of practice schedule on testing schema theory predictions in adults. Journal of Motor Behavior，17，283－299. 该文提出学生采用随机练习顺序进行变化练习的动作技能学习效果，要远远好于采用群组顺序的变化练习。

Shea，C. H.，Kohl，R.，& Indermill，C.（1990）. Contextual interference：Contributions of practice. Acta Psychologica，73，145－157. 该文提出在动作技能学习的初级阶段采用群组练习比随机练习更有益。

Schmidt，R. A.（1975）. A schema theory of discrete motor skill learning. Psychological Review，82，225－260. 该文提出了动作学习与控制的纲要理论。

Shea，J. B.，& Morgan，R. L.（1979）. Contextual interference effects on the acquisition，retention，and transfer of a motor skill. Journal of Experimental Psychology：Human Learning and Memory，5，179－187. 该文讨论了动作的学习、保持和动作练习效果的迁移问题。

第十章 动作学习实践反馈技术

我们中国人自古就知道“工欲善其事，必先利其器”。早在17世纪，法国哲学家笛卡尔（René Descartes，1596－1650）也指出：“方法学的知识是最有用的知识。”无疑，我们要想成功地完成任何事情，必须采用正确的方法。在动作学习与控制原理的运用过程中，确定适宜的可行途径和正确的方式也是至关重要的。学习知识的目的在于实际运用，在本章的学习中就和大家专门讨论动作学习实践的各种反馈技术，以及综合应用方法。在本章中，我们着重讨论在教学中运用反馈及其作用的问题。首先，我们将反馈分为固有反馈和外来反馈两大类，并且区分结果认识和操作认识两种外来反馈。然后，了解外来反馈在加强动机、支持学习、提供信息，以及产生依赖等多方面的特性。最后，结合所学习的有关原理和大家专门讨论各种反馈技术的运用问题。

这一章的学习目的是帮助同学们了解固有反馈与外来反馈，以及外来反馈的结果认识与操作认识的区别并学会举例；认识在动作技能学习的教学过程中怎样使反馈成为强化动机、支持学习和鉴别错误的途径；理解反馈容易诱发依赖现象的性质；学习在教师和教练员提供动作技能学习反馈过程中，应该遵循的原则及其运用方法。

第一节 反馈的分类

反馈一词最初多见于工业自动调节系统的设计，而在体育科学飞速发展的今天，反馈方法已经逐步形成体系，并且已经在体育教育和运动训练领域得到日益广泛的运用。反馈一词是从第二次世界大战末逐渐流行起来的，当时的科学家提出了“伺服控制装置”（servomechanism）和闭环控制系统的概念（Wiener，1948）。反馈也是影响动作学习和控制过程的最重要因素之一。人们已经把各种感觉信息作为反馈来源，并对它们进行了系统分类（图10－1）。

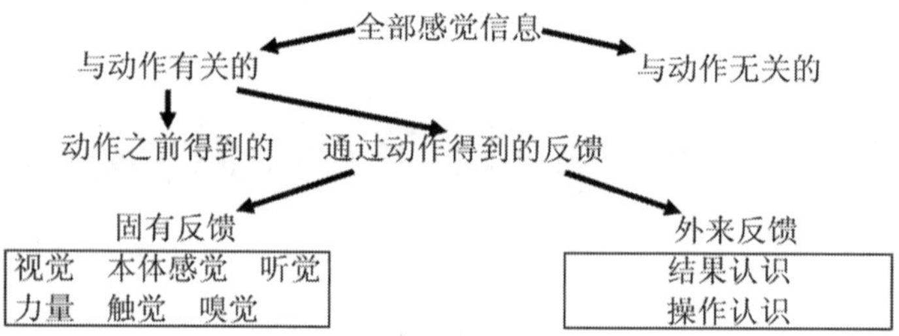

图 10－1　感觉信息分类系统

（引自 Schmidt & Wrisberg，2000）

一、固有反馈

固有反馈（intrinsic feedback）是人在执行动作时得到的感觉信息，它可以来自体外（外源信息）或体内（本体感觉）。这种反馈是通过人的反应产生的反馈，也是人体动作表现认知模型的一个基础部分。人能够较为直接地获得固有反馈，而不需要外部帮助。例如，在一位高尔夫球的运动员击球动作过程中，他可以感觉的自己肌肉的用力、看到球的飞行路线和落地位置、听到球杆挥动过程和击球的声音。

二、外来反馈

现在我们可以进一步完善人体动作控制信息流程，加上动作完成后的另一种反馈信息（图 10－2）。

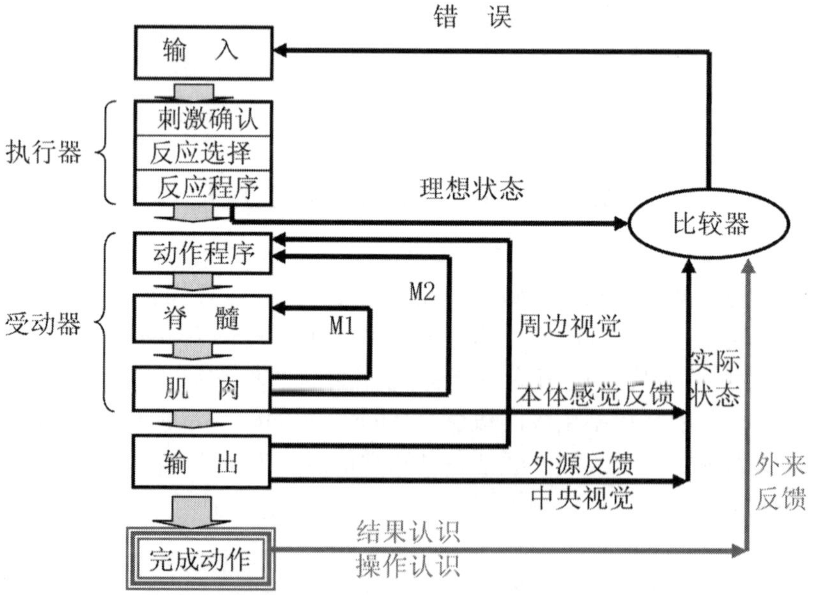

图 10－2　人体动作控制信息流程，将完成动作后的外来信息源重点表示，提供系统实际状态的补充信息

（根据 Schmidt & Wrisberg，2000 资料改编）

外来反馈（extrinsic feedback）是在人执行动作时得到的感觉信息（如固有反馈）之外的，由体外信息源提供的感觉信息。例如，老师或教练的指导、秒表的读数，裁判的评分、动作录像等。因此，人在做动作时，除了能够获得固有反馈，还能够获得关于动作完成结果信息的外来反馈。

最重要的是，教师和教练员可以控制外来反馈信息，因此，提供外来反馈可以选择在不同时间和形式进行，甚至根本不提供。一些研究动作学习的科学家把外来反馈分成结果认识和操作认识反馈两大类。

（一）结果认识

结果认识（knowledge of results）通常是在动作完成后提供的语言信息，指出人所达到的动作结果或环境目标的理想程度。结果认识告诉学生他们的动作成功与否，是否达到了客观环境的目标要求（图 10－3）。例如，老师对学生说，“你的 100 米比赛成绩达到了今年的指标”，或者“你基本上做出了需要掌握的动作”。有时结果认识反馈却是多余的，如教练对学生说“你投篮没有中”，这就与学生的固有反馈信息相重叠，不仅没有价值，甚至还具有干扰作用。有些种类的结果认识反馈却不是多余的，如武术、体操、花样游泳、花样滑冰等项目的运动员在比赛中需要等待裁判的评分结果，确切地知道对他们动作表现的评价。在这种情况下，由于缺乏固有反馈信息，结果认识反馈对于动作表现和学习就更加重要。

图 10－3　了解自己的动作练习或比赛结果属于结果认识

结果认识反馈对于动作表现和学习的作用被许多科研人员所关注。在大多数这类研究中，实验者决定受试者所得到的固有和外来反馈的种类和频率。采用这种常用方法，研究人员考察了反馈过程对于动作学习的影响。在人们不能得到足够的固有反馈发现他们的动作错误时，如果不向他们提供结果认识反馈，他们就无法正常学习动作。当然，这并不是说人们在没有结果认识反馈的情况下就不能学习动作技能。在我们的日常活动中，许多动作技能也可以是在没有老师提供外来结果认识反馈的条件下学习的，如篮球投篮、投掷保龄球等。在执行这些动作任务中，学生可以通过固有反馈接受关于达到动作目标的信息，并以此作为动作学习的基础。所以，为了达到学习动作技能的目的，学生必须从固有反馈或外来反馈接受某些动作出现错误的信息，这是动作学习中一个最重要的原则之一。

（二）操作认识

操作认识（knowledge of performance）是提供的关于人做出动作质量的反馈，有时也叫做运动反馈。它是另一种外来反馈，提供给学生关于动作形式的信息。它在实际教学和训练中被教师和教练员频繁采用，如击剑教练员对学生说，“你进攻时脚下的动作节奏需要加快”、“你的防守动作身体重心有些高”等。这些操作认识反馈提供给学生关于动作的运动信息（动作速度和形式等）。与结果认识反馈信息不同，操作认识反馈不一定指出任何关于达到动作目的或水平方面的信息，只是指出学生动作表现的质量（图 10－4）。结果认识反馈与操作认识反馈之间的一些重要的相似之处和不同点请见下表（表 10－1）。

图 10－4　关于动作的运动信息属于操作认识

表 10－1　结果认识反馈与操作认识反馈的比较

结果认识反馈	操作认识反馈
相似点 语言表达、外来反馈、动作后的反应 不同点	
关于达到环境目标结果的信息	关于动作产生或运动形式的信息
经常与固有反馈信息重叠	通常与固有反馈有区别
在实验室常用	在执行实际动作任务时常用

（引自 Schmidt & Wrisberg，2000）

第二节　外来反馈的特性

在实际教学过程中，教师和教练可以通过语言或口令直接控制外来反馈。这些反馈不但对学生的动作学习具有激发动机、强化学习和提供信息的特性。而且，它也能够诱发学生对反馈的依赖。

一、激发动机

动机与达到学习目标紧密相关，当学生取得动作学习上的进步或运动员取得理想成绩时，能够强化他们动作学习和取得更好成绩的动机。所以，外来反馈的一个重要功能是不断向学生提供有关他们学习进展的信息，激发他们更加努力达到学习目标（图 10 –5）。

图 10 –5　外来反馈能够激发运动员更加努力地达到动作学习目标

早期的研究发现，对于枯燥、需要长时间重复的动作任务，通过提供反馈，可以立刻提高动作表现的熟练性，就好像反馈似乎能够刺激人继续不断地工作。动机反馈（motivating feedback）是关于人达到目标进展情况的外来反馈，能够强化和引导人的行为。在执行动作任务过程中接受动机反馈的人也反映，他们乐于更加努力地在更长的时间内完成更多工作。如果教师或教练没有过度使用的话，学生一般会喜欢这种反馈，并且可以收到良好的学习效果。

在教学或训练课中，教师或教练重视利用反馈的这种激发动机的特性。一般来说，教师或教练提供的反馈要及时，学生需要知道他们练习中完成动作的情况。如果没有反馈，学生的学习动机就会削弱、练习效果就会下降，甚至放弃练习。我们知道，学生练习中的努力程度会直接决定动作学习效果。

在学生学习的进步有时不明显，产生挫折感的情况下，外来反馈对他们达到学习目标也具有帮助作用。例如，这时教师也可以指出学生某些方面的进步，并且鼓励他“继续努力，你现在做得很好”。还有一些情况是学生在练习中做出了正确的动作，可自己又没有发现，这时也需要老师或教练指出动作的进步，激发学生的学习动机。另外，对于学生在学习过程中执行动作某个方面进步，或者对于他们学习刻苦精神的口头表扬，也能够激发学生更加努力地练习。

二、强化学习

（一）反馈的强化、处罚与负强化

强化（reinforcement）是发生在人作出某种反应之后的事件，增加了人在相似情况下重复这个反应的可能性。在学生做出了一个非常漂亮的动作时，教师或教练往往会脱口而出："真棒!"这种情景反映出反馈的第二个主要功能，即强化学习的功能。在学生执行动作之后从老师或教练那里得到正面反馈时，反馈就具有强化功能。强化的目的是鼓励学生，增加在类似的情况下重演这个动作的可能性。

另一方面，处罚的目的正好相反，是希望减少作出某种动作反应的机会。然而，处罚对于动作行为的影响并不总是可以预料的（Adams，1978），而正强化则能够对动作表现产生稳定、一致和良好的影响。正强化（positive reinforcement）是发生在人作出某种反应之后，插入一个令人愉快刺激的事件，增加了人在相似情况下重复这个反应的可能性。

教师和教练员可以采用语言和非语言方式对学生的动作进行强化或处罚，如微笑或皱眉有时就能够向学生传达比语言更清晰的反馈信息。为了增强反馈效果，教师和教练员向学生传达表示同样意义（如赞扬和肯定）的语言（如"太棒了"）和非语言（如微笑）信号。

负强化（negative reinforcement）是发生在人作出某种反应之后，取消一个令人不愉快刺激的事件，增加了人在相似情况下重复这个反应的可能性。常见的错误认识是把处罚和负强化等同起来，它们的目的截然相反。与处罚不同，负强化增加了在未来的相似情况下再次作出某种反应的可能性，但它与正强化在执行方式上略有不同。例如，一位网球队员在训练课上出现了许多错误动作，每次错误动作时教练员都说出："真糟糕!"而当这位队员偶尔做出正确动作时，教练则以保持沉默的方式向队员提供动作的负强化。为了强化这个正确动作，教练不再继续对错误动作的批评。

现有的研究结果表明，正强化能够对动作学习产生最大的促进作用、负强化次之、处罚的促进作用最小。此外，由于教师或教练员以负强化和处罚方式提供给学生的反馈更加不容易理解，所以它们促进动作学习的效果不如正强化突出，也更加不容易预料。处罚性反馈只告诉学生他们做出的动作是不被接受的，但并没有说明原因。例如，前面例子中网球教练员进行不愉快的负反馈，等于告诉了这个队员，他完成的动作已经不像之前的动作那样差，但没有指出原因，也有可能教练员保持沉默是由于他没有注意到队员做出的正确动作。另一方面，正强化则清楚地传达了这样的信息：学生做出的动作是可以被接受的，并且鼓励学生在将来的相似情况下重复这个动作。

（二）反馈的间歇强化与渐退过程

间歇强化（intermittent reinforcement）是只在偶然情况下提供反馈。教师和教练员在动作学习指导中应该遵循的一个原则是，偶尔提供反馈间歇强化所产生的动作学习效果，通常比在每次动作练习后都提供反馈的效果更好。研究表明，与那些在每次动作练习后都接受强化反馈的受试者相比，在动作练习过程中接受间歇强化的受试者能够持续作出更高水平的动作表现。也就是说，需要在取消强化反馈的过程中才能够见到最好的强化效果，提供反馈太频繁反而会丧失它的某些功能。

渐退过程（fading procedure）是逐渐减小强化反馈的频度，使学生变得更加适应执行动作任务。教师和教练员提供间歇强化反馈的另一种有效方式是运用渐退过程。对于高水平运动员而言，提供强化反馈的时机非常重要。当运动员认为他的动作表现非同寻常时，偶尔提供强化反馈就十分有效。

三、提供信息

在大多数动作学习的情况下，学生遇到的问题并不是更加频繁地做出正确动作和减少错误动作，而是更加有效地做出一个特别的动作。学生或运动员都在试图形成自己的动作风格，达到一个明确的动作目标。例如，学习采用“背越式”过杆技术的跳高运动员必须在弧线助跑过程中适宜地加速和做出快速的起跳；采用“走步式”腾空技术的跳远运动员必须满足这种动作形式需要的腾空高度和起跳速度；学习“旋转式”推铅球的运动员需要具有良好的平衡能力和良好的下肢快速动作控制能力。因此，成功的教师和教练员需要向学生提供关于不同动作技术风格，及其相应的产生条件方面的信息，帮助学生更加有效地学习动作。另一方面，教师和教练员提供的信息反馈，可以帮助学生最大限度地减少动作错误、更快地纠正错误，以及形成更接近于动作目标需要的动作类型。信息反馈（information feedback）是提供给学生的关于纠正错误的描述性或指示性反馈信息。

四、诱发依赖

最近科学家发现，包含纠正错误信息的外来反馈也具有诱发依赖的特性。就像体操、技巧等运动项目学习动作过程中的身体动作引导会诱发依赖现象一样，如果教师和教练员不能引导学生运用自身更加可靠和有效的反馈调节机制，而是频繁地向学生提供外来反馈也会产生诱发依赖的负面作用。当没有提供这些外来反馈的条件时，学生或运动员就难以做出高水平的动作。幸运的是，教师和教练员可以许多方式减少学生对于反馈的依赖，我们马上在下一节中详细讨论。

第三节　反馈技术的运用

学生为了达到动作学习目标，经常需要老师或教练员提供的动作反馈，但最终他们要能够在理想的目标情景中独立完成动作。所以，教师和教练员需要时刻意识到这个目标，不断为了使他们能够独立完成动作提供帮助和作出准备。

一、提供反馈的是与否

教师和教练员准备提供反馈时，首先需要考虑是否需要提供反馈，毕竟学生有许多感觉信息来源可以选择和利用（如各种固有反馈）。我们还了解到如果外来反馈太频繁还会诱发反馈依赖的问题。另外，最近的研究发现，教师和教练员在学生主动要求时提供指导性反馈所产生的动作学习效果，要好于向学生频繁地提供反馈。

同学们不禁要问，教师和教练员提供外来反馈的目的是什么呢？有研究人员指出（Flach，Lintern，& Larish，1990），对于每一个动作任务，人都必须意识到一系列相关的不同重要等级的固有反馈信息，进而做出有效的动作。那么，教师和教练员提供的指导性反馈的目的，是引导学生寻找与完成动作任务有关的信息。一旦学生能够自己确认相关的固有反馈信息和独立做出有效的动作，他们就很少需要，或不需要其他的反馈信息。

在一些情况下，教师和教练员需要在提供外来反馈之前留出时间，允许学生分析和发现自己与动作任务和环境之间的关系。一旦学生对动作任务需要有了基本的认识，所取得的主动的动作学习效果，要好于从老师或教练员那里得到反馈的效果。

在教师和教练员确实认为需要提供反馈的情况下，他们还必须考虑反馈的内容、量度、精度和频度。

二、提供反馈的内容

教师和教练员在提供反馈时需要抓住动作任务中那些学生能够控制的特点，这样才能收到理想的学习效果。另外，还应该了解学生是如何控制动作的，才能够使提供的反馈内容更加具有针对性。

（一）程序反馈和参量反馈

正在学习一般动作程序的学生，有时会因为不能有效地调整动作程序而感觉很吃力。例如，在学习背向滑步推铅球的滑步动作时，学生经常难以表现出双腿摆、蹬配合动作的适宜发力时机，建立正确的身体环节最后用力顺序也是教学的重点。我们知道，学生调整和适应动作的内在时间结构，要比改变动作的参量值，如速度、力量等困难得多（图 10 -6）。

图 10 -6　调整动作的内在时间结构要比改变动作的参量值困难得多

程序反馈（program feedback）是向学生提供的关于他们的基本动作形式（如一般动作程序）中存在错误的信息反馈。关于改变动作时间结构的内在过程现在还没有被人们所熟知，但在提供动作的程序反馈时也需要记住一些基本要点。正如我们前面所说，指导性反馈如果能够提出学生能够控制的动作特点，就更加有效。在教师和教练员提供关于动作时间结构的程序反馈时，他们最好能够提醒学生，学习进步的过程可能比较缓慢，需要有足够的耐心来掌握动作的时间结构。庆幸的是，人们还有其他的方法改变他们的动作。我们已经知道，一旦人决定了完成动作采用的一般动作程序，就选定了决定动作那些表面特点的参量，如动作持续时间、方向和幅度等。而这些动作特点对于学生来说就比较容易确定和执行。只要学生的完整动作方式（一般动作程序）基本正确，关于调整动作参量的指导性反馈就总可以发挥积极的作用。参量反馈（parameter feedback）是向学生提供的关于他们为了使动作适合环境需要，所选择的动作参量值（如动作的幅度、速度、力量等）中存在错误的信息反馈。例如，针对网球运动员提供的“快速挥臂”“加大动作幅度”和“用力击球”等参量反馈，告诉了运动员如何有效地选择参量值，对于运动员学习动作总是有帮助的。动作学习的一个重要组成部分就是发现参量选择的规律，而参量反馈告诉了学生，他们所选择的参量值的适宜程度，如动作的快、慢、大、小、高、低，这对于他们学习动作是极其有利的。

一般来说，教师和教练员最好在学生开始学习动作时先提供反馈纠正他们基本动作形式中的错误（如基本动作程序），而不是针对他们选择的参量值。否则，如果形成了错误的动作程序，以后就不容易改变了。一旦学生学会了大致的正确动作形式，就能够向他们提供参量选择方面的反馈。

（二）视觉反馈

在教师和教练员以语言形式提供大部分信息内容时，他们还能够以其他非语言方式提供信息帮助学生完善动作程序和选择参量，其中大部分是以视觉信息的形式出现的。也许最常用的视觉信息形式就是录像重放。在对初学者采用他们的录像信息提供反馈之前，应该注意这时他们只能注意到很有限的信息量，另外他们的动作表现也很不稳定。所以，在动作学习开始时向他们指出录像动作中应该注意的要点很重要。

（三）描述反馈和指示反馈

教师和教练员提供反馈内容的性质可以是描述性的，也可以是指示性的。描述反馈（descriptive feedback）是描述人在执行一项动作技能时所出现错误的反馈。描述反馈只是指出学生刚才做过什么。例如，教练员对队员说“你刚才做的动作不对”，其中就没有包括什么有用的信息。而采用更加具体的反馈，如“你刚才的动作中抬起摆动腿的幅度太小了”，就更加准确，学生在下次练习中就能够进行纠正。指示反馈（prescriptive feedback）是描述人在执行一项动作技能时出现错误的反馈，提示了在随后练习中纠正错误的信息。这种反馈对学生动作中的问题预先说明了解决途径和“处方”。例如，铅球教练员对学生说：“下次滑步动作中保持背对投掷方向。”有研究结果表明，指示反馈促进动作学习的效果好于描述反馈。

三、提供反馈的量度

信息超载（information overload）指提供的信息超出了人的接受和处理信息的能力。教师和教练员可能发现，他们有太多的反馈需要提供给学生，有时甚至会超过学生的接受和处理信息的能力。我们知道，人的记忆容量和信息处理能力是有限的，尤其对于初学者或学习具有更大挑战性的动作任务时，这个问题就更加明显。

（一）避免信息超载

在学生发展动作程序时，教师或教练员首先需要分析出，学生在执行动作中能够提高动作质量的一个最重要的基本特点，向他们提供反馈信息也要紧紧围绕这个特点。例如在教授学生学习背向滑步推铅球技术时，先提供反馈帮助学生学习原地投姿势和推球动作身体正确的用力顺序。当学生掌握了原地投铅球的基本动作特点之后，再把提供信息的要点转移到另一个基本动作特点，如滑步发力的双腿摆蹬配合动作。依次类推，直至学生掌握完整的背向滑步推铅球技术动作。

另一方面，在提供比较容易修正的信息，如帮助学生选择动作参量的反馈时，教师或教练员可以偶尔在每次指导中提供一个以上的参量信息。例如，对于一位已经发展出有效一般动作程序的铅球运动员，可以对他说："下次练习中你可以加快滑步速度和加大滑步距离。"

（二）总结反馈

总结反馈（summary feedback）是在学生完成了一系列动作练习之后提供的反馈，指出系列练习中每次动作执行过程的信息。教师和教练员可以通过提供总结反馈，最大程度地增加反馈信息量和减少反馈依赖效应的产生。例如，教师和教练员在学生完成一定的练习数量（如5~20次）前不提供反馈，然后以总结的形式提供动作反馈。也可以采用自行设计和标出动作表现质量积分坐标曲线图的形式，指出学生动作表的变化情况。这样，学生在技术训练课中每隔一定数量的练习，就可以了解自己的动作学习进展，而不必等到训练课结束。

总结反馈的潜在学习效果是拉沃利（Lavery，1962）通过一系列实验首次发现的。他的研究结果证实，与在每次动作练习后都提供反馈的方式相比，提供总结反馈使受试者在练习过程中的动作表现虽然较差，但在以后取消外来反馈的练习中就能够作出更好的动作表现。如果在每次练习后都提供反馈，学生的练习被强烈地诱导到动作目标上，同时他们也更加依赖外来反馈。另一方面，如果在学生进行动作练习太多的次数后再提供总结反馈，学生会较少地依赖外来反馈，但同时他们的练习也可能在一定程度上背离动作目标的要求。那么，在学生进行多少次动作练习之后再向他们提供总结反馈才合适呢？

施密特等（Schmidt，Lange，& Young，1990）考察了总结反馈对应的不同练习次数，对于时间性动作技能的学习效果。在他的研究过程中，要求受试者在实验室完成一项模拟棒球击球的动作任务。在练习过程中，受试者分别在每1、5、10、15次动作练习之后，接受关于他们动作时间准确性的总结反馈。通过一个不提供反馈的动作表现保持效果测试，结果是在5次练习之后提供的总结反馈方式，可以取得最好的学习效果（图10-7）。

教师和教练员在运用总结时反馈采用的动作练习次数，取决于学生正在学习动作任务的复杂性。对于简单的动作任务，可以采用较多次的动作练习之后再提供总结反馈；对于复杂的动作任务，就应该在比较少的动作练习之后就及时提供总结反馈；而对于极其复杂的动作任务，则应该在每次动作练习之后都提供反馈，直到学生掌握了动作的基本结构之后。一般来说，随着动作任务复杂性的增加，在学生动作学习过程中教师或教练员提供适宜总结反馈所对应的动作练习次数就越少（图10-8）。

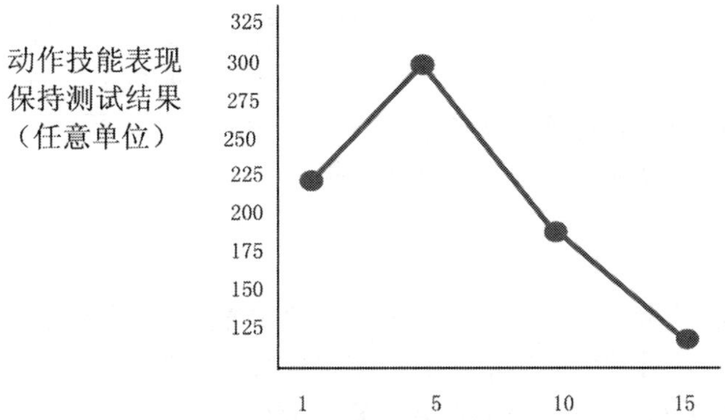

图 10－7　在 5 次练习之后提供总结反馈方式可以取得最佳学习效果

（引自 Schmidt，Lange，& Young，1990）

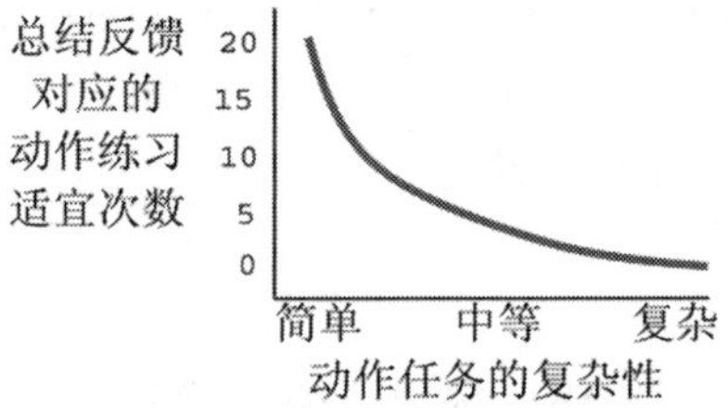

图 10－8　动作任务复杂性与总结反馈对应的动作练习适宜次数之间的关系

（引自 Schmidt，Lange，& Young，1990）

（二）平均反馈

总结反馈的另一种形式叫做平均反馈。平均反馈（average feedback）是在学生完成了一系列动作练习之后提供的反馈，指出系列练习中执行动作的平均表现水平。教师和教练员也是在学生完成一系列动作练习之后提供反馈，但这种反馈只是评估出的平均动作表现水平，而不是总结性的。例如，前面例子中的铅球教练在队员采用背向滑步推铅球技术练习了 5 次后说：“你的滑步距离与标准动作要求相比还相差大约 20 厘米。”

平均反馈与总结反馈的功能相似，避免了有害的反馈依赖效应。另外，与总结反馈相比，平均反馈更加容易操作。在提供平均反馈时，教师和教练员可以更好地了解学生的基本动作方式，而不受偶然出现的极端动作错误的影响。因此，教师和教练员能够提供给学生关于他们动作最突出特点的可靠信息，并且指出在下一轮动作练习中需要改进的方面。

四、提供反馈的精度

（一）反馈精度

反馈精度（feedback precision）指提供的反馈信息接近实际动作表现的程度。例如，铅球教练员可能只对运动员提供了一个大致的动作特点，说：“你的滑步距离有些短。”

更加精确的反馈应该是："你的滑步距离大约短20厘米。"一般来说，反馈信息并不一定必须非常精确才会有效。尤其在动作学习的早期阶段，学生可能出现许多动作错误，简单地提供精确的动作参量信息反馈难以发挥学习指导作用。而对于掌握了高水平技能的学生或运动员，由于他们需要对自己的动作进行更加精细的调节，所以向他们提供更加精确、细致的信息反馈就可以收到较好的完善动作效果。

（二）常数误差

有时教师和教练员需要向学生提供关于他们动作方向错误的信息，如高、低、左、右等。除此之外，还要针对学生动作错误的量度提供反馈。例如，射箭教练对运动员指出："箭向左偏离靶心2厘米。"这里我们需要了解常数误差（constant error）的概念，指人动作的一些方向和量度偏离目标值的状态。例如，高尔夫球运动员最后一次击球距离的结果总是球超过球洞大约30厘米后才停下来。平均常数误差（average constant error）指若干次动作的方向和量度平均偏离目标值的状态。例如，高尔夫球运动员3次击球距离的结果平均球超过球洞29厘米后停下来。在常数误差的方向和量度两个因素中，方向信息比量度信息更加重要。事实上，除非与学生动作方向错误的反馈信息结合在一起使用，量度信息反馈对学生学习动作是没有什么用处的。

（三）带宽反馈

还有研究人员（Sherwood，1988）提出了关于反馈精度的另一种信息，叫做带宽反馈（bandwidth feedback）。采用这种方法，只有当学生的动作错误超出了一定的可以被接受程度，或"频带宽度"时，教师和教练员才向他提供反馈（图10－9）。

图10－9　为了避免反馈依赖，有时教练允许队员存在一定程度的动作错误

采用带宽反馈方法具有许多优点。首先，当学生掌握了一定的动作技能时，它能够减少学生对于外来反馈的依赖。在动作学习的初期，学生的动作错误常常超出可以被接受的范围，需要从老师或教练员那里频繁地接受反馈。然而，随着学生动作技能水平的提高，出现的动作错误更多地处于可以被接受的范围之内。因此，老师和教练员提供的外来反馈越来越少，但学生本身的固有反馈信息变得越来越重要。其次，不向学生提供出现动作错误的信息，学生等于接收了动作的负强化，鼓励他继续重复正确动作。最后，在动作学习

的高水平阶段取消外来反馈信息，使学生不再接受任何关于改变动作的信息，有利于学生做出更加稳定的高质量动作，并且加强了他们对于正确动作的永久记忆。

五、提供反馈的频度

提供反馈的频度与反馈的量度和精度有关（图 10－10）。20 世纪初期，人们对于反馈如何对动作技能发挥作用的理解，还主要基于“桑戴克效应定律”（Thorndike’s law of effect）。桑戴克相信，动作学习就是加强某个刺激和某个反应之间的联系，外来反馈强化了这个联系。他认为应该尽量频繁地提供反馈，提出如果在一次动作练习之后没有提供反馈，学生就不能根据他们自身的固有反馈决定动作结果，所以就不会加强这种联系。

图 10－10　提供反馈的频度与反馈的量度和精度有关

在随后的几十年中，科学家们几乎没有提出与桑戴克相抵触的观点。所以，曾出现了反馈“多多益善”的观点，认为提供的反馈信息越迅速、越精确、越频繁、越大的信息量、越具有广泛用途，对于动作学习就越有利。只有“多多益善”地提供反馈，才能促进学习似乎成为那时的一种时尚。

（一）绝对反馈频度和相对反馈频度

随着人们对于动作反馈问题研究的深入，科学家们开始发现，提供反馈不一定就是“多多益善”，而是存在一定的适宜范围。同时，研究人员也开始意识到应该从两个方面看待反馈的频度问题。一方面是绝对反馈频度（absolute feedback frequency），指对于一系列动作练习或在一次训练课中提供反馈的总数量。例如，如果一位学生进行了 120 次动作练习，其中有 60 次提供了指导性反馈，那么绝对反馈频度就是 60。而在另一方面，“相对反馈频度”（relative feedback frequency），指提供反馈的动作练习所占的比例，等于绝对反馈频度除以动作练习的总数量，再乘以 100。在这个例子中，60 次反馈数量除以 120 次动作练习数量，然后再乘以 100，得到的相对反馈频度是 50%。也就是说，教师对学生 50% 的动作练习提供了反馈。

那么，绝对和相对反馈频度对于动作学习发生作用的原理是什么呢？一般情况下，增加绝对反馈频度能够促进动作学习。尤其是当学生还不能看到或感觉到动作结果（如射击或射箭的环数，或跑步和游泳项目的时间），或者动作结果必须以其他方式计算时（如平均步长或裁判对动作的评分），他们就只能在借助外来反馈的条件下才能发现自己动作的错误或不足。当然，这个原理也有它的局限。

同学们再看看下面这种情况，一群学生在练习一个不借助外来反馈就难以发现错误的动作（如射箭、射击、竞走的骨盆动作等）。由于老师忙于给每位学生轮流指导，所以每位学生并不能频繁地接受反馈信息。也就是说，相对反馈频度很低，但这种低频度的指导性反馈信息会妨碍学生的动作学习过程吗？研究表明，即使在学生不能发现自己的动作错误情况下，在若干次动作练习后再提供反馈实际上对动作学习有利。在一项研究中研究人员（Winstein & Schmidt，1990）发现，受试者接受50%相对反馈频度的动作学习水平提高速度，和接受100%相对反馈频度的提高速度相同。此外，两组受试者的即时动作技能保持水平（练习结束后10分钟的测试结果）也是相同的。这些研究结果对桑戴克认为的，动作练习后如果不提供外来反馈就不产生学习效果的观点提出了挑战。

更加值得注意的是，在以上实验中，当研究人员在两天后测试两组受试者时，接受50%相对反馈频度那一组的动作表现还好于接受100%相对反馈频度的那一组。原因到底在哪里呢？其中的一个答案是，当人不能接受外来反馈时，他们启用了另一种不同的信息处理机制。当然，学生在不被提供反馈的情况下也不会依赖外来反馈，其结果就是学习效果更好、动作的保持程度更高。

（二）渐退反馈

渐退反馈（faded feedback）是提供外来反馈的一种时间程序，在动作学习开始阶段采用高的相对反馈频度，在随后的动作学习过程中逐渐减少反馈。它是教师和教练员降低反馈依赖效应的另一个方式。在动作学习开始时，几乎在绝大多数动作练习之后都提供反馈，基本上是100%的相对反馈频度。因此，学生能够迅速掌握基本的目标动作形式，并且不断体会相关的动作感觉和积累动作经验。然而，一旦学生达到满意的动作熟练程度，教师和教练员就逐渐减少或“消退”相对反馈频度。在经过大量的动作练习之后，就可以完全取消外来反馈，也不会降低学生的动作表现水平。如果出于某些原因，学生的动作熟练水平下降，再向他们提供一、两次动作反馈，把他们的动作表现水平调整到目标状态。取得这个效果后，再次取消外来反馈。

采用渐退反馈方法，教师和教练员能够根据学生的动作熟练程度调节反馈的时间安排和频度。这种方法的最终目的是帮助和培养学生在不被提供外来反馈的条件下，发展出依靠自己努力独立地做出所需动作的能力。尽管学生在开始发展和形成目标动作形式的阶段，通过教师或教练员提供反馈可以促进动作学习，但他们最终还是要摆脱外来反馈，追求永久的动作技能学习成果。

（三）即刻反馈和延迟反馈

即刻反馈（instantaneous feedback）是在学生完成动作之后立即提供反馈。延迟反馈（delayed feedback）是在学生完成动作之后，停顿几秒种或更长时间再提供反馈。反馈的频度还与提供反馈的时机有关。不管教师和教练员采取什么样的反馈频度，他们都需要注意在学生结束动作练习多长时间之后再提供反馈。正如我们前面学习的那样，“结果认识延迟期”（KR－delay period）是人处理自身固有反馈信息和自我评估动作错误的适宜时间。实验室的研究结果也表明，在受试者完成动作后，实验人员不是延迟几秒，而是立即提供外来反馈，会降低动作学习效果。例如，有研究人员（Swinnen，Schmidt，Nicholson & Shapiro，1990）让受试者学习模仿一个挥拍击球动作，有一组在每一次动作后接受即刻反馈，而另一组在动作结束几秒后接受延迟反馈。在实验进行的第二天，及其之后连续四个月的几次动作保持效果测试中，结果是接受即刻反馈组的动作表现要比接受延迟反馈组差很多。即刻反馈妨碍动作学习的一个原因是，它使人不能处理自身动作反应产生的信息（如动作感觉、听觉和视觉信息等）和评估自身的动作错误。所以，教师和教练员应该在提供反馈前，允许学生有足够的时间完成这个自我信息处理过程。

第四节　自主学习经历

一、认识基本概念

学生为了提高动作表现水平，有时需要从教师和教练员那里得到关于动作的指导性反馈。这些反馈传达了学生做出的动作，与动作的理想状态之间相偏离的情况。来自于外界信息源（如教师和教练员）的反馈，叫做外来（或强化）反馈。在执行动作任务过程中自然产生的反馈，以及学生能够自己得到的信息（如外源信息和本体感觉信息），叫做固有反馈。对于简单的动作技能，如篮球的运球，运动员可能需要很少的外来反馈就能提高他的动作表现水平。而对于更加复杂的动作技能，如掷铁饼，大多数人就需要来自教师和教练员的反馈。

在本章中，我们了解到在动作学习过程中外来反馈的一些重要功能。有时外来反馈能够鼓舞学生继续追求他们的动作学习目标，有时指导性反馈能够强化学生的动作表现，并鼓励学生重复他们所做出的正确动作。或许外来反馈最重要的功能，是提供给学生可以利用的动作误差信息，来纠正和优化他们的动作。

教师和教练员在向学生提供外来反馈之前，应该思考 5 个问题。

（一）是否提供反馈

一些学生喜欢利用他们的固有反馈，在不需要外来反馈的情况下，提高他们的动作表现水平和练习动作。有时太多的外来反馈，反而会阻碍动作学习，特别是当学生对反馈产生依赖时，情况更是如此。

（二）是他们所提供反馈的种类和内容

例如，教师和教练员可以提供语言或视觉形式的反馈，也可以提供描述性（刚才怎样做的动作）或指示性（下一次如何做动作）反馈。教师和教练员可以提供给学生他们所做动作的结果（结果认识），也传达给学生他们所做动作的质量（操作认识）。教师和教练员也可以在动作学习的初期提供给学生程序反馈，帮助他们发展产生动作形式（如动作顺序）的基本动作程序。相反，也可以在动作学习的中、后期提供给学生针对动作效率的参量反馈，帮助他们提高调节基本动作程序中参量值（如力量、速度和距离等）的能力。

（三）提供反馈的量度

人体处理动作信息的容量是有限的。因此，在提供外来反馈时，教师和教练员要避免使学生出现信息超载。处于更高级都在技能学习阶段的人，通常能够比初学者处理更多的反馈信息。教师和教练员可以使用总结反馈和平均反馈这两类外来反馈，来把他们所提供的反馈信息量调节到适宜程度。在群组练习中，这两种反馈形式使学生了解了他们动作表现的趋势。与高水平动作技能执行者相比，对于初学者，教师和教练员应该在他们进行了较少次数的动作练习之后进行总结反馈。这种方法可以为处于各个动作学习阶段的学生提供适宜的反馈帮助，同时也减少了学生对于外来反馈的依赖。

（四）提供反馈的精度

教师和教练员确定他们提供反馈精度的一种方法，是确定他们在提供反馈之前可以容忍的、动作技能表现的误差范围。在动作学习的初期，可确定一个较大的动作表现的误差范围，只是在动作技能的初学者产生了较大的动作误差时才提供反馈。一旦学生能够稳定地和一致地做出理想的动作形式时，教师和教练员就缩小他们这个动作表现的误差范围，只有在帮助学生优化动作技能细节时才提供反馈。采用这种方法，教师和教练员提供的外来反馈就能引导学生做出越来越理想的动作形式，并且使学生开始探索更加多样的动作策略。

（五）提供反馈的频度或时机

高水平的教师或教练员不仅知道他们所提供反馈的种类、量度和精度，还知道在何时和按照什么频度提供外来反馈信息。在一次动作练习之后，首先让学生体会和评价他们自己的固有反馈和动作表现，然后教师或教练员再提供外来反馈。采用这种顺序和方法，就能够鼓励学生注意各种固有反馈信息源，从而发展出他们发现动作错误的能力。在学生要求外来反馈的时候才提供反馈，比频繁地提供外来反馈，能够更加有效地促进动作学习。一般来说，与高水平动作技能执行者相比，初学者需要频度较高和更加简短的外来反馈。

二、掌握关键术语

为了回答本章中的问题和完成练习，需要我们理解和掌握以下关键术语。

（一）固有反馈（intrinsic feedback）。

（二）外来反馈（extrinsic feedback）。

（三）结果认识（knowledge of results）。

（四）操作认识（knowledge of performance）。

（五）语言反馈（verbal feedback）。

（六）视觉反馈（visual feedback）。

（七）动机反馈（motivating feedback）。

（八）强化（reinforcement）。

（九）程序反馈（program feedback）。

（十）参量反馈（parameter feedback）。

（十一）描述性反馈（descriptive feedback）。

（十二）指示性反馈（prescriptive feedback）。

（十三）注意线索提示（attentional cueing）。

（十四）注意焦点（attentional focus）。

（十五）变量误差（variable error）。

三、巩固学习要点

（一）固有反馈指人在执行动作时得到的感觉信息，它可以来自体外（外源信息）或体内（本体感觉）。外来反馈指在人执行动作时得到的感觉信息（如固有反馈）之外的，由体外信息源提供的感觉信息。

（二）结果认识通常是在动作完成后提供的语言信息，指出人所达到的动作结果或环境目标的理想程度。操作认识指提供的关于人做出动作质量的反馈，有时也叫做运动反馈。

（三）外来反馈对学生的动作学习具有激发动机、强化学习、提供信息和诱发依赖的特性。

（四）强化指发生在人作出某种反应之后的事件，增加了人在相似情况下重复这个反应的可能性。正强化指发生在人作出某种反应之后，插入一个令人愉快刺激的事件，增加了人在相似情况下重复这个反应的可能性。负强化指发生在人作出某种反应之后，取消一个令人不愉快刺激的事件，增加了人在相似情况下重复这个反应的可能性。

（五）程序反馈是向学生提供的关于他们的基本动作形式（如基本动作程序）中存在错误的信息反馈。参量反馈是向学生提供的关于他们为了使动作适合环境需要，所选择的动作参量值（如动作的幅度、速度、力量等）中存在错误的信息反馈。描述反馈是描述人在执行一项动作技能时所出现错误的反馈。指示反馈是描述人在执行一项动作技能时出现错误的反馈，提示了在随后练习中纠正错误的信息。

（六）信息超载指提供的信息超出了人的接受和处理信息的能力。总结反馈是在学生完成了一系列动作练习之后提供的反馈，指出系列练习中每次动作执行过程的信息。平均反馈是在学生完成了一系列动作练习之后提供的反馈，指出系列练习中执行动作的平均表现水平。

（七）反馈精度指提供的反馈信息接近实际动作表现的程度。带宽反馈指当学生的动作错误超过了一定可以容忍的限度时才向他提供反馈。

（八）绝对反馈频度是对于一系列动作练习或在一次训练课中提供反馈的总数量。相对反馈频度是提供反馈的动作练习所占的比例，等于绝对反馈频度除以动作练习的总数量，再乘以100。

（九）渐退反馈是提供外来反馈的一种时间程序，在动作学习开始阶段采用高的相对反馈频度，在随后的动作学习过程中逐渐减少反馈。即刻反馈指在学生完成动作之后立即提供反馈。延迟反馈指在学生完成动作之后，停顿几秒种或更长时间再提供反馈。

四、强化知识练习

（一）举例说明什么是固有反馈和外来反馈？

（二）结果认识与操作认识的区别是什么？
（三）简要说明外来反馈具有什么特性？
（四）举例说明正强化和负强化的应用方法。
（五）结合教学和训练实践谈一谈怎样避免反馈依赖效应。
（六）什么是程序反馈和参量反馈？
（七）举例说明描述反馈和指示反馈。
（八）举例说明总结反馈和平均反馈。
（九）简要说明在教学和训练中如何防止信息超载？
（十）请分析延迟反馈促进动作学习的原因。

五、推荐阅读文献

Adams, J. A. （1978）. Theoretical issues for knowledge of results. Information processing in motor control and learning（pp. 229 – 240）. New York: Academic Press. 该文提出处罚对于动作行为的影响并不总是可以预料的。

Flach, J. M. Lintern, G., & Larish, J. F. （1990）. Perceptual motor skill: A theoretical framework. The perception and control of self motion（pp. 327 – 355）. Hillsdale, NJ: Erlbaum. 该文提出对于每一个动作任务，人都必须意识到一系列相关的不同重要等级的固有反馈信息，进而做出有效的动作。

Lavery, J. J. （1962）. Retention of simple motor skills as a function of type of knowledge of results. Canadian Journal of Psychology, 16, 300 – 311. 该文提出了总结反馈的潜在学习效果。

Schmidt, R. A., Lange, C. A., & Young, D. E. （1990）. Optimizing summary knowledge of results for skill learning. Human Movement Science, 9, 325 – 348. 该文考察了总结反馈对应的不同练习次数对于时间性动作技能的学习效果。

Sherwood, D. E. （1988）. Effect of bandwidth knowledge of results on movement consistency. Perceptual and Motor Skills, 66, 535 – 542. 该文提出了带宽反馈的问题。

Swinnen, S., Schmidt, R. A., Nicholson, D. E., & Shapiro, D. C. （1990）. Information feedback fo skill acquisition: Instantaneous knowledge of results degrades learning. Journal of Experimental Psychology: Learning, Memory, and Cognition, 16, 706 – 716. 该文讨论了即时反馈对动作学习效果的影响。

Wiener, N. （1948）. Cybernetics or control and communication in the animal and the machine. New York: Wiley. 该书提出了“伺服控制装置”和闭环控制系统的概念。

Winstein, C. J., & Schmidt, R. A. （1990）. Reduced frequency of knowledge of results enhances motor skill learning. Journal of Experimental Psychology: Learning, Memory, and Cognition, 16, 677 – 691. 该文章分析了减小结果认识频度与提高动作学习效果之间的联系。

第十一章　动作学习实践指导技术

在第十一章的学习中向大家介绍动作学习实践指导技术，包括动作学习指导计划的制订和操作方法，并且通过具体示例说明动作教学和训练指导方法的实际运用过程。帮助大家将学习的理论知识与实际运用方法有机地联系在一起。

本章的主要学习目的是了解如何制订动作技能学习指导计划，并且运用于教学和训练实践，使同学们能够运用学习过的知识，针对实际教学和训练需要提出动作学习指导计划，运用人类动作技能表现的认知模型和动作学习与控制原理，指导动作学习的实际操作过程。

第一节　动作学习计划与实践指导

在人一生的绝大部分重要事件里，如参加高考、攻读学位、寻求工作、成家立业、从事研究和建设项目过程中，最困难而又重要的部分通常是准备切实的行动计划。千头万绪的事情需要我们进行考虑和安排，需要完成的各种任务有时似乎漫无边际，整个准备过程往往是一种痛苦的磨炼。凡事“万事开头难”、“预则立，不预则废”等哲理，都是人们对合理计划重要意义和操作特点的经验之谈。然而，经验告诉我们，一旦我们制订出一项有效的计划，即使这个计划可能不是十全十美，执行起来却经常会感觉相对容易一些。

我国学者田麦久在《论运动训练计划》一书中提出：“运动训练计划的制订与实施，是运动训练过程的中心环节，贯穿于教练员与运动员的全部训练实践活动之中。”强调了训练计划的重要地位（图 11－1）。

动作学习指导计划也是训练计划的一种形式，同样对于有效的动作学习具有重要的指导意义，我们在以下内容中进行专门讨论和说明。

一、指导计划与人体动作控制信息流程

对于动作技能指导计划的讨论，还是从我们学习过的完整人体动作控制信息流程开始（图 11－2）。作为教师或教练员，无论面临什么样的工作挑战，都应该记住学生的动作学习与控制过程决定动作表现的内在机制。认识了这些机制，才能更好地理解不同动作任务和要求，认识它们在三个信息处理阶段的不同表现。它们还能够帮助我们熟悉学生对动作进行反馈调节的程度，了解学生为了提高动作技能水平和培养发现动作错误能力，所需要

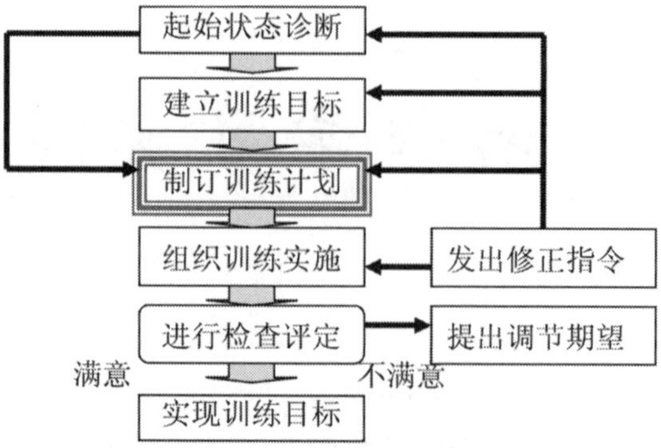

图 11－1　运动训练计划在训练中的重要地位（田麦久，1999）

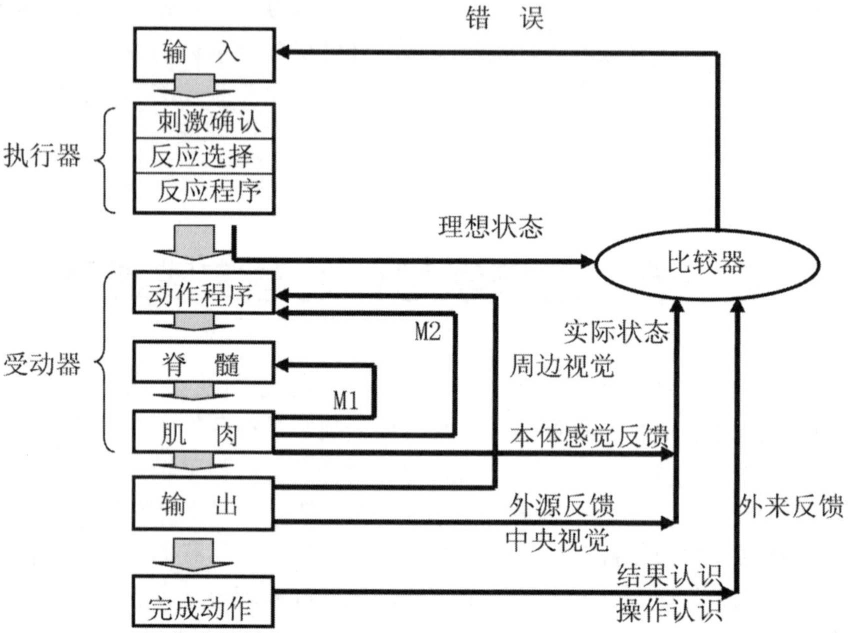

图 11－2　完整的人体动作控制信息流程－有效组织动作学习练习的基础

（根据 Schmidt & Wrisberg，2000 资料改编）

的固有反馈和外来反馈类型。

二、动作学习经验的状态诊断

我们在制订动作学习指导计划之前，需要诊断学生的动作学习经验，请参见以下的具体内容（表 11－1）。针对每一个问题，我们列出需要考虑的许多因素。当然，教师或教练员也可以根据自己的教学和训练情况考虑再增加一些因素。但在增加内容时需要考虑它们的原理，如果可能需要提供必要的科学证明。

表 11－1　诊断动作学习经验需要考虑的内容

谁？	什么？	哪里？
学生特征	任务（目标技能）特征	目标情景
□年龄	□分立/序列/连续	□娱乐性
□ 以往经历	□运动/认知	□竞技性
□ 动机	□闭式/开式	□临床
□ 学习阶段	□ 闭环控制	□家里
□ 先天能力	a. 外源反馈	□ 有或无其他人在场
□ 注意	b. 本体感受性反馈	
□ 唤醒	□ 开环控制	
□ 记忆	a. 动作程序	
□ 信息处理能力	b. 一般动作程序	
	□ 速度－准确性抵消	
	a. 空间准确性	
	b. 时间准确性	
学习目标		
□ 动作程序学习	□ 操作对象	
□ 动作参量学习	□ 信息处理要求	
□ 发现和纠正错误	a. 刺激确认	
□ 完善动作技能	b. 反应选择	
□ 形成一般动作程序	c. 反应程序	
	□ 受伤的危险	

（引自 Schmidt & Wrisberg，2000）

三、形成动作学习指导计划

当完成了动作学习经验的状态诊断，就能够决定为学生提供什么种类的指导帮助。以下是在制订动作学习计划和决定提供最有效帮助过程中需要考虑的因素（表 11－2）。当然，教师或教练员也可以根据自己的教学和训练情况考虑再增加一些其他因素。总体来说，综合人体动作控制信息流程和本节两个表格中需要考虑的内容，可以形成需要在教学和训练中采用的动作学习指导计划。在下一节的学习中，我们通过对两个技术动作教学示例的分析，学习怎样运用制订出的动作学习指导计划。

表 11－2 制订动作学习指导计划需要考虑的内容

练习准备	练习过程	练习反馈	练习结构
□ 确立目标	□ 明确期待	□ 固有反馈	□ 发展动作纲要
a. 结果目标	□ 控制唤醒	□ 外来反馈	a. 固定练习
b. 表现目标	□ 集中注意	a. 结果认识	b. 变化练习
c. 过程目标	□ 讲解	b. 操作认识	□ 促进迁移
□ 学习阶段	□ 示范	□ 决定指导方案	a. 群组练习
□ 目标技能	□ 引导	□ 反馈种类	b. 随机练习
□ 目标行为	□ 身体演练	a. 程序/参量	c. 固定和变化练习
□ 目标情景	a. 模拟器练习	b. 视觉/语言/动作	d. 刺激－反应模式
□ 动作表现测量	b. 分解练习	c. 描述/指示	
a. 结果测量	c. 慢动作练习	□ 反馈量度	
b. 过程测量	d. 发现错误练习	a. 平均反馈	
	□ 心理演练	b. 总结反馈	
	a. 心理练习	□ 反馈精度	
	b. 心理表象	□ 反馈频度	

（引自 Schmidt & Wrisberg，2000）

四、动作学习指导实践

通过观察以下的两个实践案例，我们来了解如何将我们学习过的动作学习与控制原理和方法，运用于实际教学和训练活动。

（一）网球爱好者学习反手击球

1. 了解学生背景

张清华是一位 22 岁的网球爱好者，已经有 8 年的网球练习经验，但他总也不能做出满意的反手击球动作，所以在参加比赛或练习中，他不得不尽可能避免用这个动作击球。为了改变这种被动局面，最近他终于下决心来学习正确的反手击球动作，并且建立信心打好各种比赛。于是，他找到教练员请求帮助。

2. 评估具体问题

采用表 11－1 所示诊断动作学习经验，教练员进行了以下诊断。

（1）学生特征

张清华，22 岁，有 8 年的业余打网球经历。具有一些打网球的重要能力，如四肢协调、动作时机、感觉和反应时机、力量控制等较好，处于中等至中上水平。身体健康，没有明显的残障。张清华学习和提高反手击球动作的动机强烈，基本上处于动作学习的动作改进和完善阶段（联系阶段，动作技能学习的第二个阶段）。但是，如果希望有效和深刻地改进击球动作，他还需要完成一些与认知阶段（动作技能学习的第一个阶段）有关的动作技能学习和练习内容。

（2）动作学习目标

由于张清华目前的低位反手击球动作需要很大程度的改进，甚至完全翻新，所以“动作程序”是主要的学习目标。张清华需要能够做出大量的反手击球动作（参量学习），并且力图把练习中的动作技能表现在比赛中发挥出来（基本动作程序学习）。为了能够自如地调节反手击球动作，他的最后一个动作技能学习目标是培养和提高发现与纠正动作错误的能力。

（3）目标技能特征

网球的反手击球是一个“开式、分立动作技能”动作，需要各种大、小肌群协调参与工作。

这个动作任务还需要使用器械，如张清华需要以一定的速度击球，他必须控制球拍使打出的球具有不同的角度、飞行速度和旋转速度，同时还要使球的落地点保持在球场界内。所以，这还需要考虑到“速度－准确性相互抵消”的问题。张清华可以获得大量的“自身固有反馈”，包括球的运动轨迹、角度和速度等视觉信息、四肢动作和球拍与球撞击的本体感觉和听觉信息。目标技能还需要所有三个信息处理阶段，“刺激确认、反应选择和反应程序”的活动配合工作。如果张清华不频繁使用导致“网球肘”的错误动作，出现受伤的危险性也很小。

（4）目标情景性质

张清华的目标是在网球比赛的情景中使用反手击球动作，裁判员、其他参赛者、甚至观众都会对他的动作给予评价。有时他需要在短时间内完成这个动作，时间压力是另一个因素。由于他比较害怕动作不成功，以及过度看重比赛得分和别人对他的评价，这些都有可能分散他的注意力。主要的计划要求是在不同情况下选择和做出各种不同的反手击球动作。

3. 确定和实施指导计划

（1）学习一般动作程序

教练员认为张清华最大的问题是他多年来形成的反手击球不适宜的“动作程序”，所以当务之急是必须改变他的反手击球基本动作结构（学习动作程序）。教练员决定如同指导没有任何网球练习经验的初学者那样，教张清华学习这个动作。首先用语言说明和解释动作过程和要求（讲解），然后演示正确的握拍、站位和挥拍动作（示范）。

当教练员确信张清华已经理解了这些信息，他进一步讲解和示范最重要的挥拍动作的时间结构，如手臂、手腕和球拍沿直线的流畅动作。然后，教练员要求张清华单独练习这个动作部分（分解练习）。在他重复练习的过程中，每当提出要求时，教练员都提供语言反馈和动作示范视觉反馈，如提供指示性反馈信息，提醒张清华尽可能改变错误的挥拍动作。否则，就让张清华在不被干扰的情况下自己重复练习这个动作。偶尔，教练员也要求张清华闭上眼睛练习这个动作，体会动作感觉（本体感觉固有反馈）。一旦张清华能够比较稳定地完成动作，教练员就让他学习下一个最重要的动作环节，如在挥拍动作过程中保持肩轴的水平姿势。教练员要求张清华与学习过的正确挥拍动作结合起来练习（渐进分解练习），不断重复，直到他能够稳定地表现出完整挥拍动作的“一般动作形式”。

（2）创造采用新动作形式的练习环境

至此，教练员决定创造一个使张清华必须采用新掌握的动作形式实际击球的环境（开式动作技能练习）。教练员意识到形成动作的自动化需要许多的重复练习，他开始小心地尽量减少信息处理过程的刺激确认和反应选择阶段的要求。例如，用线把网球吊起来，只要求张清华把注意力集中在挥拍击球的动作环节（引导注意）。他告诉张清华不用考虑球的落地点，只集中注意力用最快的速度挥拍击球（速度－准确性的抵消）。

在采用以上练习几天之后，直到张清华能够稳定地做出新学会的反手击球动作有力地击球。这时，教练员决定采用发球机以固定的速度把球发到张清华左侧的反手击球位置，提高信息处理过程“刺激确认”阶段的要求，如张清华必须确认来球的速度、轨迹和方向。同样，教练员要求他只集中注意力于执行正确的动作形式和快速有力地击球。教练员还偶尔提供指示性反馈，提示他调整动作程序，如“保持双肩的水平姿势”。随着张清华动作表现水平的不断提高，逐渐减少“反馈频度”。

（3）学习选择和运用动作参量

当张清华能够以稳定的正确动作形式击球时，教练员把动作学习的重点转移到学习“动作参量”。这时，他要求张清华朝着球场中不同方位和距离的多个目标反手击球。这些目标用数字号码标出，由教练员指出不同顺序的号码，张清华以变化的“刺激－反应模式”进行“变化练习”的方式练习击球。通过这种形式的练习，张清华逐渐适应了各种反手击球的动作方式，能够比较自如地将球打到球场上各个角度不同的距离和位置上。有时，教练员还要求张清华发挥出自己的技术动作风格，并且挑战自己能够在“一般动作程序”基础上完成多种不同动作方式的变化（提取练习和选择动作参量）练习。当发现错误动作时，教练员问张清华错误发生在哪里（如动作准备太慢），下一个动作应该怎样纠正错误（发现和纠正动作错误）。

（4）使新掌握的技术动作适用于比赛的目标情景

当教练员看到张清华已经能够熟练地对发球机发出的球做出各种反手击球动作时，就开始让他在与其他人对打过程中尝试新学会的动作。要求他把注意力集中在球上，并且做出各种反手击球动作。当张清华学习的反手击球动作可以稳定发挥时，教练员再要求他以“随机练习”的方式把反手击球动作和截击动作结合起来练习。因此，张清华必须选择最适宜的击球方式（反应选择），并且以一种最有助于制胜的动作形式执行动作（反应程序）。

现在教练员认为可以让张清华在比赛中试验新掌握的反手击球动作。在这样做之前，先鼓励张清华确定每次比赛中的目标（确立目标），提出一个成功完成反手击球动作（球打过网落在场地界内）的百分比，并且要求把注意力集中在执行各种反手击球的动作过程上。普适性（generalization）是使动作学习经验和成果适应普遍的和多种不同的客观环境条件，得到灵活的发挥。为了帮助张清华解决比赛中注意力分散和紧张等问题，教练员采用“随机练习”方式、不同的对打同伴、不同的球场和观众，使练习环境更加接近实际比赛要求，提高动作技能学习效果的普适性。

4. 对于不同问题的处理

（1）重新学习反手击球和截击动作

如果张清华除了学习反手击球以外，还想学习截击动作，教练员应该怎样调整他的指导策略呢？在学习的早期，教练员还把重点放在学习动作程序上，先安排每一种击球动作的“群组练习”，直到张清华能够稳定地做出截击和反手击球动作。进而，再要求他采用两种动作的“随机练习”方式。然后，为了让张清华能够在“基本动作形式”的基础上学习对动作做出必要调整，这时教练员开始提供“平均反馈”和“总结反馈”。随着他的动作技能水平提高，教练员逐渐减少“反馈频度”。

（2）错误动作的反复

我们一般都有这样的体会，在人感到压力的情况下，常常会反复到以前习惯的行为或动作。例如，张清华在参加一场与对手势均力敌的比赛时，突然又出现了他以前习惯的反手击球错误动作。这时，教练员并不感到意外，因为他意识到张清华以前曾经做过大量这样的错误动作，其重复次数远远大于新学习的正确动作，一时出现错误动作的反复是正常的。那么，教练员是怎样处理这个问题的呢？

首先，教练员向张清华进行正确动作的语言提示，帮助他把注意力重新引导到新学会的动作形式上（指示反馈）。教练员还鼓励他要时常单独练习新动作的关键部分（分解练习）。有时张清华需要闭上眼睛，强化新动作的感觉和体会正确的动作时机和节奏（本体感觉固有反馈）。教练员向张清华询问错误动作是什么以及如何纠正（发现和纠正错误动作）。当张清华再次参加比赛时，教练员鼓励他确定一个目标，把注意力更多集中在新掌握的正确反手击球动作过程上，而不是集中在得分结果上（确立目标）。这样，可以减轻张清华在比赛中的焦虑水平，提高动作发挥水平（学习效果的普适性）。随着张清华在练习和比赛中运用新学习动作熟练水平的提高，错误动作的反复情况逐渐减少。如果偶尔再次出现了错误动作的反复，张清华最好能够自己独立地发现错误和进行纠正。

（二）跳板跳水运动员的赛前准备

1. 了解学生背景

李红是一位 18 岁的大学生女子跳水运动员，她正在准备参加全国锦标赛，希望获得 3 米跳板跳水的冠军。这个项目要求李红连续跳 10 次不同难度的跳水动作。在参加跳水训练之前，李红曾经是一名优秀的竞技体操运动员，可是在她 15 岁时由于肩部受伤使她不得不放弃体操而改练跳水。她的教练于丽认为她有参加全国锦标赛的实力，在训练课上李红可以成功地完成比赛需要的每一种跳水动作。可是在比赛中李红的动作表现总是不太稳定，尤其是在前 2 ~3 次跳水后得到的分数较低时，情况就更加严重。李红在执行直体转体两周半和屈体转体两周半这两种特别的跳水动作时常常感到很吃力。因此，于丽教练面临的最大挑战是向李红提供有效的指导帮助，使她能够像在练习中那样稳定和有效地发挥出跳水技术水平。

2. 评估具体问题

采用表格（表 11 -1）诊断动作学习经验，于丽教练进行了以下诊断。

（1）学生特征

李红，18 岁，具有 3 年的跳水训练和青少年水平比赛经验。从事跳水项目训练之前还有 8 年的竞技体操训练和比赛经验。李红具有跳水项目需要的高水平相关能力，如全身协调性、爆发力、动态柔韧性等。她以前的肩伤已经基本痊愈，不会影响她在跳水项目上取得成功。李红具有夺取全国锦标赛冠军的强烈动机，她的动作学习阶段处于“联系阶段”与“自动化”之间，这取决于需要执行什么样的跳水动作。

（2）动作学习目标

李红的主要目标是，在比赛中能够同样有效地发挥出她在训练中发挥的各种跳水动作表现水平。

（3）目标技能特征

李红的跳水动作属于“分立”或“闭式、序列动作技能”，主要依靠大肌群工作。相关的固有反馈包括身体和肢体动作的动觉和本体感觉信息。“反应程序”只存在一些信息处理方面的要求。另外，竞技跳水也存在一些受伤的危险性，尤其在李红的训练中应该特别注意。

（4）目标情景性质

李红必须在其他运动员、裁判、记者和观众面前完成跳水技术动作。因此，分散注意力的因素可能包括其他运动员的成功表现、裁判的评分、环境的干扰和不熟悉的跳板等。最重要的是，她必须以最有效的方式完成比赛中的10次跳水动作。

在于丽教练分析了李红的基本情况之后，她运用人体动作控制信息流程和制定动作学习计划表格（表11－2），确定了如下指导计划。

3. 确定和实施指导计划

（1）分析比赛与训练环境要求的差异

于丽教练和李红共同认为，在李红的训练和比赛经验中存在着两方面主要的区别，它们是教练提供反馈的频度和李红动作练习的结构。在训练中，教练在李红完成每次跳水动作练习后都提供语言反馈。另外，还要求李红采用“群组练习”的形式练习每一种跳水动作，如第一个动作连续练习5次，第二个动作再连续练习5次，依次类推。而在比赛中，不允许教练提供反馈，李红需要以一定序列完成10次不同的跳水动作。

为了使李红的训练环境尽量和比赛环境相似，于教练决定必须让她开始以序列和“随机练习”的方式练习，并且尽量少提供“即时反馈”，减少“反馈频度”。在10次练习之后，于丽教练提供“总结反馈”，如针对每一次跳水动作只给一个反馈信息。在下一轮10次动作练习之后，再做必要的动作调整。于教练还鼓励李红在每次跳水练习之后，根据动觉和本体感觉等固有反馈信息，对动作进行简要的评价（发现和纠正错误）。在每10次练习之后，教练要求李红报告她所记住的每一次动作的固有反馈信息，并且向李红提供教练所估计的裁判大致评分结果。

（2）采用心理练习控制唤醒水平

于丽教练认为李红必须学会在比赛中对于动作能够进行更好的控制。于是，她们找到运动心理学专家进行咨询。专家为李红制订了一个针对比赛要求的心理练习计划。这个计划的关键部分是跳水动作开始前的一系列心理活动过程，包括调节唤醒水平的呼吸技术（控制唤醒）、每次正确跳水动作过程的“心理表象”、提醒李红注意正确动作要点的简单语言提示重复（引导注意）等。

当李红把这套心理练习过程与训练课中的动作练习结合起来后，她自己注意到完成动作的质量与唤醒水平有关。在执行比较简单跳水动作时，唤醒水平高时动作表现比较好，而在执行比较复杂跳水动作时，唤醒水平低时动作表现比较好。另外，在与势均力敌的对手比赛和大量观众面前，李红的唤醒水平总是很高。李红与教练交换了意见，教练马上意识到可能是训练和比赛中唤醒水平的差异造成了李红在两种情况下动作表现的不同。所以，于丽教练要求李红注意发现训练和比赛中唤醒水平的差异（引导注意），把她的唤醒水平分为三级，1表示低、2表示中、3表示高唤醒水平。

教练和李红都注意到两个难度最大的跳水动作总是在比赛中难以正常发挥，而在训练过程中，当李红的唤醒水平比较低时却能够正常发挥。所以，要解决这个问题，先要控制唤醒水平（控制唤醒），也就是在执行比赛的复杂动作中需要降低唤醒水平。经过几次依靠运动心理专家指导的训练课，李红采用简单的呼吸技术就能够提高和降低唤醒水平。在训练课中采取措施，模拟比赛过程中不利于集中注意力和提高唤醒水平的干扰因素，如噪音环境和对手取得高分的干扰。然后，李红在练习每次跳水动作前采用设计好的心理演练计划调整唤醒水平。通过反复练习，她能够更好地控制唤醒水平，尤其是在执行两个难度最大的跳水动作前，她可以自如地降低唤醒水平。这时李红非常高兴，她意识到自己已经能够迎接比赛的挑战。在不断适应比赛过程的演练中，李红逐步能够在模拟的比赛环境中稳定和有效地执行这两个难度最大的跳水动作。

（3）适应比赛环境

随着赛季的临近，于丽教练对李红提出了更高的要求。让她在练习中以不同的顺序完成比赛中 10 次不同的跳水动作（随机练习），并且增加更多的分散注意力和干扰因素，如气温的高低变化、意外的比赛过程延迟、裁判评分的不公正、严重的噪音环境等。在比赛日期来临时，李红已经具备了完成各种比赛动作的能力，作好充分准备参加比赛（学习效果的普适性），并且自信地认为自己能够在比赛中发挥出自己的最好水平。

4. 对于不同问题的处理

（1）适应不熟悉的跳板

如果李红在训练中动作技能表现好的原因是由于她熟悉常用的跳板，李红喜欢这个跳板的弹力程度，并且准确地了解它在每次练习动作中产生的感觉，因此，李红在训练中感到得心应手，在每次动作练习前精神也放松，能够集中注意力正确地完成动作；而当她旅行到外地参加比赛时，想到必须使用不熟悉的跳板，就总是感到精神焦虑、缺乏自信。

为了帮助李红解决这个问题，于丽教练认为李红必须学会自己对跳板进行必要的调节。在每次练习之前，教练都改变跳板的弹力，设在低、中、高不同的级别，然后让李红自己调整到自己认为合适的弹力水平上（闭环控制）。开始阶段，于丽教练提供“结果认识”，说明李红调整的弹力级别是低于、等于或高于她平时训练采用的适宜弹力水平。在练习几天之后，教练开始在李红每一轮调整跳板之后，采用“渐退反馈频度”和提供“总结反馈”的方法。这种练习把李红的注意引导（注意引导）到与不同水平跳板弹力有关的“本体感觉、固有反馈”信息上，并且帮助她独立进行对跳板弹力的调整（发现和纠正错误）。

然后，教练采用“随机练习”方式，要求李红在每次动作练习之前调整跳板弹力。通过这种方法，李红对自己适宜的跳板弹力水平有了更加深入和具体的认识。一旦李红熟练掌握了在自己熟悉的训练环境调节跳板的能力，于丽教练就把她带到市内其他的跳水池，运用新学习的技能调试跳板（学习效果的普适性）。随着李红熟练程度的增加，教练又增加了可能影响李红调节跳板敏感性的其他变量，如疲劳、观众噪音、气温、要求比赛获得高分等。随着在分散注意力的干扰因素中进行“变化和随机练习”量的增加，李红发展出在不受环境变化影响的情况下，针对她的跳水动作要求调节任何跳板弹力的能力，更加准确和深刻地认识到不同条件下跳板弹力与自己跳水动作表现水平的关系。同时，由于李红能够在任何时间和地点适宜地调整跳板弹力（动作技能学习效果的普适性），她在比赛中也更加自信。

（2）学习同步跳水

同步跳水是竞技跳水中的一个比较新的项目，这个项目中两位队员需要从相邻的跳板上出发，同步地完成相同的跳水动作。裁判主要根据运动员的动作质量和同步水平两个方面进行评分。李红和她的队友赵倩，向于丽教练要求帮助她们学习同步跳水。教练知道这两个队员的个人成绩都不错，但每人都有各自的动作特点。

首先，于丽教练要求两位队员在相邻的两个跳板上练习同步跳水，并进行录像。然后，以各个定格画面的形式给她们重放，使她们确认动作中那些不同步的部分。经过几次这样的过程之后，李红和赵倩在调整各自的动作姿势和时机，共同完成同步动作表现上达成一致。由于李红比赵倩高，她必须调整动作，缩短动作半径和跳水动作的时间（学习参量）。而对于赵倩来说，情况正好相反，她必须设法增加动作半径和跳水动作的时间。

于丽教练运用语言提示帮助两位队员引导她们的注意力集中在需要修正的跳水动作上（引导注意），还提供“语言和视觉指示反馈”信息指出动作需要改进的方面。在运动心理学家的帮助下，为李红和赵倩制订了每次跳水动作前的心理演练计划，包括唤醒水平控制、跳水动作心理表象和简要的集中注意力提示。经过讨论，两人决定由李红发出开始跳水动作的指令，两人同时执行技术动作。

由于同步动作是主要的学习目标，于丽教练安排了许多同步动作练习。在练习的初始阶段，采用“群组练习”方式，在每次动作练习之后提供连续定格录像画面，以及语言“指示性反馈”信息。随着动作同步水平的提高，在每5次动作练习之后，采用“渐退反馈频度”和提供“总结反馈”的方法指导动作学习过程。另外，教练在播放录像反馈信息前，还要求李红和赵倩自己评估和指出自己的动作错误（发现和纠正错误）。

当李红和赵倩能够相当成功地表现出同步跳水动作时，于丽教练把训练课的练习结构变为“随机练习”方式。开始阶段，教练在每次动作练习之后提供视觉和语言反馈。然后，采用“渐退反馈频度”方法，直到当每一系列的多次动作练习结束之后才提供反馈。在每一系列跳水动作练习结束以后和教练重放录像前，要求李红和赵倩评估她们的动作表现。采用合作方式，李红和赵倩继续“发现和纠正动作错误”，决定如何进行调整和修改，最大限度地提高集体动作表现水平。

动作学习的最后阶段是在各种不同的环境条件下进行练习（学习效果的普适性）。李红和赵倩在各地不同的跳水池中演练全部跳水动作、采用不同的跳板、适应各种噪音环境和集中注意力的干扰因素，并且要求教练模拟比赛中的某些压力环境，例如，告诉她们，竞赛对手刚刚获得了一个高分。这时，李红和赵倩已经清楚地意识到她们能够满怀信心地迎接和投入第一次同步跳水比赛。

第二节　动作学习过程实践要点

现在，请您自己动手创设学习场景，展示自己诊断、设计和评价动作学习过程。另外，希望您能够提供支持您所选择和作出决定的相关概念、原理或研究成果。在以下的学习内容中，向您提供了一些在动作学习过程实践中可以遵循或参考的要点。

一、创设动作学习指导场景

在创设动作学习指导场景中，您可能会想到熟悉的学习和执行动作技能情景。也许这个场景需要学习一个新动作技能；或者改进一个掌握的动作；或者重新学习一个以前曾经掌握，但由于受伤等原因又丧失的动作。如果您能够创设和构思出这些或其他动作学习指导场景，就可以不太困难地制订自己的动作学习指导计划。尝试创设一个自己可以把握的动作学习指导场景，然后就可以开始诊断动作学习经历的工作。

二、诊断动作学习经历

当您开始在自己创设动作学习指导场景中诊断学生的动作学习经历时，需要记住人体动作表现认知模型的组成部分与指导场景的动作学习效果存在着密切的关系。在大多数情况下，这些组成部分包括对于动作学习过程至关重要的不同信息处理阶段、学生的各种固有反馈信息的形式，以及同学们自己可以提供的各种外来反馈。

诊断的其他方面内容还包括与学生特征、任务（目标技能）特征和目标情景相关的因素（表 11－1）。针对这些相关的因素，需要提供适宜的描述信息。

一旦确定了在自己创设动作学习指导场景中需要记住的相关因素，就需要决定如何设计动作学习计划。也就是说，您决定选择什么样的指导方式才能最有效地帮助学生达到学习目标。

三、设计动作学习计划

在设计动作学习方案过程中，可以参考前面学习过的在制定动作学习方案时需要考虑的内容（表 11－2），还需要考虑回答以下问题：怎样建立与学生的交流渠道？确立什么类型的学习目标？如何控制唤醒水平？如何集中注意力？需要采取什么样的练习类型和练习结构？针对每个问题，需要提供描述信息，以及动作学习指导场景的相关材料。

参照诊断学生动作学习经历得到的信息，检查动作学习方案中每一项选择的适宜性。如果您可以看到在“诊断动作学习经历”和“设计动作学习方案”之间存在着清晰的联系和逻辑关系，就是一项好的设计。这说明对学生提供的指导帮助类型，适合于在诊断中确认出的各个特征。例如，如果通过诊断确认学生是一位初学者，处于动作学习的认知阶段，设计出的动作学习方案就应该包含更加频繁的示范和反馈，或者在动作学习初期采用群组练习结构。相反，如果看不到这种诊断结果和学习方案之间的清晰逻辑关系，这种设计就需要改进和完善。

四、评价动作学习过程

动作学习实践的最后环节是对动作学习进展的评价。如果作出准确的评价，就能够向学生提供关于他们达到学习目标现有水平的有益信息。同时，还可以提供给他们必要的反馈，提示正确的学习方法，进一步提高动作表现水平。

在您决定如何评价动作学习进展之前，需要提醒自己学生的学习目标是什么？他们想提高什么能力？发挥这些能力的目标情景是什么？您需要记住，评价的目的是向学生提供他们在达到学习目标过程中所取得进展的反馈。

一旦清楚认识了学生的学习目标，您就需要决定怎样对学生的动作表现进行评价。可以参考制定动作学习方案需要考虑的内容（表11－2）中关于练习准备和练习反馈部分。

为了准确地进行评价，您必须确认那些可以指示动作表现的动作指标。所以，需要能够准确和可靠地测量动作的每一个组成部分。为了做好这个工作，有时需要查阅有关文献，学习各种不同动作任务及其表现的评价方法。您所选择的需要评价的动作部分应该包括动作过程特征（如动作形式或质量）和动作结果的得分（如距目标的距离和动作时间等）。如果您试图对学生的动作形式和质量进行分级，就必须采用可靠的动作标准评价动作的各个部分。当然，也可以采用录像手段进行评价。

您还要决定怎样和您的学生共享评价信息。需要考虑的相关反馈方法包括最有效的反馈类型（程序与参量；语言、视觉和动作；描述和指示）、量度（总结和平均）、精度和频度。通过保持与学生的有效沟通，同学们可以决定提供反馈的最有效方式。

五、提出动作学习科学根据

教师和教练员所采用的教学指导思想、方法和手段，都应该建立在可以获得的最充分的科学根据和证明的基础之上。许多教学和训练原理的产生都是来自不断取得突破的科学研究和实验，以及经过实践验证的成功经验。例如，我们在本课程学习过的许多动作学习与控制原理和动作练习方法，都是科学家和体育教育工作者经过大量科学实验和实践验证所得出的宝贵结晶。您可以创设自己的动作学习指导场景，根据和运用我们学习过的概念和原理，甚至科学家的实验结果，提出自己制订的动作学习指导计划的科学根据。

希望您在今后的学习和工作中，能够通过我们共同的学习过程得到有益的启发和帮助，培养自己有效地诊断动作学习经历、设计科学的动作学习方案和有效评价动作学习过程的能力，准备好迎接在实际工作岗位上面临的各种任务和挑战。

第三节　自学进阶与突破

一、认识基本概念

（一）教师和教练员无论面临什么样的工作挑战，都应该记住学生在动作学习与控制过程中决定动作表现的内在机制。

（二）教师和教练员所采用的教学指导思想、方法和手段，都应该建立在可以获得的最充分的科学根据和证明的基础之上。

二、掌握关键术语

（一）实践（practice）。

（二）指导（instruction）。

（三）评价（evaluation）。

三、巩固学习要点

（一）诊断学生动作学习经验需要考虑的内容包括人体动作控制信息流程，以及与学生特征、任务（目标技能）特征和目标情景相关的因素。制定学生动作学习方案需要考虑的内容包括与练习准备、练习过程、练习反馈和练习结构相关的因素。

（二）对学生进行动作学习指导的一般步骤是，了解学生情况、评估具体问题、确定和实施指导策略。

（三）制订动作学习指导计划过程的要点主要包括：创设动作学习指导场景、诊断动作学习经历、设计动作学习方案、评价动作学习过程和提出动作学习科学根据。

四、强化知识练习

（一）说明完整的人体动作控制信息流程的结构和内容。

（二）诊断学生动作学习经验需要考虑的内容主要包括哪些？

（三）制定学生动作学习方案需要考虑的内容主要包括哪些？

（四）在动作学习过程实践中可以遵循或参考的要点有哪些？

（五）请根据学习过的动作学习与控制的概念和原理，结合教学和训练实际情况，制订一项动作学习指导过程的具体操作计划。

五、推荐阅读文献

田麦久（1999）：论运动训练计划。北京体育大学出版社。该书对运动训练计划的有关问题进行了详细的论述。

Schmidt, R. A. & Wrisberg, C. A. (2008). Motor Learning and Performance. Champaign, IL: Human Kinetics. 该书为美国高等院校体育系《动作学习与控制》课程教材，对本学科现代知识作出系统阐述。

第十二章　动作学习实践评价技术

针对实际问题，以主人的角色在实际场景操作过程中掌握的知识才更加具有实践意义。为了更好地帮助大家把掌握的动作学习与控制知识“学以致用”。在本章的学习中，为大家提供了一个独立分析和解决实际问题的“平台”。我们将讨论评价人体动作模式的方法、动作学习进展和动作表现进步的方式，以及教师和教练员在指导动作学习进程中应注意的技巧和问题。

学习目的主要包括让同学们了解评价动作模式的基本方法，评价动作学习进展需要注意的要点，能够运用人体动作控制信息流程和原理帮助他人学习动作技能，指导同学们提高诊断、设计和评价动作学习的能力。同时，培养和提高同学们收集动作学习与控制相关科研资料，以及引用和提供支持自己技术观点的科学依据的能力。

第一节　人体动作模式的评价

一、人体动作质量的底线和基本资格

现在我们讨论如何运用功能动作筛查测试（Functional Movement Screening）对人体动作模式进行评价。功能动作筛查测试由格雷·库克首先推出，是目前在美国广泛应用于运动康复、体育教学和训练领域的一种功能性动作安全性和有效性的测试方法，并逐步引入我国高水平运动员运动训练和康复领域，应用于人们参与体育运动的动作质量保证和安全保障。它确定了一个制定功能训练计划的基准，并且提供了一个测定基本动作质量的方法，它可以很快地发现人体的危险动作模式并且排除掉，及时和有效地避免运动损伤。功能动作筛查测试可以应用于所有参与体育运动的人们，它可以使动作错误问题简化为一个纠正练习过程。在人们参与体育运动之前和过程中，功能动作筛查已经成为一个有力工具，用来观察和保证动作效率，确认动作质量、安全性、耐用性和基本动作“资格”的底线。例如，在学校体育活动中，我们有时会看到这样的情况：一些同学在进行体育课外活动锻炼中，在运动中经常出现身体不稳定，全身左右侧的动作也不对称，身体肩、髋、膝、踝等环节的动作也时常出现一定程度的动作幅度限制，使他们的运动能力受到影响，而且他们出现运动损伤的发生率高于其他同学。学校的体育老师往往认为他的力量不足和柔韧性差，专门为他们安排了提高全身力量和柔韧性的练习，但效果仍然不明显，难以解

决这些同学的上述动作问题。

二、动作程序与动作模式之间的交互作用

人体的身体动作在很大程度上决定着人们现在和未来的生命质量，以及完成各种动作任务的能力。我们知道，动作是依靠规定了动作各个细节的动作程序，以及执行动作程序的人体运动系统各个部分的协同工作来实现的。从动作矩阵的观点出发，我们可用一台电脑做比喻：动作程序犹如电脑的“软件”，而人体运动系统的各个部分则是电脑的“硬件”。随着人体的生长发育和成熟过程，也正是自身“软件开发”和“硬件完善”的最佳时期。犹如电脑运行“软件”，动作程序决定了人们生长发育过程中的各种基本动作模式，如从婴幼儿的滚动、爬行、跪行，以及到青少年、成年直至老年的走、慢跑和快跑的基本动作模式及其质量。反之亦然，犹如“硬件”的升级，不断发展变化的人体也在不断“书写”和“修正”程序，动作模式也时刻影响着动作程序的优化和完善过程。在生存环境和动作学习的作用下，人体的动作程序和动作模式是在长期演化过程中，以及在生命过程中逐步形成和完善起来的，在很大程度上即具有先天的遗传规定性，也具有后天的习得性。

三、动作模式与动作绩效的本质区别

在我们上述例子中一些同学所表现出的动作不对称和动作限制等问题，原因在于他们的基本动作模式方面的不足或缺陷，而学校体育老师所采取的提高他们的力量和柔韧性的练习，是针对动作绩效所采取的加强运动素质的方法，并不能从根本上纠正基本动作模式的问题。

四、人体基本动作模式评价操作过程

对所有参与体育运动和进行身体动作的人们进行功能动作筛察，针对发现的基本动作模式问题制订动作纠正计划，是保证人们参与体育活动动作质量和预防运动损伤的有效方法。人体的各种复杂动作都是人体基本功能性动作的组合，主要包括 7 种重要动作：下蹲、跨步、弓箭步、伸、举，以及躯干的前后倾和转动。而功能动作筛察的 7 个基本测试动作正是模仿并检测这七种重要的动作，它包括深蹲（deep squat）、过栏架步（hurdle stcp）、前后分腿蹲（inline lunge）、肩部灵活性（shoulder mobility）、主动直膝抬腿（active straight - leg raise）、躯干稳定性撑起（trunk stability pushup）和转动稳定性（rotary stability）。其中深蹲、俯撑是对称性动作模式，而过栏架步、前后分腿蹲、肩部灵活性、主动直膝抬腿和转动稳定性五个动作模式测试是非对称性动作需要左右侧测试。这些动作模式的完成都是将身体置于一个特别设计的动作位置，以检测身体在灵活性和稳定性方面存在的缺陷和不对称，这些缺陷和不对称直接影响人体动作完成和动力传递的有效性和流畅性。

（一）深　蹲

1. 测试目的

深蹲可以检测身体两侧的对称性，髋部、膝盖以及的脚踝的灵活性。头上举木杆可以

检测身体两侧的对称性以及肩部和胸椎的灵活性和对称性（图 12－1）。

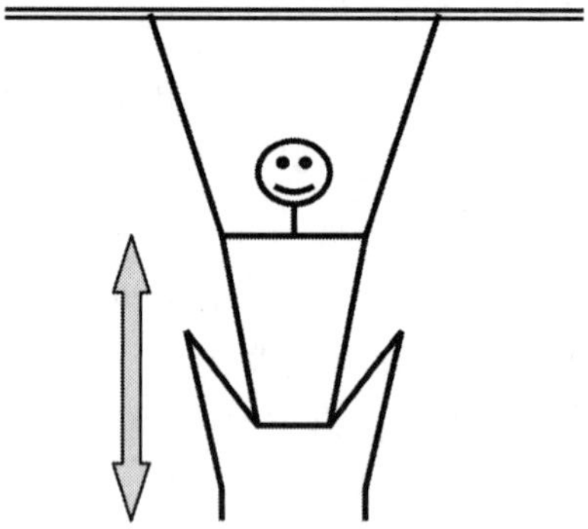

图 12－1　深蹲

2. 所需器材

功能动作筛查测试仪或轻质棍子、木板。

3. 说　明

站立开始，双脚打开与肩同宽，双手头上握杆，屈肘 90°，大臂和木杆与地面平行。双手抓木杆在头后最大限度伸直手臂。运动员慢慢地做下蹲姿势。下蹲过程中，脚后跟不要离地（如果无法实现，可在脚跟下垫一木板），抬头挺胸向前，木杆始终在头后。有 3 次机会完成测试动作。

（二）过栏架步

1. 测试目的

过栏架步可以检测髋、膝、踝的对称性、灵活性和稳定性，及其两侧对称性（图 12－2）。

图 12－2　过栏架步

2. 所需器材

功能动作筛查测试仪或轻质棍子、木板、弹力绳。

3. 说　明

站立开始，双腿打开与肩同宽，栏杆在受试者的小腿胫骨粗隆高度。木杆放于颈后肩上，双脚平行站于栏架下，支撑腿脚趾处于栏架正下方。受试者单腿跨过栏杆，腿伸直脚后跟着地，重心在支撑腿上，支撑腿不能弯曲，然后回到起始姿势。动作过程要尽量慢，换另一侧进行测试，每边做 3 次。记录单侧完成情况并比较两侧之间差异。

（三）前后分腿蹲

1. 测试目的

前后分腿蹲可以检测身体两侧的灵活性和稳定性以及踝关节和膝关节的稳定性（图 12－3）。

图 12－3　前后分腿蹲

2. 所需器材

功能动作筛查测试仪或轻质棍子、木板。

3. 说　明

测试者首先测量受试者胫骨的长度。运动员将右脚放在木板的最后端，将木杆放在背后，保持始终接触头、胸椎和骶骨，右手在上抓住木杆，左手在下抓住木杆底部。测试者在受试者右脚趾头处开始测量其胫骨长度，并在木板上做个标记。受试者左脚向前迈一步将脚后跟放在记号处。受试者慢慢下蹲右腿膝盖碰触左脚后的木板（前腿膝关节不可主动前倾）。在测试过程中双脚必须在一条直线上，脚尖指向运动方向。每边有控制地做 3 次练习。比较单侧完成情况及两侧间差异。

（四）肩部灵活性

1. 测试目的

肩部灵活性测试主要是检测肩关节内收内旋，以及外展外旋的能力及其两侧的对称性（图 12－4）。

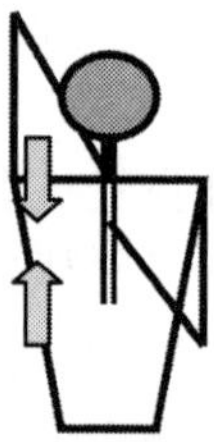

图 12－4 肩部灵活性

2. 所需器材

软尺。

3. 说 明

测试者首先测量受试者手腕最远端折线到中指指尖的距离，受试者双手始终握拳（大拇指在内），肩部最大限度的外展内旋在背后，一手从颈后、一手从腰部，相向靠近。测量受试者双拳之间的距离。每边各做 3 次。比较单侧完成情况及两侧间差异。

（五）主动直膝抬腿

1. 测试目的

主动直膝抬腿测试是当骨盆保持在固定位置时，检测腘绳肌的主动收缩能力和小腿肌肉的柔韧性（图 12－5）。

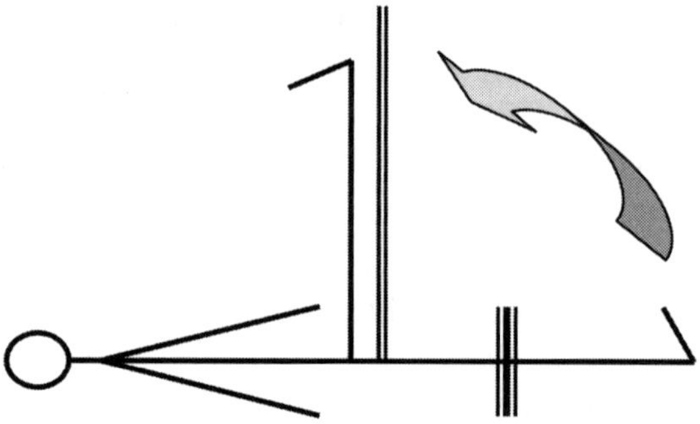

图 12－5 主动直膝抬腿

2. 所需器材

功能动作筛查测试仪或轻质棍子、木板，练习垫。

3. 说 明

测试者仰卧开始，手放在身体两侧，掌心向上。在受试者膝盖下放置木板，测试者首先确定受试者髂前上棘到膝盖骨的中点。受试者抬起左腿，伸直膝盖，勾脚尖。在测试过程中，异侧腿膝盖保持在杆上，双肩保持在垫子上。当受试者测试动作到最大限度时，穿过踝关节中点与地面做垂线，记录垂线在地面上的位置。每边做三次。比较单侧完成情况及两侧间差异。

（六）躯干稳定性撑起

1. 测试目的

脊柱稳定性俯撑检测是上肢在对称运动俯撑时身体躯干在矢状面的稳定性（图 12－6）。

图 12－6　脊柱稳定性俯撑

2. 所需器材

练习垫。

3. 说　明

受试者由俯卧位开始，双手打开与肩同宽放于每个标准的适当位置，膝盖充分伸直。受试者做一次标准要求的俯撑，要求身体成一个整体推起，没有塌腰，如果受试者不能很好地完成姿势，可以降低难度再做一次。在可以完成动作的位置上做 3 次。

（七）转动稳定性

1. 测试目的

转动稳定性测试可以检测躯干在上下肢共同运动时多维面的稳定性及其两侧的对称性（图 12－7）。

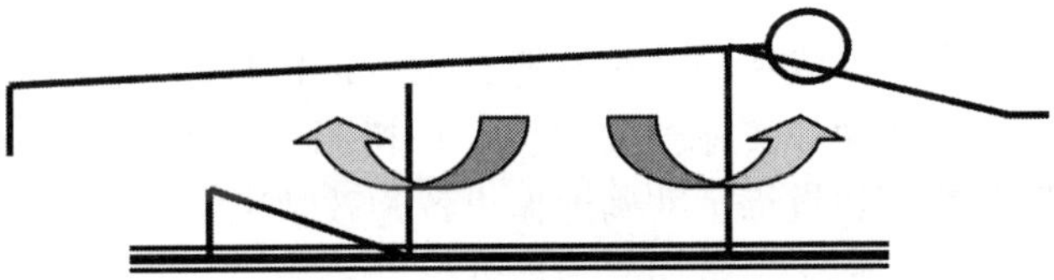

图 12－7　脊柱稳定性俯撑

2. 所需器材

功能动作筛查测试仪或木板，练习垫。

3. 说　明

受试者在跪撑姿势开始，肩髋关节与躯干成 90°角，屈膝 90°角，勾脚尖。在膝盖和手之下放置木板，受试者伸展同侧肩和髋，腿和手离开地面约 20 厘米高度。抬起侧的肘、手、膝应与木杆呈一条直线，肘关节、手和膝盖要与木板在一条直线上，躯干与木杆保持平行。然后曲肘屈膝相触，每边做 3 次。

功能动作筛查动作的得分等级是从 3 到 0，最后将 7 个测试的总分相加。具体说明如

表 12－1。

表 12－1　功能动作筛查测试分数说明表

得分	分数说明
3 分	能够完成功能动作筛查测试动作。
2 分	能够完成降低难度的功能动作筛查测试动作，或者完成功能动作筛查测试动作时有代偿性动作。
1 分	不能完成功能动作筛查测试动作。
0 分	出现疼痛，不能完成动作模式。

体育教师和教练员，首先需要对学生和运动员们进行功能动作筛查测试的初始评价，并且在他们参与体育活动过程中定期进行功能动作筛查测试。以便确定他们的动作质量，以及参与体育锻炼或运动训练的基本动作底线和“资格”。

在功能动作筛查测试中得分高的学生和运动员，表明他们在体育运动中，具有良好的基本动作稳定性和灵活性，能够完成更高质量的基本动作，而且具备学习和执行各种更高级动作的身体条件，具有更高的安全性，不容易出现运动损伤。

相反，功能动作筛查测试得分不理想的学生和运动员，体育教师和教练员就要特别注意提高他们参加体育运动的安全性，为了提高他们的动作能力、未来的生活质量和工作能力，需要注意培养他们执行走、跑、跳、投、踢等各种人体基本动作模式的正确性，强调基本动作的稳定性和灵活性，而不要急于学习各种复杂的体育运动专项技术动作和发展力量、速度、耐力等运动素质。

第二节　动作学习进展的评价

对于教师和教练员来说，成功的动作技能教学应该包括四项活动：它们是确定目标、评估起点行为、安排教学活动和实施教学评价（许树渊，1988）。对于学生动作学习进展的适宜评价，能够帮助教师和教练员准确地作出各种教学决定，灵活和有效地控制不同学生的动作学习教学进程，激励学生更加努力地学习。

一、动作学习进展评价的目的和过程

评价动作学习进展的目的包括：发现动作学习中的问题和不足、确定动作学习和训练内容、制订动作学习和训练计划，以及制订动作康复计划。

（一）动作学习进展评价的目的

1. 发现动作学习中的问题和不足

内容包括肌肉力量下降、平衡不良、动作不协调、反射机能不良、动作反应时慢等。将评定（确认问题和不足）与安排学习和训练内容相结合。一旦问题和不足得到确认，教师和教练员就可以安排活动内容，帮助学生和运动员获得所需要的必备技能。

2. 确定动作学习和训练内容

评定动作可以帮助教师和教练员确定适宜训练内容，包括了解运动员需要的专门内容，帮助学生和运动员能够在运用过程中完善动作技能，并且可以在需要时做出改变。

3. 制订动作学习和训练计划

学习和训练计划确定了在学习和训练内容中所规定练习的进度、时间长度和练习时间。每一个学习和训练计划都能够在需要时为每一位运动员专门设计。

4. 制订动作康复计划

运动伤害的预防和管理应该联合进行，并且设计一个与学习和训练内容相一致的伤害预防计划，能够帮助减少伤害事故，或消除伤害的发生。

（二）动作学习进展评价的过程

评价学生和运动员的动作学习进展是一个永续过程。评价是确定训练内容和制订动作学习和训练计划的先导．

1. 动作学习与表现的评价流程

请见以下动作学习与表现的评价流程（图 12－8）。

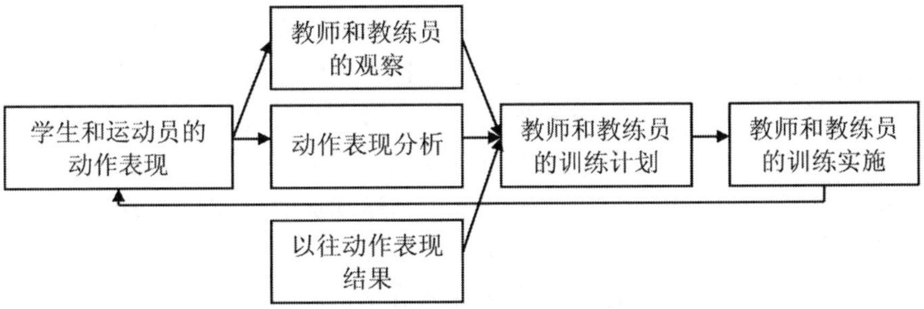

图 12－8　动作学习与表现的评价流程

2. 评价动作学习进展的时间和方法

事实上，评价动作学习进展也是一种从实际需要出发的科学研究活动，“任何一项科学研究，必有变量；任何一种变量，必需测量；任何一种测量，必经质量评价。对变量测量的质量评价涉及的就是测量的信度和效度”（张力为，2002）。信度（reliability）是指测验的可靠程度。它表现为测验结果的一贯性、一致性、再现性和稳定性。效度（validity）则是指一个测验在测量某项指标时所具有的准确程度。一个测验的效度越高，则表示它的所测结果越能代表所测对象的真正特征。因此，对动作学习进展的评价也同样要注意，尽量保证一定水平的评价测验信度和效度。

评价动作的时间和方法取决于学生的需要。在一些情况下，学生都希望在动作学习的开始阶段对动作进行一个初始评价，以便发现自己的动作优势和劣势，为以后的学习和提高提供一个参照点。初始评价的最好时间或许应该安排在学生获得了产生目标动作的基本能力时。在此之后，教师和教练员要定期测试，评价学习过程的效果，为学生达到动作学习目标提供信息帮助。

3. 动作评价的频度控制

教师和教练员需要解决的另一个重要问题，是决定动作评价的频度。学生想知道他们是否取得了进步，但是往往正式的评价方法又不能激发他们的兴趣。采用正式的评价方法，在什么样的学生“接受”程度上才能取得最好的效果呢？有时，教师和教练员需要定期对动作学习情况进行评价，而在另外一些情况下需要和学生共同商量决定动作评价的频度。对于那些渴望了解自己学习进展的学生，正式的评价或许更加有帮助。所以，教师和教练员需要保持与学生的良好沟通，深入了解学生的具体需要，才能有的放矢地决定动作评价的适宜时机和频度。当然，学习进展评价时间的确定，最好能够避开采用某种专门学习措施的阶段，因为这样常常会掩盖，甚至扭曲真实的动作学习效果。

二、动作学习进展评价的环境和状态

其实没有决定学生动作学习进展的评价时间和评价方法的金科玉律，正如我们之前所了解的那样，对动作学习最好的评价，是在所学动作的最终表现环境的相似情景中的评价。因此，教师和教练要尽量从实战出发，在评价学生动作表现中模拟目标情景。

当然，最终的评价需要学生把学习的动作在理想的目标情景中表现出来。在体育运动中的目标情景一般包括各种各样的实际比赛环境和条件，体疗康复的目标情景包括家庭和工作环境，而休闲娱乐的目标情景则可能是河流、湖泊、海洋、森林和山川。对于任何学生来说，最好的学习经验就是获得在目标情景中最有用的动作技能。因此，在理想的目标情景中进行评价能够给他们提供有效的帮助，这是教师和教练员应该时刻牢记的。

在动作表现的评价过程中，我们还需要意识到一些内在和外在的临时因素对于学生主观状态的影响，如情绪和疲劳等，也会改变学生和运动员的动作技能表现。然而，动作表现的评价常常需要观察和发现人体在困难的比赛条件、甚至极端环境状态下动作表现的稳定性和可靠性。因此，需要根据比赛实战的目标情景、运动项目的目标技能，以及学生和运动员的自身特征，有针对性地安排各种情况下的评价环境和条件。

三、动作学习进展评价的种类和方式

（一）动作学习进展评价的种类

动作技能学习进展的评价种类包括非正式评价（informal assessment）和正式评价（formal assessment）。

1. 非正式评价

（1）非正式评价的用途

非正式评价的用途包括：帮助对学生和运动员的某项技能能力进行定性评价、运动员选拔、可用于教学计划和训练内容开发，以及提供对技能的全面认识。

（2）非正式评价的特点

非正式评价的特点为：简便快捷，但对安排训练内容提供的信息较少，适用于学生或运动员独立训练过程执行自我监督的训练计划。

（3）非正式评价的观察内容

非正式评价的观察内容能够完全采用视觉或记录形式。需要教师和教练员具有良好记忆，追忆在有利方式下利用信息和采取行动的方式。录像记录为合理确定动作学习和训练内容提供了极好机会。自然环境是需要观察的另一个方面，还需要观察学生或运动员在全部比赛环境下与队友的沟通、互动，以及对于比赛动态变化情况的反应。

2. 正式评价

（1）正式评价的用途

正式评价的用途包括：定性成绩测量提供了动作技能掌握和不足的清晰指标，可以直接用于确定训练内容，以及对学生或运动员进行比较。

（2）正式评价的特点

正式评价的特点为：用于采集运动员的定量数据，但在直接用于确定动作技能学习和训练内容时受到限制。它很少或不能提供学生和运动员动作技能表现（现实或潜在的）的信息。

因此，教师和教练员们必须首先决定寻求哪些信息，然后根据需要的专门信息确定采取的评价种类。

（二）动作学习进展评价的方式

在动作学习过程中处理各种问题时，教师和教练员必须决定如何对学生的学习进展进行评价。我们知道，评价是任何学习过程的重要部分。教师和教练员必须通过评价过程衡量人的动作学习表现和进展，达到学习目标的状态，以及教学指导方法的有效性。但是，这并不是一个简单的问题。

教师、教练员和学生怎样评价动作学习质量？应该采用什么方式和方法？在很大程度上，这些问题的答案取决于那些最具有鲜明客观性和代表性的动作学习目标、结果和行为。无论处于什么样的动作学习环境和条件，教师和教练员都应该清楚地意识到寻求怎样的学习结果、采取怎样的学习行为，以及怎样准确和可靠地进行评价。

动作学习进展的评价方式有很多种，一般情况下可以分为与他人进行对比的比较性标准（norm – referenced standards）评价、达到一定客观标准的达标性标准（criterion – referenced standards）评价、动作学习计划执行期间的形成性评价（formative evaluation）和动作学习计划结束时的总结性评价（summative evaluation）。比较性标准评价是以其他人已经达到的水平为标准与自己目前水平相对比的一种评价方式。达标性标准评价是以一定的客观标准与自己目前水平相对比的一种评价方式。形成性评价是在动作学习计划执行期间进行评价的一种方式。总结性评价是在动作学习计划结束时进行评价的一种方式。

合理的评价又是以各种测量方法为基础的，在选择和决定测量方法时，还需要充分考虑测量的客观性（objectivity）、相关性（relevance）、信度和效度等多方面的因素。为了对学生的动作学习进展作出合理的评价，教师和教练员不仅需要选择测量方法和处理各种数据，而且还需要选定多种参量对学生的动作概念和技术理论、动作质量和身体素质，以及动机和情绪等心理因素进行系统的测试。上述评价、测量方法和测试之间的关系（Morrow，Jackson，Disch & Mood，2000）在下图表示出来（图 12 – 9）。

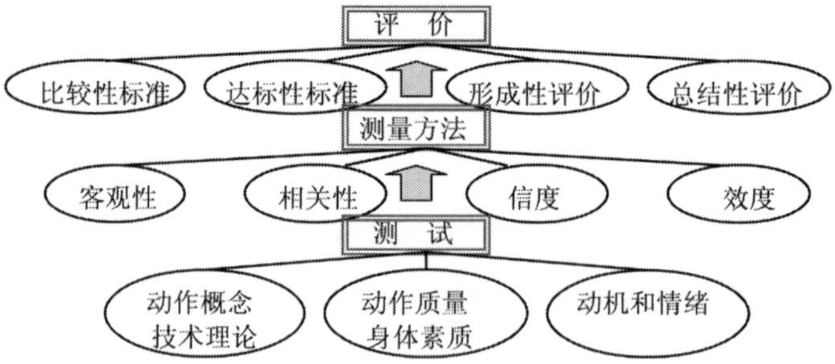

图12－9 评价、测量方法和测试的关系

（根据 Morrow，Jackson，Disch & Mood，2000 资料改编）

四、动作学习进展评价的线索和途径

（一）动作学习进展评价的信息线索

评价动作学习进展的信息线索包括：从一个人的动作表现特征中推断、在动作表现过程中一个人后天能力的变化，以及从练习或经验引起的动作表现水平提高中推断。

（二）发现动作表现特征的变化

评价动作表现的特征如下。

1. 改进性——随时间变化的动作表现。
2. 一致性——动作表现越来越稳定。
3. 持续性——动作表现能力以持续性加强为显著特征。
4. 适应性——提高的动作表现能够适应各种不同的动作表现情景特征。

（三）动作学习进展评价的途径

评价动作学习的途径主要如下。

1. 观察练习中的动作表现。
2. 采用动作保持测验。
3. 采用迁移测验，使动作适应新环境特征。
4. 动作协调性的动态变化，发展出一个与以往方式不同的、新的空间和时间协调方式。

第三节 动作表现的评价

为了了解动作教学的有效性和向学生提供学习成绩和达到学习目标水平的反馈，教师和教练员需要确定评价动作学习进展的方法。有两个方面的问题需要重视，即学生的学习目标和代表动作技能的最佳指标。由于学生在学习大多数动作过程中在心里都有一个特定的目标，学习进展的评价必须在一定程度上能够指出学生达到学习目标的水平。又由于对动作学习水平的推断需要通过对动作表现的观察来实现，所以，选择的评估动作表现的内容必须能够准确反映学生成功达到学习目标的质量。

一、动作表现的有效测量方法

教师和教练员如果能够确认学生适宜的目标行为，并且选择有效的动作表现测量方法，他就可以着手评价学生的动作学习进展。一般来说，有两类动作表现测量方法可以选择，即结果测量和过程测量。

（一）结果测量

结果测量（outcome measures）指出了动作表现最终结果一些方面的观察结论，如跳远的成绩是7.14米。结果测量包括动作的时间（需要多长时间执行动作）、距离（人体运动了多高或多远）、频率（达到动作目标需要做多少次动作尝试）、准确性（物体到达时离靶心有多近）和一致性（动作尝试命中目标的百分比）等。教师和教练员应该仔细思考所选择的结果测量指标，并且定期评价这些指标，了解学生的学习进展情况。

（二）过程测量

过程测量（process measures）指出了动作产生质量一些方面的观察结论，包括采用复杂仪器或专家的主观评价过程测量指出了动作本身的质量，如运动过程。在实验室，动作科学家能够运用复杂的仪器，如肌电图仪测量肌肉活动的方式，或脑电图仪测量大脑的活动。脑电图仪（electroencephalography）是一种记录大脑不同区域电活动的仪器。如果仪器设备条件允许，教师和教练能够利用它们检查技能练习和动作协调水平提高过程中大量动作特征的变化。但是在实际情况下，一般不具备可以方便使用的复杂仪器设备，最常见的评价方法是采用专家考核或评分。

有经验的教师和教练能够直接，或从录像上观察学生的动作，对动作质量作出判断。为了保证所选择过程测量方法的有效性，我们必须首先确定学生动作中那些最准确反映目标行为的组成部分。然后，我们还必须决定观察这些组成部分的最佳手段（如观察位置是在学生前面、侧面，还是后面），以及评价的适宜方式（如单独动作评分或整体动作评分）。

二、改善动作表现的内在过程

动作学习在中枢神经系统的所有水平上都能够发生，但在下图重点标出的水平上，或许是发生最大变化的位置（图12－10）。例如，在分析感觉信息时增加自动处理过程的使用（刺激确认），指出外界物体的活动方式；提高动作选择（反应选择）和参量化水平（反应程序）；在脊髓中发展出高效率的动作程序和受动器机能。

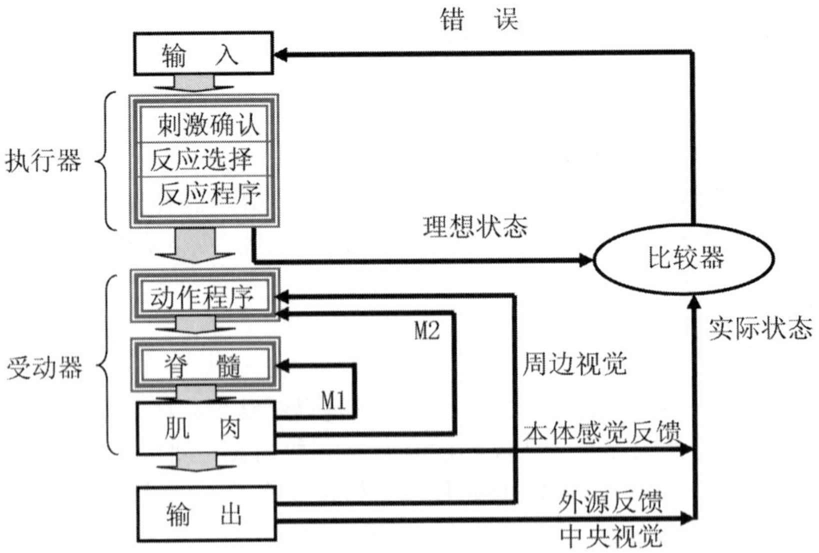

图12-10　人体动作控制信息流程，将可以通过学习改变的主要过程重点表示

（根据Schmidt & Wrisberg，2000资料改编）

三、动作表现的外在特征与评价

当教师和教练员观察到学生动作表现特征的变化，他们就能够推断这些变化发生于一个或更多这样的水平上，因此促进了学生动作表现能力或技能水平的提高。下面我们来讨论一些在观察和评价过程中需要注意的动作学习进展的特征。

（一）动作概念的理解

掌握动作的一个特征是学生对于动作规则、战略、战术和细节的理解。掌握有关这些概念的先进或丰富的知识，能够帮助学生更好地评估动作任务要求，决定做出最适宜的动作，并且有效地分析自己的动作技能表现。随着学生知识水平的提高，教师和教练员就能够更快作出适宜的决定。一种可行的测量评价方法是，采用图表方式标出学生在执行动作的目标情景中，作出正确决定的种类和数量、或反应性选择的错误。

（二）动作控制与协调性

良好动作的特征是更加有效的动作控制水平和肌肉、关节协调所表现出来的动作流畅性。教师和教练员应该注意，在学生的动作控制和协调水平提高后，所表现出的动作速度和连贯性、流畅性的加强。评价方法可以采用动作评分。

（三）肌肉活动形式

在动作练习过程中，肌肉活动的形式也发生变化。一般的初学者常常表现出主动肌和对抗肌同时收缩，通过练习，肌肉收缩形式更加有序，主动肌和对抗肌分别在必要的适宜时机收缩。动作变得更加轻松自如。这时，教师和教练员评价动作质量的最好方法仍然是评分方法。

（四）动作的实效性

随着练习，学生产生动作的能量消耗减少，动作控制、协调和肌肉工作形式更加有效。也许这也是优秀运动员能够在更长时间内做出有效动作、推迟疲劳出现的原因。这时，可以采用结果测量方法测试动作的实效性，如测量学生持续执行某种标准动作负荷的时间。教师和教练员也可以在训练课后要求学生自我评价付出努力的程度，尤其是当动作任务包含明显的耐力成分时。

（五）注意的熟练性

具有出色技能运动员或学生的一个重要特征是他们运用注意的熟练性。他（她）们不但能够把注意保持更长时间，而且还善于确定和注意到那些执行成功动作最为必要的信息线索。注意水平提高的行为指标包括，对环境刺激信息的复杂形式作出更加迅速的确认和反应，执行开式技能时的沉着镇定，以及对突发事件的快速调节能力。评价方法可以采用在特定情景下测量反应时，以及对学生执行动作过程中的整体识别能力进行主观评分。

（六）动作错误的发现和纠正

随着运动员或学生能够更加高效地做出动作，他们也更加善于发现和纠正错误。动作错误往往是由于选择错误（如艺术体操运动员混淆了序列动作的各个部分）或执行错误（如推铅球出手动作中没有做出有力地身体左侧支撑）引起的。通过练习，学生就会更加注意利用相关的本体感受性和外源性反馈信息来发现错误。在动作行为表现方面，执行持续性动作技能的学生和运动员能够更加有效地调整动作，而执行分立动作技能的学生和运动员在动作完成后就能够对动作错误做出准确的评价，并且能够说明他们在下一次执行动作中怎样纠正。

第四节　自学进阶与突破

一、认识基本概念

（一）功能动作筛查方法已经成为人们在参与体育运动之前和过程中，来观察和保证动作效率、安全性和“耐用性”的一个动作质量底线和“基本动作资格”。

（二）从动作矩阵的观点出发，我们可用一台电脑做比喻：动作程序犹如电脑的“软件”，而人体运动系统的各个部分则是电脑的“硬件”。随着人体的生长发育和成熟过程，也正是自身“软件开发”和“硬件完善”的最佳时期。

（三）犹如电脑运行“软件”，动作程序决定了人们生长发育过程中的各种基本动作模式，如从婴幼儿的滚动、爬行、跪行，以及到青少年、成年直至老年的走、慢跑和快跑的基本动作模式及其质量。反之亦然，犹如“硬件”的升级，不断发展变化的人体也在不断“书写”和“修正”程序，动作模式也时刻影响着动作程序的优化和完善过程。

（四）一般有“结果测量”和“过程测量”两类动作表现测量方法来评价学生的动作学习进展。结果测量指出动作表现最终结果一些方面的观察结论。过程测量指出动作产生质量一些方面的观察结论，包括采用复杂仪器或专家的主观评价。

二、掌握关键术语

（一）功能动作（functional movement）。
（二）功能动作筛查（functional movement screening）。
（三）深蹲（deep squat）。
（四）过栏架步（hurdle step）。
（五）前后分腿蹲（inline lunge）。
（六）肩部灵活性（shoulder mobility）。
（七）主动直膝抬腿（active straight – leg raise）。
（八）躯干稳定性撑起（trunk stability pushup）。
（九）转动稳定性（rotary stability）。
（十）信度（reliability）。
（十一）效度（validity）。
（十二）非正式评价（informal assessment）。
（十三）正式评价（formal assessment）。
（十四）比较性标准（norm – referenced standards）。
（十五）达标性标准（criterion – referenced standards）。
（十六）形成性评价（formative evaluation）。
（十七）总结性评价（summative evaluation）。
（十八）结果测量（outcome measures）。
（十九）过程测量（process measures）。
（二十）客观性（objectivity）。
（二十一）相关性（relevance）。

三、巩固学习要点

（一）在生存环境和动作学习的作用下，人体的动作程序和动作模式是在长期演化过程中，以及在生命过程中逐步形成和完善起来的，在很大程度上既有先天的遗传规定性，也具有后天的习得性。

（二）观察和评价过程中需要注意的动作学习进展的特征主要包括：动作概念的理解、动作控制与协调性、肌肉活动形式、动作的实效性、注意的熟练性、动作错误的发现和纠正。

（三）动作学习进展评价的方式可以分为与他人进行对比的“比较性标准评价”、达到一定客观标准的“达标性标准评价”、动作学习计划执行期间的“形成性评价”和动作学习计划结束时的“总结性评价”。

（四）无论处于什么样的动作学习环境和条件，教师和教练员都应该清楚地意识到寻求怎样的学习结果、采取怎样的学习行为，以及怎样准确和可靠地进行评价。

（五）动作学习进展的评价要点主要包括：决定评价方法、决定动作技能评价的频度和在理想的目标情景中进行评价。

四、强化知识练习

（一）请简述人体的动作程序和动作模式的交互影响。

（二）为什么说人们在参与体育运动之前和过程中，功能动作筛查可以成为一个有力工具，用来观察和保证动作效率，确认动作质量、安全性、耐用性和基本动作“资格”的底线。

（三）评价动作学习进展的动作表现测量方法有哪些？请简要说明。

（四）动作学习进展的特征主要包括哪些？

（五）动作学习进展评价的方式有哪些？

（六）动作学习进展的评价要点主要包括哪些内容？

五、推荐阅读文献

许树渊（1999）：运动技术教学法。伟彬体育研究社。该书详细介绍了运动技术的教学方法。

Morrow, J. R., Jackson, A. W., Disch, J. G., & Mood, D. P. (2000). Measurement and evaluation in human performance. Champaign, IL: Human Kinetics. 该书详细介绍了人体动作表现测量与评价方法。

参考文献

[1] 大卫·柯林斯(D. Collins). 人体动作控制课程讲义[M]. 埃德蒙顿:加拿大阿尔伯塔大学,2009

[2] 布莱恩·马莱士(B. Maraj). 动作学习课程讲义[M]. 埃德蒙顿:加拿大阿尔伯塔大学,2009

[3] 赖勤. 动作学习与控制课程讲义[M]. 底特律:美国韦恩州立大学,2003

[4] 刘展. 动作学习与控制课程讲义[M]. 斯普林菲尔德:美国春田学院,2003

[5] 马启伟,张力为. 体育运动心理学[M]. 台北:东华书局,1996

[6] 田麦久. 论运动训练计划[M]. 北京:北京体育大学出版社,1999

[7] 许树渊. 运动技术教学法[M]. 台北:伟彬体育研究社,1999

[8] 杨桦,池建. 竞技体育实战制胜案例[M]. 北京:北京体育大学出版社,2006

[9] 张力为. 体育科学研究方法[M]. 北京:高等教育出版社,2002

[10] 张英波. 动作学习与控制[M]. 北京:北京体育大学出版社,2003

[11] 张英波. 现代体能训练方法[M]. 北京:北京体育大学出版社,2007

[12] 张英波,梁林、赵洪波译. 格雷·库克(美)著. 动作——功能动作训练体系[M]. 北京:北京体育大学出版社,2011

[13] 张英波,孙南译. 国际田联教练员培训教材——教练理论入门[M]. 北京:北京体育大学出版社,2011

[14] 张英波,孙南译. 国际田联教练员培训教材——跑!跳!投![M]. 北京:北京体育大学出版社,2009

[15] Adams, J. A. A closed – loop theory of motor learning[J]. Journal of Motor Behavior, 1971, 3: 111 – 150

[16] Adams, J. A. Theoretical issues for knowledge of results. Information processing in motor control and learning[M]. New York: Academic Press, 1978

[17] Baddeley, A. D., & Longman, D. J. A. The influence of length and frequency of training session on the rate of learning to type[J]. Ergonomics, 1978, 21:627 – 635

[18] Belen'kii, V. Y., Gurfinkel, V. S., & Pal'tsev, Y. I. Elements of control of voluntary movements[J]. Biofizika, 1967, 12:135 – 141

[19] Drowatzky, J. N., & Zuccato, F. C. Interrelationships between selected measures of static and dynamic balance[J]. Research Quarterly, 1967, 38:509 – 510

[20] Feltz, D. L., & Landers, D. M. The effects of mental practice on motor skill learning and performance: A meta analysis[J]. Journal of Sport Psychology, 1983, 5:1 – 18

[21] Fitts, P. M. The information capacity of the human motor system in controlling the amplitude of movement[J]. Journal of Experimental Psychology, 1954, 47:381 – 391

《动作学习与控制》汉英词汇对照

B

被动引导 passive guidance
被动引导过程 passive guidance procedure
本体感觉 proprioception
本体感觉反馈 proprioceptive feedback
比较性标准 norm – referenced standards
闭环控制 closed – loop control
闭环控制系统 closed – loop control system
闭式动作技能 closed skill
变化刺激 – 反应模式 varied stimulus – response mapping
变化练习 varied practice
变量 variable
变量误差 variable error
表现 performance
表现目标 performance goals
不变特征 invariant features

C

参量 parameter
参量反馈 paramcter feedback
参量化 parameterization
参量值 parameter values
操作认识 knowledge of performance
长时记忆 long – term memory
常数误差 constant error
程序 program
程序反馈 program feedback
处理阶段 stages of processing
刺激 stimulus
刺激 – 反应的兼容性 stimulus – response compatibility
刺激 – 反应模式 stimulus – response mapping
刺激间隔 interstimulus interval
刺激确认 stimulus identification
刺激确认阶段 stimulus – identification stage
粗略动作技能 gross motor skills

D

达标性标准 criterion – referenced standards
带宽反馈 bandwidth feedback
单独分解练习 fractionization
单位 units
"倒 U"原理 inverted – U principle
动机 motivation
动机性反馈 motivating feedback
动觉 kinesthesis
动觉反馈 kinesthetic feedback
动态系统理论 dynamic systems theory
动作 movement
动作程序 motor program
动作纲要 schema
动作纲要的发展 schema development
动作技能表现 motor performance
动作技能发展 motor development
动作技能控制 motor control
动作技能学习 motor learning
动作矩阵 movement matrix
动作模式 movement pattern
动作生成 movement production
动作生成单位 movement production units
动作速度和准确性的抵消 speed – accuracy trade – offs
动作时间 movement time
动作输出 movement output

动作信息输出集合 movement output chunking
动作限制 movement restriction
动作行为 motor behavior
动作执行 movement execution
短时感觉储备 short - term sensory store
短时记忆 short - term memory

F

发展 development
反馈 feedback
反馈精度 feedback precision
反馈频度 feedback frequency
反应 response
反应程序 response programming
反应程序阶段 response - programming stage
反应时 reaction time
反应选择 response selection
反应选择阶段 response - selection stage
非正式评价 informal assessment
菲兹定律 Fitts' law
分解练习 part practice
分立动作技能 discrete skill
负迁移 negative transfer
负强化 negative reinforcement

G

感觉整合 sensory integration
感知 perception
感知动作能力 perceptual motor ability
感 - 知觉因素 sensory - perceptual factors
感知狭窄 perceptual narrowing
个体差异 individual differences
关联干预效应 contextual interference effect
观察 observation
观察性学习 observational learning
工作记忆 working memory
功能动作 functional movement
功能动作筛查 functional movement screening
固定练习 constant practice
固有反馈 intrinsic feedback
过程 process
过程测量 process measures
形成性评价 formative evaluation
过程目标 process goals
过度控制 overcontrolling
过栏架步 hurdle step
过栏架步动作模式 hurdle step movement pattern

H

海克定律 Hick's law
核心稳定性 core stability
后天能力 capabilities
环境赋予 affordances
环境赋予理论 theory of affordances
唤醒 arousal
活动 activities
活动危险性 activity risk

J

肌肉 muscle
肌肉 - 意念技术 muscle - to - mind skills
激发性反应 triggered reaction
即刻反馈 instantaneous feedback
技能 skill
记忆 memory
假说 hypothesis
间隙加大假说 spacing hypothesis
间歇强化 intermittent reinforcement
肩部灵活性 shoulder mobility
兼容性 compatibility
简单反应时 simple reaction time
简化分解练习 simplification
渐进分解练习 fragmentation
渐退反馈 faded feedback
渐退过程 fading procedure
交流 communication
焦点 focus
焦虑 anxiety
阶段 stage
结果 outcome

结果测量 outcome measures
结果目标 outcome goals
结果认识 knowledge of results
结果认识延迟期 KR – delay period
近迁移 near transfer
精细动作技能 fine motor skills
精心执行动作假说 elaboration hypothesis
决定 decision
绝对反馈频度 absolute feedback frequency

K

开环控制 open – loop control
开环控制系统 open – loop control system
开式动作技能 open skill
客观性 objectivity
空间预料 spatial anticipation
空间准确性 spatial accuracy
控制 control
控制信息处理 controlled processing
快速伸缩复合训练 plyometrics
宽焦点 broad focus

L

拉伸 – 缩短周期 stretch – shortening cycle
利用提示 cue utilization
利用提示假说 cue – utilization hypothesis
连续性动作技能 continuous skill
联系阶段 association phase
灵活性 mobility
零迁移 zero transfer

M

描述性反馈 descriptive feedback
模范 modeling
模式 pattern
模式识别 pattern recognition
目标 goal
目标 target
目标技能 target skill
目标情景 target context
目标行为 target behavior

N

内部焦点 internal focus
内隐学习 implicit learning
内源信息 interoception

P

平均常数误差 average constant error
平均反馈 average feedback
平行处理 parallel processing
评价 evaluation
普适化 generalization

Q

迁移 transfer
前后分腿蹲 inline lunge
前后分腿蹲动作模式 inline lunge movement pattern
前期 foreperiod
潜力 potential
强化 reinforcement
区分方法 differential approach
躯干稳定性撑起 trunk stability pushup
躯干稳定性撑起动作模式 trunk stability pushup movement pattern
“全或无”方式 all or none fashion
确立目标 goal setting
群组练习 blocked practice

R

任务 task
任务分析 task analysis
认识 knowledge
认知阶段 cognitive phase
认知性动作技能 cognitive skill

S

桑戴克效应定律 Thorndike's law of effect
身体熟练能力 physical proficiency ability
深蹲 deep squat
神经肌肉促进练习 proprioceptive neuromuscular facilitation
生成 production
生成单位 production units
时间预料 temporal anticipation
时间准确性 temporal accuracy
时相性收缩 phasic contraction
实践 practice
实验方法 experimental approach
示范 demonstration
适宜功能 optimal functioning
适宜功能区间 zone of optimal functioning
适应 adaptation
视觉 vision
视觉本体感觉 visual proprioception
视觉反馈 visual feedback
视觉捕获 visual capture
视觉流 optical flow
视觉主导 visual dominance
事件预料 event anticipation
输出 output
输入 input
熟练性 proficiency
双侧迁移 bilateral transfer
双刺激 double stimulation
双刺激范例 double stimulation paradigm
双向交流 two－way communication
斯特鲁普效应 Stroop effect
随机化 randomization
随机练习 random practice

T

特点 trait
特点焦虑 trait anxiety
提示 cue
提取 retrieval
提取练习 retrieval practice

W

外部焦点 external focus
外源信息 exteroception
外来反馈 extrinsic feedback
稳定性 stability

X

习得性动作功能不良 acquired movement dysfunction
先天能力 abilities
先天能力 inherited capabilities
线性速度－准确性抵消 linear speed－accuracy trade－off
相对反馈频度 relative feedback frequency
相对时间 relative timing
相关提示 relevant cues
相关性 relevance
效度 validity
心理不应期 psychological refractory period
信度 reliability
信息 information
信息超载 information overload
信息处理 information processing
信息处理阶段 stages of information processing
信息反馈 information feedback
信息流 information streams
行动 action
行动计划 action plan
行动计划重建假说 action plan reconstruction hypothesis
序列动作技能 serial skill
选择反应时 choice reaction time
学习 learning
学习阶段 stages of learning
学习迁移 transfer of learning

Y

延迟反馈 delayed feedback

一般动作程序 generalized motor program
一般动作程序理论 general motor program theory
一致刺激 - 反应模式 consistent stimulus - response mapping
遗忘假说 forgetting hypothesis
意念 mind
意念 - 肌肉技术 mind - to - muscle skills
因子分析 factor analysis
有限注意容量 limited attentional capacity
语言反馈 verbal feedback
预料 anticipation
远迁移 far transfer
运动 motion
运动性动作技能 motor skill

Z

窄焦点 narrow focus
张力调节性收缩 tonic contraction
针对问题的学习 problem - based learning
正迁移 positive transfer
正强化 positive reinforcement
正式评价 formal assessment
支柱力量 pillar strength
指导 instruction
指导计划 instructional plan
指示性反馈 prescriptive feedback
智力 intelligence
智商 intelligence quotient
中央视觉 focal vision
周边视觉 ambient vision
主动直膝抬腿 active straight - leg raise
主动直膝抬腿动作模式 active straight - leg raise movement pattern
注意 attention
注意焦点 attentional focus
注意容量 attentional capacity
注意线索 attentional cueing
专门性 specificity
专门性假说 specificity hypothesis
转动稳定性 rotary stability
转动稳定性动作模式 rotary stability movement pattern
准确地作出决定 accurate decision making
自动阶段 autonomous stage
自动信息处理 automatic processing
自动应答 automatic responding
总动作能力 general motor ability
总结反馈 summary feedback
总结性评价 summative evaluation
总心理能力 general mental ability

《动作学习与控制》英汉词汇对照

A

abilities 先天能力
absolute feedback frequency 绝对反馈频度
accurate decision making 准确地作出决定
action 行动
action plan 行动计划
action plan reconstruction hypothesis 行动计划重建假说
active straight – leg raise 主动直膝抬腿
active straight – leg raise movement pattern 主动直膝抬腿动作模式
adaptation 适应
affordances 环境赋予
all or none fashion“全或无”方式
ambient vision 周边视觉
anticipation 预料
anxiety 焦虑
acquired movement dysfunction 习得性动作功能不良
active straight – leg raise 主动直膝抬腿
active straight – leg raise movement pattern 主动直膝抬腿动作模式
activities 活动
activity risk 活动危险性
arousal 唤醒
association phase 联系阶段
attention 注意
attentional capacity 注意容量
attentional cueing 注意线索
attentional focus 注意焦点
automatic processing 自动信息处理
automatic responding 自动应答
autonomous stage 自动阶段
average constant error 平均常数误差
average feedback 平均反馈

B

bandwidth feedback 带宽反馈
bilateral transfer 双侧迁移
blocked practice 群组练习
broad focus 宽焦点

C

capabilities 后天能力
choice reaction time 选择反应时
closed skill 闭式动作技能
closed – loop control 闭环控制
closed – loop control system 闭环控制系统
cognitive phase 认知阶段
cognitive skill 认知性动作技能
communication 交流
compatibility 兼容性
consistent stimulus – response mapping 一致刺激 – 反应模式
constant error 常数误差
constant practice 固定练习
contextual interference effect 关联干预效应
continuous skill 连续性动作技能
control 控制
controlled processing 控制信息处理
core stability 核心稳定性
criterion – referenced standards 达标性标准
cue 提示
cue utilization 利用提示
cue – utilization hypothesis 利用提示假说

D

decision 决定
deep squat 深蹲
delayed feedback 延迟反馈
demonstration 示范
descriptive feedback 描述性反馈
development 发展
differential approach 区分方法
discrete skill 分立动作技能
double stimulation 双刺激
double stimulation paradigm 双刺激范例
dynamic systems theory 动态系统理论

E

elaboration hypothesis 精心执行动作假说
evaluation 评价
event anticipation 事件预料
experimental approach 实验方法
external focus 外部焦点
exteroception 外源信息
extrinsic feedback 外来反馈

F

factor analysis 因子分析
faded feedback 渐退反馈
fading procedure 渐退过程
far transfer 远迁移
feedback 反馈
feedback frequency 反馈频度
feedback precision 反馈精度
fine motor skills 精细动作技能
Fitts' law 菲兹定律
focal vision 中央视觉
focus 焦点
foreperiod 前期
forgetting hypothesis 遗忘假说
formal assessment 正式评价
formative evaluation 形成性评价
fractionization 单独分解练习
fragmentation 渐进分解练习
functional movement 功能动作
functional movement screening 功能动作筛查

G

general mental ability 总心理能力
general motor ability 总动作能力
general motor program theory 一般动作程序理论
generalization 普适化
generalized motor program 一般动作程序
goal 目标
goal setting 确立目标
gross motor skills 粗略动作技能

H

Hick's law 海克定律
hurdle step 过栏架步
hurdle step movement pattern 过栏架步动作模式
hypothesis 假说

I

implicit learning 内隐学习
individual differences 个体差异
informal assessment 非正式评价
information 信息
information feedback 信息反馈
information overload 信息超载
information processing 信息处理
information streams 信息流
inherited capabilities 先天能力
inline lunge 前后分腿蹲
inline lunge movement pattern 前后分腿蹲动作模式
input 输入
instantaneous feedback 即刻反馈
instruction 指导
instructional plan 指导计划
intelligence 智力
intelligence quotient 智商

intermittent reinforcement 间歇强化
internal focus 内部焦点
interoception 内源信息
interstimulus interval 刺激间隔
intrinsic feedback 固有反馈
invariant features 不变特征
inverted – U principle“倒 U”原理

K

kinesthesis 动觉
kinesthetic feedback 动觉反馈
knowledge 认识
knowledge of performance 操作认识
knowledge of results 结果认识
KR – delay period 结果认识延迟期

L

learning 学习
limited attentional capacity 有限注意容量
linear speed – accuracy trade – off 线性速度 – 准确性抵消
long – term memory 长时记忆

M

memory 记忆
mind 意念
mind – to – muscle skills 意念 – 肌肉技术
mobility 灵活性
modeling 模范
motion 运动
motivation 动机
motivating feedback 动机性反馈
motor behavior 动作行为
motor control 动作技能控制
motor development 动作技能发展
motor learning 动作技能学习
motor performance 动作技能表现
motor program 动作程序
motor skill 运动性动作技能
movement 动作
movement execution 动作执行
movement matrix 动作矩阵
movement output 动作输出
movement output chunking 动作信息输出集合
movement pattern 动作模式
movement production 动作生成
movement production units 动作生成单位
movement restriction 动作限制
movement time 动作时间
muscle 肌肉
muscle – to – mind skills 肌肉 – 意念技术

N

narrow focus 窄焦点
near transfer 近迁移
negative reinforcement 负强化
negative transfer 负迁移
norm – referenced standards 比较性标准

O

objectivity 客观性
observation 观察
observational learning 观察性学习
open – loop control 开环控制
open – loop control system 开环控制系统
open skill 开式动作技能
optical flow 视觉流
optimal functioning 适宜功能
outcome 结果
outcome goals 结果目标
outcome measures 结果测量
output 输出
overcontrolling 过度控制

P

parallel processing 平行处理
parameter 参量
parameter feedback 参量反馈

parameter values 参量值
parameterization 参量化
part practice 分解练习
passive guidance 被动引导
passive guidance procedure 被动引导过程
pattern 模式
pattern recognition 模式识别
perception 感知
perceptual motor ability 感知动作能力
perceptual narrowing 感知狭窄
performance 表现
performance goals 表现目标
phasic contraction 时相性收缩
physical proficiency ability 身体熟练能力
pillar strength 支柱力量
plyometrics 快速伸缩复合训练
positive transfer 正迁移
positive reinforcement 正强化
potential 潜力
practice 实践
prescriptive feedback 指示性反馈
problem – based learning 针对问题的学习
process 过程
process goals 过程目标
process measures 过程测量
production 生成
production units 生成单位
proficiency 熟练性
program 程序
program feedback 程序反馈
proprioception 本体感觉
proprioceptive feedback 本体感觉反馈
proprioceptive neuromuscular facilitation 神经肌肉促进练习
psychological refractory period 心理不应期

R

randomization 随机化
reinforcement 强化
random practice 随机练习
reaction time 反应时
relative feedback frequency 相对反馈频度
relative timing 相对时间
relevance 相关性
relevant cues 相关提示
reliability 信度
response 反应
response programming 反应程序
response – programming stage 反应程序阶段
response selection 反应选择
response – selection stage 反应选择阶段
retrieval 提取
retrieval practice 提取练习
rotary stability 转动稳定性
rotary stability movement pattern 转动稳定性动作模式

S

schema 动作纲要
schema development 动作纲要的发展
sensory integration 感觉整合
sensory – perceptual factors 感 – 知觉因素
serial skill 序列动作技能
short – term memory 短时记忆
short – term sensory store 短时感觉储备
shoulder mobility 肩部灵活性
simple reaction time 简单反应时
simplification 简化分解练习
skill 技能
spacing hypothesis 间隙加大假说
spatial accuracy 空间准确性
spatial anticipation 空间预料
specificity 专门性
specificity hypothesis 专门性假说
speed – accuracy trade – offs 动作速度和准确性的抵消
stability 稳定性
stage 阶段
stages of information processing 信息处理阶段
stages of learning 学习阶段
stages of processing 处理阶段
stimulus 刺激
stimulus identification 刺激确认

stimulus – identification stage 刺激确认阶段
stimulus – response compatibility 刺激 – 反应的兼容性
stimulus – response mapping 刺激 – 反应模式
stretch – shortening cycle 拉伸 – 缩短周期
Stroop effect 斯特鲁普效应
summary feedback 总结反馈
summative evaluation 总结性评价

T

target 目标
target behavior 目标行为
target context 目标情景
target skill 目标技能
task 任务
task analysis 任务分析
temporal accuracy 时间准确性
temporal anticipation 时间预料
theory of affordances 环境赋予理论
Thorndike's law of effect 桑戴克效应定律
tonic contraction 张力调节性收缩
trait 特点
trait anxiety 特点焦虑
transfer 迁移
transfer of learning 学习迁移
triggered reaction 激发性反应
trunk stability pushup 躯干稳定性撑起
trunk stability pushup movement pattern 躯干稳定性撑起动作模式
two – way communication 双向交流

U

units 单位

V

validity 效度
variable 变量
variable error 变量误差
varied practice 变化练习
varied stimulus – response mapping 变化刺激 – 反应模式
verbal feedback 语言反馈
vision 视觉
visual feedback 视觉反馈
visual capture 视觉捕获
visual dominance 视觉主导
visual proprioception 视觉本体感觉

W

working memory 工作记忆

Z

zero transfer 零迁移
zone of optimal functioning 适宜功能区间